小学数学拓展课

教什么，怎么教

陈加仓 著

中国人民大学出版社

·北京·

目　录
CONTENTS

推荐序

浙江省温州大学城附属学校校长陈加仓老师从自己十多年对小学数学拓展课的教学研究中，根据自己的实践、经验与感悟提炼、撰写出论著《小学数学拓展课：教什么，怎么教》，近期将出版，这是一件可喜可贺的事。

我浏览了这部书稿，看到了陈加仓老师探索小学数学拓展课教学理论所做的思考，看到了他在各级各类公开教学中积累的30个教学案例。该书理论部分着眼于学生数学素养的发展和教师专业水平的提高，阐述了小学数学拓展课的研究价值、研究目的以及实施策略；案例部分通过原汁原味的描述，生动还原教学过程，令人身临其境——从文字中便可感受到他那大气、智慧的课堂。

我与陈老师相识于2015年11月，我的一个优秀的博士生章勤琼在温州大学任教。当时我在温州大学讲学，应章勤琼博士邀请到温州大学城附属学校参观。听完两节小学数学拓展课后，我与陈老师进行了进一步的沟通、交流。他刚任温州大学城附属学校校长，身为校长、特级教师，他对小学数学课堂教学仍充满激情，我感动于他对教育、教学源自内心的热爱。

我认为他研究的小学数学拓展课是一项富有成效的工作，而且很有意义，很有价值，很有特色。主要体现在以下几个方面。其一，理论阐述以教学实践为佐证，教学实践以理论为支撑，理论紧密联系实际，两者相辅相成，有理有据，是一本集理论和实践于一体的小学数学教学论著。其二，对小学数学拓展课的案例类型进行了初步分类，将之分为课内知识延伸类案例，名题、趣题类案例，数学游戏类案例，数学绘本类案例，为广大教师对小学数学拓展课的实践运用提供了可供参考的范本。其三，让枯燥的数学变得好玩了，培养了学生的数学学习兴趣，提升了学生的数学素养。而这与我们目前一直倡导的在小学数学课堂教学中“传播数学文化，促进素质教育”的主张不谋而合，本书中的教学案例也都是数学文化进入小学数学课堂的很好案例。

该书的出版对小学数学教师而言是一份丰厚的礼物，它为小学数学教育、教学的研究打开了另一扇窗，拓宽了教师研究的空间，从数学文化与数学本质上引领广大教师研究小学数学，这无疑对教师的专业发展提出了更高的要求，也给教师的专业发展提供了一个广阔的平台，有利于提高教师的专业素养。对广大学生而言，这将是一件莫大的幸事，它可以让小学数学课堂变得丰富多彩、饶有趣味，有利于激发小学生学习数学的兴趣，有利于拓宽小学生探究的空间，有利于小学生更好地认识数学、理解数学、学习数学；它可以让更多小学生感受到数学文化的魅力与数学思维的乐趣，从而在数学上得到更好的发展。同时，它也丰富了小学数学教学内容，完善了小学数学拓展课程体系。

近年来，广大一线的教育、教学工作者越来越意识到亟须通过科研切实提高教育质量，使学校教育走向可持续发展的道路，而且为之倾注了极大的热情和精力，甚至可以说是呕心沥血。他们根植于现实的沃土，汲取先进的教育科学知识，孕育鲜活的教学理念，成为教育战线上一道亮丽的风景。在某种意义上，陈加仓老师的《小学数学拓展课：教什么，怎么教》可以说是这一景观的一个缩影，是这个时代的一个代表。当然，该书的理论探究目前仅限于实践经验的积累和总结，希望陈老师能在小学数学拓展课的理论研究方面百尺竿头，更进一步。

通过对温州大学城附属学校小学数学拓展课的观摩以及对陈老师的这本书稿的阅读，我能感受到陈老师对小学数学课堂的执着追求与对教育的虔诚热爱，正是小学数学课堂教学使他的人生变得更为亮丽、精彩，正是教育研究使他的生命更具温度与厚度，祝福他能用自己的智慧和汗水在纷繁复杂的教育研究中走出一条属于自己的路。

宋乃庆

2017年7月

宋乃庆为西南大学教授、博士生导师，国家级教学名师，教育部西南基础教育课程研究中心主任，国家基础教育课程教材专家工作委员会副主任，中国教育学会学术委员会副主任，义务教育数学课程标准审议组组长。

写在前面

2003年8月，我调到了浙江省温州市实验小学任教数学学科。这所学校是温州市委市政府面向21世纪重点打造的十所现代化名校之一，是温州市首批新课程改革试点学校、温州市首批“数学家摇篮”工程活动基地学校。2004年9月，学校决定开展“数学家摇篮课程的开发与实践研究”这一课题研究，由我担任课题负责人。同年12月，在温州市共话新课程课堂教学研讨会上，我率先尝试上了一节数学拓展课“怎样做最大”。全国著名特级教师朱乐平老师听了这节课，给予了高度评价：“这是一节挑不出毛病的课。”《温州日报》《温州都市报》《温州晚报》等媒体都进行了跟踪报道。

2005年5月，我担任温州市实验小学教务处主任。繁忙的教学工作和教务处日常杂务让我的小学数学拓展课研究暂时搁浅了。虽然我仍有大量课外阅读、实践研究，却难有精彩课例产生，研究进行得非常缓慢。

直到2010年9月，我被评为浙江省特级教师，并担任温州市实验小学校级领导，才重拾小学数学拓展课，集中精力进行研究。2012年4月，成立了以我名字命名的名师工作室，在开班仪式上，我给学员们展示拓展课“方格图上的数学”，学员们感到既新奇又陌生，大家都说“拓展课真好，但太难设计了”，它之所以难，是因为没有任何可供参考的资料。几年来，我带着团队坚持做拓展课研究，学员们也都慢慢上手了，随着工作室在温州各县开展活动，小学数学拓展课逐渐被更多一线教师所认识、认可、运用和效仿，许多团队也开始研究起了小学数学拓展课。研究初见成效，许多同事和工作室学员经常催促我撰写一本关于小数数学拓展课的专著。我总是以个人水平有限及研究成果不够丰厚为由委婉拒绝了。

2015年10月，我带领几位工作室学员编写的《名师教你学数学》丛书由浙江少年儿童出版社正式出版发行，这为我撰写《小学数学拓展课：教什么，怎么教》一书奠定了基础。此时，宋乃庆教授莅临温州大学，百忙之中抽空到温州大学城附属学校指导教学工作。他认真听取了“小学数学拓展课”汇报，非常高兴地指出：“这是一项富有成效的工作，很有意义，很有价值，很有特色。”数学教育界专家的充分肯定，让我信心倍增。2016年5月，我参加了“第十七期全国基础教育改革动态研修班”，在此期间，我静心思考、整理了自己十几年来关于小学数学拓展课的资料。从5月12日开始撰写，历时约六个月，于11月上旬完成初稿。

本书初步提炼了有关小学数学拓展课教学的理论，选取了十几年来我在各级各类公开教学中的30个案例。为了保持原汁原味，案例的描述力求详尽，未对师生互动做较大改动。

在小学数学拓展课的研究过程中，我得到了宋乃庆教授、李琼教授、朱乐平老师的指导与帮助；多节拓展课教学得到了章勤琼博士，雷子东、王炜等老师的指导；许多想法和做法得到了名师工作室学员，温州市实验小学、温州市籀园小学、温州大学城附属学校同事以及学生的帮助。借此机会，我向他们表示感谢。

第1章 对小学数学拓展课的认识

这一章是对小学数学拓展课的认识，主要阐述以下几个问题：什么是小学数学拓展课、为什么要研究小学数学拓展课、小学数学拓展课的研究目标、小学数学拓展课的研究历程。

什么是小学数学拓展课

什么是小学数学拓展课呢？它和当前教育的热门话题“拓展性课程”一样吗？下文我将进行简单分析、阐述。

1．什么是小学数学拓展课？

“拓展”一词在《现代汉语词典》中解释为“开拓发展”。“拓”为开辟、扩充、拓荒、开拓之义；“展”为张开、展开、展望、发展之义。

小学数学拓展课就是对小学数学教材进行扩充、开拓、扩展、延伸、展开的课堂教学，通过创设问题情境，提供活动空间，让学生在动手操作、实践探究等活动中发现知识，感悟数学思想与方法，提高数学素养。

小学数学拓展课可以是对教材中某一概念进行追根溯源的探究，可以是对某一重点、难点知识的深入挖掘、开发，可以是对某一数学思想与方法的渗透、提炼，也可以是与其他学科知识的整合，等等。

我们查阅了一些关于拓展课的研究资料。

资料一：上海市浦东教育发展研究院吕彩玲老师和上海师范大学吴俊明老师在《刍议“拓展课”的设计》一文中认为，拓展课是在日常上课的基础上，对教学内容、任务、方法等有所扩展或深化的课。对拓展课的这一理解强调在知识应用中扩展和深化。

资料二：乐维英在《合作学习模式下数学拓展课的教学研究》中提出，数学拓展课是上海市第二期课程改革课程体系中的一个重要板块，其内容以培养学生的发展性学习能力为核心，并着眼于基础性学习能力的提高，兼顾创造性学习能力的培养等。

资料三：钟武在《谈谈初中数学拓展课的有效教学》一文中从初中数学教学的角度提出，拓展课是在面向全体学生全面发展的同时，兼顾学生未来的发展需求，适度拓展数学知识，形成有层次的数学教学。这是新课程对我们每个数学老师提出的新的要求。他还指出，在数学拓展课的教学过程中教师应该与学生积极互动、共同发展，注重培养学生的独立性和自主性，引导学生调查探究，在实践中学习，促进学生主动地、富有个性地培养掌握和运用知识的态度和能力，使每个学生都能得到充分的发展。

上述资料表明：不同专家、学者对拓展课的研究和理解各不相同，但他们一致认为拓展课是在基础性课程的基础上进行知识、思想、方法、应用等的拓展，以促进学生全面发展。

2．小学数学拓展课和拓展性课程的区别。

当前课程改革进行得如火如荼，以清华大学附属小学1+X课程体系为典型的拓展性课程建设在全国不断推进。2015年9月，浙江省教育厅明确提出，将义务教育课程分为基础性课程和拓展性课程两大类。

那么拓展性课程和小学数学拓展课是否有区别？浙江省教育厅教研室柯孔标老师在《义务教育拓展性课程若干问题之我见》一文中认为，拓展性课程是基于国家三级课程体系中的地方课程和校本课程，主要满足学生的个性化学习需要，开发和培养学生的潜能与特长，增加学校办学特色的选择性课程。而小学数学拓展课是基于小学数学学科，在基础性课程的基础上对知识内容、技能、方法的拓展，以促进学生更好地发展。

为什么要研究小学数学拓展课

有人问我："你为什么十几年来一直坚持研究小学数学拓展课呢？"在没有研究小学数学拓展课之前，我和众多数学老师一样日复一日、年复一年地教书本上的内容，讲解书本上的例题，再让学生做课后练习。这在很大程度上挫伤了书本内容老师不教也会的成绩优秀学生学习数学的兴趣。为了解决这一问题，我开始尝试每周插进一节小学数学拓展课，发现它大大地激发了学生的学习兴趣，并能把学生从课堂学习引向课外自主探究。在研究的过程中我渐渐地发现，它解决了困扰我多年的数学教学问题，那就是我们的数学教学如何满足学生的个体差异性和层次性需求。所以，我的研究理由十分明确，那就是让更多学生在数学上获得更好的发展。

1．增强学习内容的丰富性，满足学生的求知欲。

新课程提倡"用教材教"，即创造性地使用教材来培养学生的学科素养，发展学生的能力。这就要求教师不仅要把握教材、吃透教材、激活教材，还要修改、重组教材，拓展教材。而多数教师重视对教材的解读、把握，却忽略了对教材的重组、拓展，使教材成为教学的唯一依据。这难免会造成学习内容的单一性与儿童求知欲望和发展潜能的无限性之间的巨大矛盾和落差。

教材是教学的重要依据，但并非全部。"教材无非是个例子"，它不是简简单单的一句口号。因此，有必要在教学中引入一些拓展性内容，如数学游戏、数学故事、数学趣题、数学名题、数学绘本、数学益智玩具，等等。丰富的学习内容可以为学生的数学学习注入新的活力，也可以为学校课程建设提供新的发展契机。

2．提高学习内容的挑战性，解决学生的认知冲突。

为了研究小学数学拓展课，笔者曾对温州市籀园小学2010年入学的一年级10个班级的学生进行过问卷调查，结果发现学生的认知起点与教材的编排结构存在很大冲突，在后续的访谈、调查中，大部分孩子觉得数学课的内容太简单了。教材的编排结构、顺序、难易程度都可能无法满足孩子们的认知需求。因此，拓展课的研究就成为解决学生认知起点与教材编排结构冲突的必然要求。

为了解决这个矛盾，小学数学拓展课选择合适的学习素材，引导学生从数学的角度发现问题，提出问题，综合运用数学知识解决问题。这些学习素材具有很强的思考性和应用性，为提高学生的数学素养而服务。

3．增加学习内容的趣味性，顺应儿童的学习心理。

数学知识的呈现是符号化、系统化的，因此，相较其他学科更具抽象性，而儿童的思维是偏于形象化、具体化的。枯燥、抽象的数学学习和儿童的学习心理之间存在冲突，这也是造成很多学生不喜欢数学的原因。

美国科普大师马丁·加德纳指出，唤醒学生的最好办法是向他们提供有吸引力的数学游戏、智力题、魔术、笑话、悖论、打油诗或那些呆板的教师认为无意义而避开的其他东西。因此，让学生喜欢上数学要依靠数学本身的魅力，要尽可能采用趣味题、游戏题、智力题和思考题让学生在学中生智、在练中生趣。在数学教学中需要引入一些拓展性内容，让学生产生浓厚的学习兴趣与强烈的学习欲望。

4．渗透学习内容的文化性，提高学生的数学素养。

“数学是一种文化”，这种观点已逐渐被广大学者所接受。长期以来，我国的小学数学教学基本上都是针对数学知识而展开学习活动，过多强调数学知识点的掌握，而忽视数学知识所蕴含的人文思想，结果使数学变得枯燥乏味，缺乏生动性。随着新课程改革的不断深入，数学文化研究不断受到人们的关注。虽然新版教材添加了“你知道吗？”栏目，但多数老师只是简单介绍，并没有将数学文化自然渗透在教学内容中，数学文化和课堂教学依旧是两张皮，学生依旧难以体会到数学知识的文化性，这也不利于儿童情感与价值观的发展。而拓展课中的数学趣题、名题和古典益智游戏是经过历史积淀而来的，富有浓厚的历史性、文化性，因此，拓展课教学中数学文化的渗透就会自然而然地发生。

小学数学拓展课的研究目标

我始终坚信小学数学拓展课肯定能让广大师生受益，坚持探索、研究了十几年，小学数学拓展课的研究目标我也越来越清晰。

1．给学生提供丰富的学习素材。

为了改变学习内容单一的现状，我引入一些拓展性内容，如数学游戏、数学故事、数学趣题、数学名题、数学绘本、数学益智游戏等，开发系列拓展课。这为学生提供了丰富的学习内容、研究素材，让他们享受到探究的乐趣，全面提升了他们的观察力、分析力、判断力、想象力、创造力等各方面能力，使他们从“有知识的人”走向“有智慧的人”。

2．给教师提供丰富的拓展课资源包。

小学数学拓展课的学习内容可能来自一道思维含量大的习题，可能来自某一知识点的拓展与延伸，也可能来自某一数学思想，等等。它不仅需要教师投入大量时间与精力在广泛的阅读中收集好的学习素材，更需要教师具有一定的教材处理能力、教学设计能力。很多教师认识到了上拓展课的必要性，也很想上，但是缺乏经验、时间、精力去开发拓展课学习素材。因此，我想努力为他们提供一本可供参考的拓展课教材或教学参考书。

3．给教学研究提供有效的平台。

教师专业发展的路径是多元化的，要完成从教书匠到学者型、研究型教师的转变，教师需要自觉参与课例、课题研究。教材中的每一个课例几乎都有很多人做过深入研究，很多教师觉得没有继续研究的空间，也就没有继续深究的热情。而关于拓展课的研究还是很少的，它可以为教师研究提供有效的平台，激发他们自主学习和解决教育、教学实践难题的兴趣。

小学数学拓展课的研究历程

小学数学拓展课的研究始于2004年9月，它缘起于课题，以课题研究为载体。虽然课题名称几经修改，但是研究目标与方向却始终没有发生变化。研究前后经历了十几年，分为五个阶段。

1．孕育阶段（2004年9月—2006年4月）。

温州素有“数学家之乡”的美誉，近一个世纪来孕育了一批又一批数学家。为了在这块神奇的土地上再培养出杰出的数学人才，2002年10月，温州市人民政府启动了“数学家摇篮”工程，温州市实验小学（我当时所在的学校）便是该工程的第一批活动基地学校之一。学校在“创适合孩子发展的教育”办学理念的指引下，开展了“数学家摇篮课程的开发与实践研究”课题的研究，并由我担任负责人。

该课题很顺利地被列为温州市教育科学规划课题，我们进行了两年的实践研究，取得了点滴成绩：课题成果荣获温州市教育科学规划2006年度基础教育优秀课题成果二等奖，论文《开发课程　塑造素养》荣获浙江省2006年度教科研优秀论文评比三等奖，公开课案例《拓展教学空间，开发学生创新潜能——“怎样做最大”实践与反思》发表于全国核心期刊《小学数学教师》2005年第6期上。

2．萌芽阶段（2006年5月—2007年12月）。

2006年5月，我被推荐为浙江省中小学骨干教师高级访问学者，有幸到北京师范大学学习两年。按照学习要求，每位学员必须申报一个课题。这促使我对“数学家摇篮课程的开发与实践”课题进行梳理与反思，产生了继续研究的想法。为了进一步提高课题研究的针对性、有效性，我在北京师范大学博士李琼导师的指导下，将课题修改为“小学数学拓展性课程资源开发的实践研究”。此时，我正好担任学校教务处主任一职，繁忙的工作与研究经验的缺乏，导致这两年的研究未取得突破性的研究成果。

3．初步探究阶段（2008年1月—2012年3月）。

2008年1月—2010年8月期间，除了给省、市“领雁工程”培训班，温州大学小学数学骨干教师培训班等学员做“小学数学拓展课”讲座外，课题研究暂时被搁浅。2010年9月，我被评为浙江省特级教师，之后再次产生了继续研究的热情与兴趣。鉴于本人对小学高年级段教学比较熟悉，我将课题研究范围缩小，决定进行“小学高段数学拓展性教学资源开发及实践研究”。

随着研究范围的缩小，研究思路进一步明确，我开展了课例研讨。典型课例“怎样做最大”于2012年4月在“千课万人”第二届全国小学数学学导课堂教学研讨观摩活动上进行了展示。

4．深入研究阶段（2012年4月—2015年8月）。

2012年4月，我担任温州市陈加仓名师工作室导师，把此课题列为工作室研究课题，师徒共同研究。为了更好地推广课题研究成果，让广大一线教师也能分享，本次研究以课例研讨为主，让研究更接地气。因此，我们又将课题更改为“小学数学拓展课的实践研究”。在这一阶段，拓展课“骰子游戏”“神奇的数阵”等送教新疆、青海等地，而且我们在研究中总结出拓展课学习素材的开发策略和拓展课教学的要求。

5．总结推广阶段（2015年9月至今）

2015年8月，我调任温州大学城附属学校校长，同时担任二年级校本课程“数学思维课”教学，真正开始把拓展课研究范围从高年级段拓展到了低年级段。宋乃庆教授亲临会场听了拓展课及研究成果汇报，他认为这是一项富有成效的工作，很有意义，很有价值，很有特色，它让枯燥的数学变得好玩了。同时，他建议将课题改为“小学数学拓展性课程研发和实践探索”。

随着时间的推移、研究的深入，我发现小学数学拓展课是顺应时代发展要求的，它的优越性日益得到凸显。它越来越受学生喜欢，越来越受各级专家认可和一线教师青睐。我想，小学数学拓展课将是我终身研究的课题，我会坚持做成、做好这件有意义的事，为提高教师的专业素养，为丰富、拓宽小学数学教学内容，最终为发展学生的数学素养而不懈努力。

第2章 小学数学拓展课的实施

我们有时间上拓展课吗？一线教师该如何开发数学拓展课的内容呢？数学拓展课怎么上？和我们常规教材内容的教学一样吗？这些问题可能困扰着很多试图研究数学拓展课的教师。本章主要从拓展课的课时来源、拓展课学习素材的开发、各类拓展课的教学策略等几个方面进行阐述。

小学数学拓展课课时来源

自新课程标准出台以来，广大一线教师越来越认识到上拓展课的重要性和必要性，很多教师也想上拓展课，但他们面临的一大问题是课时太紧，没有多余课时上拓展课。目前很多学校每周数学教学时间只有4课时。以人教版小学数学四年级上册为例，教材中安排了58课时的教学内容，一个学期按20周算，除掉节假日还剩约18周，共72课时，再除去单元测试、试卷讲评等，显然每周4课时的教学时间也是非常紧的。如果要增加拓展课，就要从58课时中要时间，而且不能影响正常的教学进度和效率，因此，只能合理地整合一部分教材内容，以腾出教学时间来实施拓展课教学。

1．对新授课的课时进行必要的整合。

教材以静态形式编排，它具有普适性，但缺乏针对性。在教学实践中，教师不一定非得按照教材要求一个课时一个课时死板地进行教学，可以根据学情对部分相关内容进行压缩、整合。

如人教版小学数学四年级下册的“小数的加法和减法”，安排的例题如下。

$6.45+4.29=10.74$

$$\begin{array}{r} 6.4\ 5 \\ +\ 4.2_{1}9 \\ \hline 10.7\ 4 \end{array}$$

$6.45-4.29=2.16$

$$\begin{array}{r} 6.4\ 5 \\ -\ 4.2\ 9 \\ \hline 2.1\ 6 \end{array}$$

由于学生在三年级已经学习了简单的小数加减法计算，熟练地掌握了一位小数与一位小数相加减、整数与一位小数相加减等知识。学习两位小数加减两位小数时，教材提醒学生注意：“小数点一定要对齐哦！”然而在实际教学中，我们发现学生列竖式计算两位小数加减两位小数时，根本不存在小数点对不齐的现象。我认为只有整数与小数相加减或者小数位数不同的两个小数相加减时，才会产生小数点对不齐的情况，由此才要引导学生去分析、思考怎样列竖式，怎样才能使相同数位对齐的问题。因此，我直接从第2课时开始教学，激发了学生思考的兴趣与欲望，学生在分析、比较、抽象、概括等活动中充分理解了小数加减法的算理，掌握了算法，学习效果更好。

再如人教版小学数学五年级下册的“分数的加法和减法”，安排了以下例题。

$$\frac{3}{8}+\frac{1}{8}=\_\_\_$$

$$\frac{3}{8}+\frac{1}{8}=\boxed{\frac{3+1}{8}}=\frac{\overset{1}{\cancel{4}}}{\underset{2}{\cancel{8}}}=\frac{1}{2}$$

$$\frac{3}{4}-\frac{1}{4}=\underline{\qquad}$$

$\frac{3}{4}$ 和 $\frac{1}{4}$ 可以直接相减吗？为什么？

$$\frac{3}{4}-\frac{1}{4}=\frac{(\quad)-(\quad)}{(\quad)}=\frac{(\quad)}{(\quad)}$$

其实，学生在三年级已经学习了简单的分数计算，且在前两单元又学习了“分数的意义和性质”，显然这样的内容对学生来说太简单了。因此，教学时可引导学生用折纸、画图、举生活实例、用分数单位个数解释等方法，理解算理，掌握算法，并将之与异分母分数加减法整合，在比较、分析中，让学生充分理解异分母分数加减法一般先通分转化成同分母分数，再相加减。

2．对练习课的课时进行整合。

练习是数学学习的重要组成部分，是学生掌握知识、形成技能、发展智力、挖掘潜能的重要手段。因此，教材在一定量的新课教学之后一般安排几节练习课进行巩固、提升，而且练习课的数量并不比新授课少。在实际教学中，我们经常见到单调、机械的重复练习，练到学生一看就会，一做就对，练到学生讨厌学习。因此，我们有必要对一些练习进行整合，让学习更具层次性、挑战性。

如人教版小学数学五年级下册第一单元“观察物体（三）”，在新课教学之后安排了练习一，该练习有7道题，它们都是填空、连线等题型，对五年级学生来说难度偏低。因此在实际教学过程中，我们一般把它们整合到新课教学过程中，有的被当作巩固练习来处理，有的被当作家庭作业来完成。

再如人教版小学数学五年级下册第二单元“因数与倍数”，“因数与倍数”“找一个数的因数与倍数”两节新课学习之后，教材又安排了练习二，该练习有8道题，它们也都是填空、判断之类的题型。因此在实际教学过程中，我们也可以把它们整合到新课教学过程中。

总之，合理地整合教材能使相关知识之间的衔接更顺畅、更自然，能更突出其应用价值，这样就能使教学更加省时省力，更加高效，更加有利于学生在数学上发展。

小学数学拓展课教什么

小学数学拓展课教学不是简单地增加知识点，也不是简单地增加教学时间，而是在数学学科教学时间总量不变的前提下，以培养学科关键能力为目标，适当地整合教材，相应地增加一些学习内容。

1. 学习素材选择的原则。

小学数学拓展课既没有教材，也没有可参考的资料，它是由执教教师自行选材，独立设计，进行课堂教学。所以，很容易导致学习内容随意化、教学要求把握不准、教学目标偏离。因此，选择学习素材时要把握以下几个原则。

（1）学习内容富有趣味性。

这主要指两方面，一是形式有趣，二是内容有趣。富有趣味性的学习内容，才能让学生产生探究的兴趣与欲望，才能产生良好的学习效果。比如“骰子游戏”一课，让学生发现骰子中存在的秘密，揭开赌局背后的秘密，既好玩，又有较高的思维含量、教育价值，值得推广。又如“硬币的滚动圈数”一课，引入环节出示了这样一道题目：“有甲、乙两枚大小相等的硬币。现将硬币甲固定，让硬币乙沿硬币甲的周围滚动。当硬币乙滚动一周，回到原来的位置时，硬币乙滚动了几圈？”全班学生都认为硬币乙只滚动了1圈。然而，在实际验证中学生却发现它滚动了2圈。“奇怪！真奇怪！”学生探究的热情一下子被点燃了。

（2）学习内容具有探究性。

数学教学并不仅仅是知识教学，更是智慧教学。学生学习并不是简单地获取知识，而是在获取知识的过程中发展思维能力，提高解决问题的能力。小学数学拓展课的学习内容源于教材、宽于教材、高于教材，不是学生一看就懂、一做就对的常规练习题。与教材相比，它更具探索性与挑战性。如“怎样围，圆柱形粮仓的容积更大”一课，利用“用一张长18.84m、宽12.56m的长方形铁皮在地面上围成一个圆柱形粮仓，你觉得应该怎样围呢”这样一道题，引导学生经历想象、猜想、验证、发现等探究过程。

（3）学习内容难度适宜。

小学数学拓展课的学习内容强调源于教材、宽于教材、高于教材，围绕学生的最近发展区做文章。教学中要充分解读学生，充分估计学习内容的难度与学生的可接受度之间的关系，只有让学习内容的难度稍大于学生的可接受度，才能让学生在学习中跳一跳摘到果子，体验成功的乐趣。

如教学“鸡兔同笼”问题，同样都是用假设法教学，针对不同年级段的学生，制定的教学要求和采取的教学方式是不同的。二年级学生以形象思维为主，面对他们，要侧重用画图的方法来展开教学；四年级学生已经具备了用列表法和算式表达的能力，在教学中，要侧重让学生结合列表与算式来沟通不同方法之间的联系；五年级学生已经学习了方程，在教学中，主要让学生列方程来解题，培养学生用方程解决问题的能力和意识。

2．学习素材开发的策略。

我根据自己十几年研究小学数学拓展课的经验，提出了以下几点切实可行的开发策略。

（1）密切联系教材，挖掘学习素材。

小学数学拓展课的素材可以是对教材中某一概念或知识点的深入研究，也可以是练习中一道习题的开放性设计，还可以是对数学历史、文化的挖掘，从而培养学生的数学素养。

①以核心知识点为主题拓展。

我们在日常教学中经常有这样的无奈——一道题目反复练习了十多遍，仍有学生答错，或者刚讲解完一道题目，把这道题目稍做修改，又有学生不会解答。出现这种无奈的本质原因，是学生对这类数学问题的核心知识并没有真正理解。数学核心知识包括基本原理、基本关系、基本方法、基本问题四个方面，它是培养学生数学思维、提升学生数学素养的重要载体。例如“周长和面积的关系”拓展课“怎样围面积最大”，就是针对学生最容易混淆、出错的知识点设计的，从核心知识点——周长和面积的关系出发，让学生思考周长相等面积有什么不同，进而展开拓展课教学，实现对这一知识点的巩固、深化和升华。

②以开放的习题为主题拓展。

小学数学教材上有些开放性习题设计得非常巧妙，蕴含着丰富的数学思想和方法，具有很强的思维性与探索性。如果以拓展课的方式开展学习、研究活动，既可以避免千篇一律的题海战术，又可以开阔学生的眼界，发展学生的思维。

如人教版小学数学五年级下册中的一道题：一块长方形铁皮（如图2.1），从四个角各切掉一个边长为5cm的正方形，然后做成盒子。这个盒子用了多少铁皮？它的容积有多少？

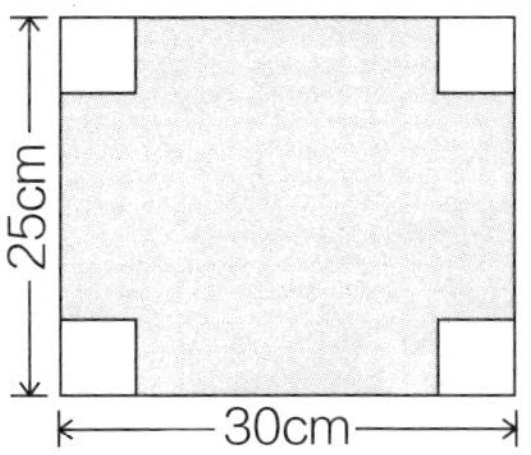

图2.1

如果要让这个盒子的容积最大，那么，应该切下多大的小正方形呢？如果切的小正方形非常小，就会得到一个很浅的盒子；如果把它切大了，就会得到一个又高又细的盒子。怎样才能避免所切的小正方形过小或过大呢？我们要找到一种方法，能让切下来的四个小正方形的大小恰到好处。具体方法如下：

切割下来的小正方形的边长$=\dfrac{a+b-(a^2+b^2+ab)^{\frac{1}{2}}}{6}$（$a$、$b$分别为长方形铁皮的长与宽）

但这样的方法涉及初中数学知识，是没有办法引导学生学习的。于是，我把长方形铁皮换成正方形铁皮进行研究，终于发现了内在规律。由此，我设计了“怎样做最大”一课。这节课紧扣长方体体积计算，围绕“怎样做最大”层层展开，步步深入。

我认真研读了人民教育出版社2013年版的小学数学教材，发现各册教材的练习题中都有许多蕴含丰富数学思想和精妙解题策略的开放题，可以把它们开发成拓展课。以二年级上册为例，有以下开放题（如表2.1）。

表2.1

二上	开放题内容	可拓展的知识点
P26第8题	外圈里圈和差	100以内数的加减法

（续表）

二上	开放题内容	可拓展的知识点
P31第14题	在方框里填数	两数之和相等
P31“？”题	在圆圈里填数	横竖之和都等于69
P35“？”题	添上运算符号等于100	巧添运算符号
P81第4题	9的乘法口诀	奇妙的9的口诀
P88综合应用	量一量，比一比	身体上的尺子
P96看图讲故事	钟面和生活实践	有趣的钟面

当然，这些开放题的应用要求教师结合学生的兴趣，根据教学内容，寻找现实生活情境进行挖掘、开发，从而收到习题练习以一敌百的效果，使学生轻松、愉快地学习数学。

③以“你知道吗？”为主题拓展。

人教版小学数学教材从一年级开始在每一册中安排了若干篇“你知道吗？”的数学阅读材料，这些材料以拓展学生的知识面为主，注重对学生进行数学素养、数学思想、数学文化和人文精神的启蒙与熏陶。例如，三年级上册“四边形”这一单元有这样一则材料：

你知道吗？

“七巧板”是我国古代的一种拼板玩具，由七块可以拼成一个大正方形的薄板组成，拼出来的图案变化万千。后来传到国外，叫做“唐图”。“七巧板”流传到今天，成为人们喜爱的一种智力玩具。

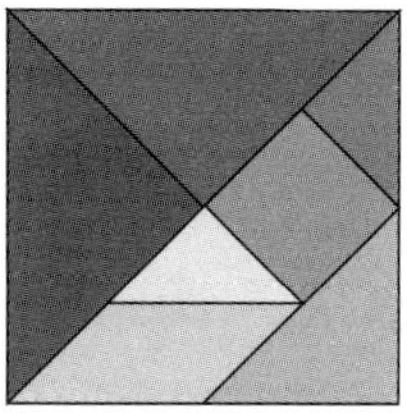

根据这样一则阅读材料，我们可以利用七块板边与边、形与形之间的关系，设计用若干块板拼各类四边形的拓展课，从而巩固学生对各类四边形的本质特征，以及它们之间的联系的认识。也可以设计用七块板来拼其他各式各样图形的拓展课，从而发展学生的空间观念。

又如，三年级上册“分数的初步认识”这个单元有这样一则材料：

分数在我们中国很早就有了。最初分数的表示法跟现在不一样，例如，$\frac{3}{4}$表示成$\begin{matrix}|||\\||||\end{matrix}$。后来，印度出现了和我国相似的分数表示法，$\frac{3}{4}$表示成$\begin{matrix}3\\4\end{matrix}$。再往后，阿拉伯人发明了分数线，分数的表示法就成为现在这样了。

这些都是设计、开发拓展课的素材，但需要教师深入挖掘，精心设计。

我翻阅了人民教育出版社2013年版二、三年级的教材，对“你知道吗？”进行了梳理（如表2.2）。

表2.2

二上	二下	三上	三下
P6测量长度的工具	P17除号的由来	P99分数的产生	P6司南、指南针
P51乘号的由来	P103“斤”“两”秤		P14除号的使用
P86口诀的由来	P108　世界之最		P79平闰年
			P87地球自转
			P88时区
			P99小数的由来

以“你知道吗？”为主题拓展，并不是简单地介绍这部分知识的历史，而是要充分挖掘其包含的数学知识点、数学思想和方法，并发挥其激趣、励志的教育功能。

（2）巧用课堂教学生成性资源，挖掘学习素材。

在充满生机、富有情趣、宽松和谐的课堂氛围中，随时可能会爆发出智慧的火花，教师应机智地捕捉课堂上来自学生的有用信息，通过巧妙转化、有效利用等再创造，使其成为可遇而不可求的拓展课教学资源。

如六年级下册“圆柱的特征”一课教学时，我出示了一组材料让学生判断是否能做成一个圆柱，其中有这样一道题，让学生用一张长方形铁皮（如图2.2，单位：分米）围成一个圆柱。大多数学生认为，以长方形的长18.84分米为底面周长围成的圆柱的底面半径为3分米，而提供的两个圆的半径只有1分米，显然底面太小。此时，一名学生突然举手，告诉大家可以围成一个圆柱，只要把这张铁皮竖着平均切成三块焊接起来，就可以得到长、宽分别为6.28分米、24分米的长方形铁皮，然后再以6.28分米为底面周长围成一个圆柱。这使我产生了引导学生探索其中奥秘的乐趣，设计了“怎样围，圆柱形粮仓的容积更大”“怎样转，使圆柱、圆锥的体积更大”等拓展课。

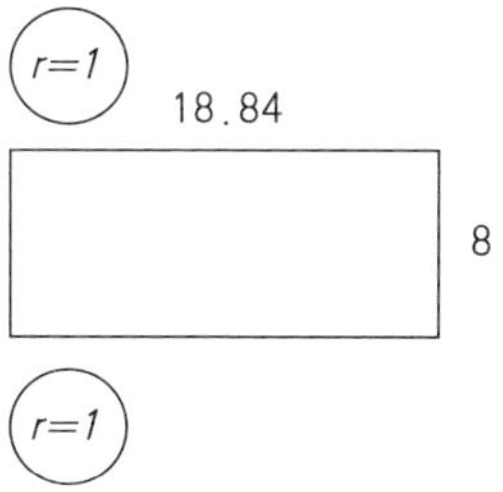

图2.2

在开放、民主的数学课堂上，学生常常会有精彩的交流、节外生枝的回答、智慧的火花，这些都是教学中的生成性资源，教师如果能充分关注这些资源，善于捕捉、挖掘这些资源背后的知识、思想、方法，进行巧妙设计，就能开发出鲜活、有趣的拓展课。

（3）优选数学名题、趣题、难题，挖掘学习素材。

①精选中外数学名题、趣题进行拓展课教学。

数学名题、趣题是在数学发展的历史长河中形成的，数学名题有一些是著名数学家编拟的题目，也有一些是与知名人士有关的题目，还有一些是从数学专著中摘录出来的；数学趣题是利用历史上的经典故事将知识点的训练和文化的传承相结合的趣味性题目。这些题目往往有别于常规练习题，看似简单，但是每道题都有它的巧妙之处，解决它们并没有典型的方法，需要我们对问题情境做出整体分析、判断，综合运用各种思考方法，更需要我们的机智与灵巧。

例如，在学习了分数的应用题后，我们可以用这样一道历史趣题——“巍巍古寺在山林，不知寺内几多僧。三百六十四只碗，看看用尽不差争。三人共食一碗饭，四人共吃一碗羹。请问先生明算者，算来寺内几多僧”来开展拓展课教学。又如，在民间盛传着一道“牲口驮瓦”的数学趣题：

“一百牲口一百瓦，骡子驮仨马驮俩，仨驴共驮一块瓦，几骡几驴几匹马？”这样的趣题读起来朗朗上口，情节生动、有趣，题中数据整齐、奇巧，以它为学习素材开展拓展课教学，能激发学生的兴趣和探究的欲望。这样的名题、趣题还是蛮丰富的，比如鸡兔同笼、百鸡问题、余米推数、知客几何等。国外的名题有牛吃草、帽子颜色等，都是可开发的拓展课学习素材。以数学名题、趣题为素材开展拓展课教学，有利于打破学生的思维定式，丰富学生数学思考的方法，培养学生的动手操作能力和分析推理能力，发展学生的发散性思维。

②挖掘世界数学难题进行拓展课教学。

世界数学难题是一个令人望而生畏的话题，每个人潜意识里都觉得那是数学家研究的问题，根本不敢涉及。其实不然，它们同样来自生活实际，同样蕴藏于小学数学知识之中。

例如，教学了质数与合数之后，我就大胆引进了“哥德巴赫猜想”之“除2之外的任意一个偶数都是两个质数之和”（如图2.3），设计了拓展课“奇妙的偶数与质数”，通过研究让孩子们感受到原来世界难题和我们距离这么近，大大激发了他们学习数学的兴趣和探究的欲望，静悄悄地在他们的心里埋下了攻克数学难题的种子。

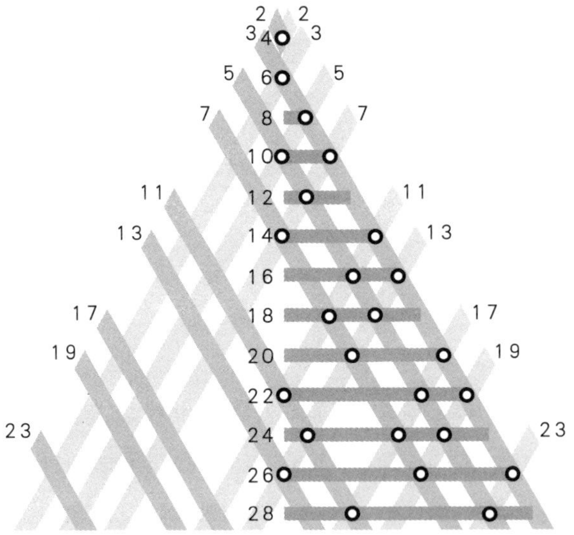

图2.3

此外，我结合二、三年级学生的年龄特点，根据世界数学难题“哥尼斯堡七桥问题”（如图2.4）设计了拓展课“蚂蚁爬的路线”，课到尾声，孩子们不禁感叹：“原来著名的世界数学难题就这么回事。”诸如此类的素材，如著名的世界难题四色问题、BSD猜想等，只要教师潜心研究，深入思考，还是能捕捉到拓展点的。

◎你知道吗？

七桥问题

18世纪东普鲁士的哥尼斯堡城，有一条河穿过，河上有两个小岛，有七座桥把两个岛与河岸联系起来［如图(a)］。有人提出一个问题：一个步行者怎样才能不重复、不遗漏地一次走完七座桥，最后回到出发点。后来大数学家欧拉把它转化成一个几何问题［如图（b）］——一笔画问题。

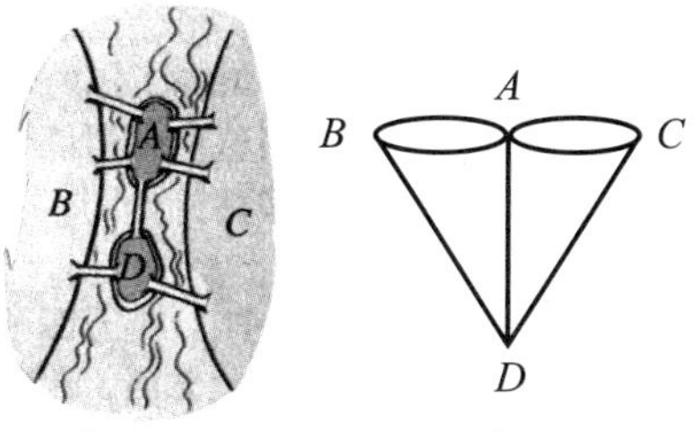

(a) (b)

图2.4

（4）优选数学游戏，挖掘学习素材。

数学游戏是指那些具有娱乐和消遣性质并带有数学因素的游戏。数学游戏是为教学服务的，游戏本身不是目的，只是一种鼓励和推动学生参与数学活动的辅助手段，不能为了纯粹的娱乐而在数学课上做游戏。

①引进和教材内容相关的数学游戏。

例如，学习了“万以内数的加法和减法”后，学生将面临枯燥、单调的计算练习。为此，我积极思考能否找到更有意义、更富有挑战性的计算学习材料，让学生喜欢计算。于是，我抓住孩子好胜、爱玩的特点，设计了拓展课“骰子游戏”。教学前我准备了五个骰子，每个骰子的每个面上都有一个精心设计的三位数，然后引导学生从两个骰子开始玩，看谁算得（求和）又对又快。学生经历了掷骰子游戏和探索规律的全过程，进一步掌握了万以内数的加法，并能正确、快速地计算，初步体验了数学与生活之间的密切联系，体验了游戏成功的快乐，激发了学习数学的兴趣。

②引进传统益智游戏。

中国古老的智力游戏和古典益智玩具，如九连环、七巧板、华容道、鲁班锁、四喜人等，把数学和游戏玩具结合起来，对开发智力具有独特的作用。西方将它们统称为中国的难题。这些难题涉及数学中的几何学、拓扑学、图论、运筹学等多门学科。因此，这些益智游戏也是一种非常好的数学拓展课素材。为此，我们开发了拓展课“汉诺塔游戏”“玩转九连环”“华容道”等。

③引进数学游戏题。

数学游戏题富有趣味性、活动性、竞争性，不是单纯地做习题，它以浅显易懂、妙趣横生的语言引出深奥的数学原理和数学思想。如拓展课“‘兔子跳跳’游戏”，在研究过程中学生发现了兔子跳的方法与次数的规律，然后我引导学生沟通它与高斯加法（等差数列求和）之间的联系，最后让学生寻找生活中与“兔子跳跳”原理有关的现象，逐步学会用数学的眼光看待世界。

（5）借助数学绘本，挖掘学习素材。

传统教材的教学内容呈螺旋式上升，但在知识的广度和深度上有所局限。而数学绘本既能拓展知识的广度，又能将抽象的数学概念形象化、情境化，还能将学生难以理解的知识以故事的形式讲述出来。因此，数学绘本也是小学数学拓展课重要的学习素材。数学绘本进课堂，让数学更好玩了，但数学绘本教学不能机械地复制或照搬绘本内容，而要对绘本内容进行合理的重组、改编、整合，在教学中不断渗透数学思想与方法。

①重组、改编数学绘本内容。

数学绘本的内核是数学思想与方法，它以最直接、最朴素、最生动的形式展示出数学的奥秘与内涵。因此，根据学生的年龄特征，可以把数学绘本的内容重组、改编、设计成拓展课。如对绘本《世界上最帅的猪》进行重组、改编，舍去复杂的故事情节，使教学内容始终围绕着（　）+（　）=（　）+（　）的恒等性质展开。再如一年级数学拓展课“奇数和偶数”，让学生在找同伴的活动中，认识到能找到同伴、能组成一对一对的数就是偶数，而找不到同伴的数就是奇数。然后引导学生把两只手的各个指头一一对应，他们发现结果都是偶数，初步认识到了奇数与奇数相加得到偶数，偶数与偶数相加也得到偶数。接着再引导学生在戳纸等游戏活动中加深认识。

②整合数学教材与数学绘本的内容。

有些数学绘本的内容与教材上的知识是紧密联系的，它们可以作为教材上知识的补充，教学时可以对它们进行整合。如十进制数在日常生活中应用广泛，也是小学数学的主要学习内容，而学生对二进制数则感到比较陌生。因此，我对数学绘本上的二进制数与教材上的十进制数进行整合，设计了拓展课“二进制数”，引导学生在有趣的故事中初步感知二进制数，在动手操作中进一步认识二进制数，在二进制数与十进制数的互相转化中深入理解二进制数。

小学数学拓展课怎么教

小学数学拓展课的学习内容源于教材、宽于教材、高于教材，它具有丰富性、多样性与很强的探究性。因此，教学时既不能简单地放手让学生自主学习，也不能仅靠教师示范与讲解，而应注重引导学生在动手操作、实践探索等活动中发现知识，感悟数学思想与方法，提高数学素养。

1．小学数学拓展课教学模式初探。

小学数学拓展课有别于常规的数学课堂，它有一些教学门道。经过多年的实践探索和各类拓展课课例的开发与积累，我总结出了拓展课的基本教学模式（如图2.5）。

图2.5

（1）情境导入。

有效的情境能激发学生的学习兴趣与欲望，迅速调动学生的思维，让学生集中注意力，收到良好的学习效果。

①创设富有趣味性的情境。

例如“神奇的数阵”一课，我直接出示一张数阵图，告诉学生：这个数阵的设计者就是旁边这位充满智慧的国王。这位国王非常喜欢设计一些数学题来考验大臣的智慧。有一天，这位国王选了八个数设计了一个简单的数阵，来考验小王子的智慧。请同学们猜一猜：国王可能会怎样设计这个数阵呢？这样富有趣味性的情境立即激发了学生的兴趣，有的学生说，把横着的四个数与竖着的四个数分别相加；有的学生说，可能会把它们分别相乘；有的学生说，可能会把它们相减；还有的学生说，可能会把它们分别相除。富有趣味性的情境能吸引学生的眼球，使其积极投入思考。

②创设富有挑战性的情境。

小学生不仅对好玩的事感兴趣，也对富有挑战性的数学感兴趣。我们应创设富有挑战性的情境，给学生创造研究数学的机会，让他们在开放性、探究性问题的解决中表现自我、发展自我，从而感受到数学学习是很重要的活动，并初步形成“我能够而且应当学会数学地思考”的意识。如“硬币的滚动圈数”一课，我问：“有甲、乙两枚大小相等的硬币。现将硬币甲固定，让硬币乙沿硬币甲的周围滚动。当硬币乙滚动一周，回到原来的位置时，硬币乙滚动了几圈？”全班学生异口同声地说“1圈”，然而验证的结果却是2圈。这一结果和学生的猜想不一样，创设了富有挑战性的情境，激发了学生强烈的学习兴趣与探究欲望。

③创设富有思考性的情境。

教学情境是为教学目标服务的，它要引起学生的思考，提高学习活动的思维含量。这就要求创设的情境必须富有启发性和思考性，为学生提供一定的思考空间，能引发他们广泛的联想和思考。要创设富有思考性的情境，就要求教师设计的问题有思考性。例如“走楼梯”一课，在出示11级楼梯的平面图及走的规则（一次可以走1级或2级）后，我问：走完11级楼梯有几种方法呢？在学生毫无依据地猜想后，我提出疑问：到底有几种？你们有什么好办法来研究它吗？这样的情境导入直奔主题，让学生带着问题去思考，简洁、有效。

（2）探究尝试。

学生只有主动参与知识的建构、形成过程，才会深刻、有效地掌握知识。因此，拓展课的探究尝试环节或半扶半放，或放手让学生自主研究。

①半扶半放型探究。

在半扶半放型探究中，每一个教学环节都需要教师精心组织、策划，重点部分需要教师把舵，小结部分需要教师帮助归纳，有争议的地方需要教师阐明正确的观点。

例如“轴对称图形”一课，组织学生在图中添上一个正方形，保证完成了的图形依旧是轴对称图形。第一次，学生一般能得到以下答案（如图2.6）。

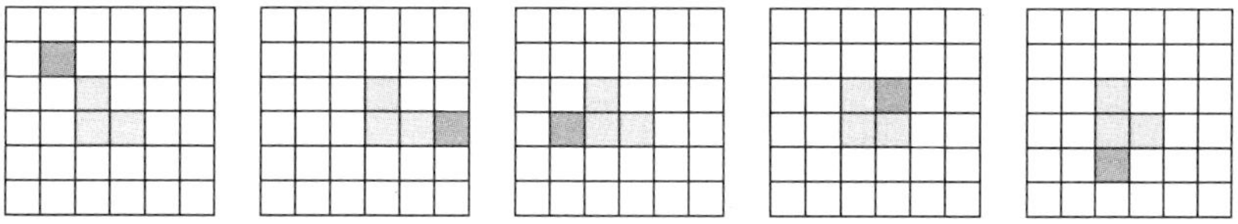

(a)　(b)　(c)　(d)　(e)

图2.6

显然上图（a）（b）不对，让学生讨论错误原因后提出：有不一样的想法吗？你猜他们会怎么思考？他们的添法给了你什么启发吗？正方形还能摆在哪些位置上？

第二次，学生的答案多起来，最后他们发现这些正方形竟然都在一条斜线上（如图2.7）。再通过课件演示正方形的旋转过程（如图2.8），让学生感受到：只要添的图形的对称轴与原有图形的对称轴完全重合就可以。接着再出示两种添法（如图2.9），组织学生比较、归纳，建立模型。

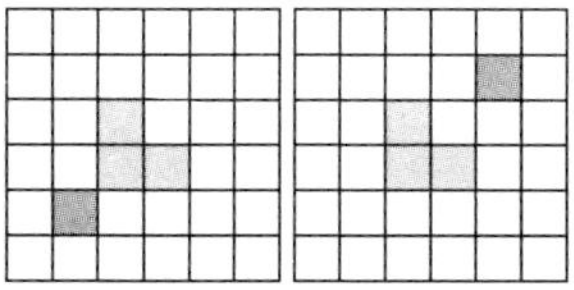

图2.7

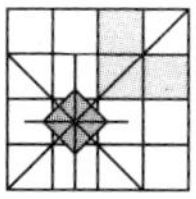

图2.8

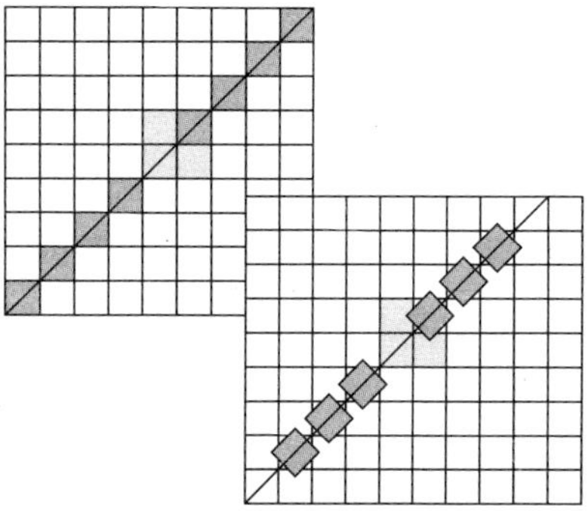

图2.9

这样的教学过程，从易到难，给足学生动手的时间，在形成了大量表象的基础上，再引导学生观察、比较，展开理性思考和想象，从而发现轴对称图形中对称轴的关键作用，有效挖掘了学生的潜能，发展了学生的空间观念。

②开放型探究。

在开放型探究活动中，研究方案的制定以及动手操作等活动都需要学生合作完成。教学时要充分利用已会的学生，允许他们离开座位帮助还不会的学生完成探究任务。

例如“至少移动几个圆片”拓展课，出示下图（图2.10），让学生先想一想，然后动手移一移，至少移动其中的几个圆片，才能分别让这些三角形上下颠倒呢？

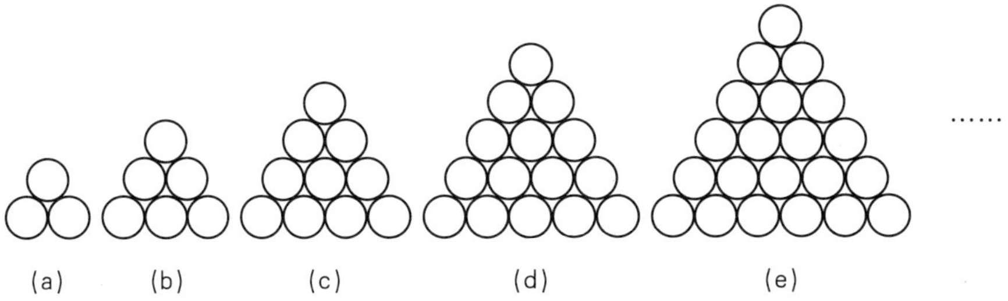

图2.10

此题靠单纯的想象是解决不了的，必须让学生用小圆片动手操作。因此，整个探索、研究的过程都需要同桌之间相互合作、交流，共同探讨。当研究图（d）、图（e）时，学生完成的时间与圆片移动的个数差距就很大，有的学生很快就完成了。如图（d），只要把最后一行两侧各1个圆片分别移到第三行的两侧，再把最上面两行的圆片都移到最后一行的下面，一共需要移动5个。如图（e），先把第一行的圆片移到最后一行的下面，再把最后两行两侧各3个圆片分别移到第二行、第三行，一共需要移动7个。但是很多学生移得很慢，且移动的个数较多。

因此，让已会的孩子当“小老师”，不但能激发他们学习的积极性，而且能让他们帮助老师指导其他学生学习，教学效果非常好。

（3）练习创设。

课堂练习是课堂教学的重要组成部分，是学生学习过程中不可缺少的重要环节，是学生掌握知识、形成技能、发展智力、挖掘创新潜能的重要手段，也是教师了解学生学习情况的主要途径，高质量的练习可以培养学生思维的全面性。

①基础性练习。

在小学数学拓展课中，首先应设计基础性练习（这里的基础性练习指的是针对本课的重要知识、思想和方法的练习），它有利于帮助学生应用所学知识，起到举一反三、巩固知识的作用。例如“正方形与圆的关系”一课，通过对学生发现内切圆与正方形的关系、外接圆与正方形的关系的观察，我设计了一组练习：两个圆（如图2.11）的半径都是1m，求正方形和圆之间的部分的面积（可以用不同的方法解题）。

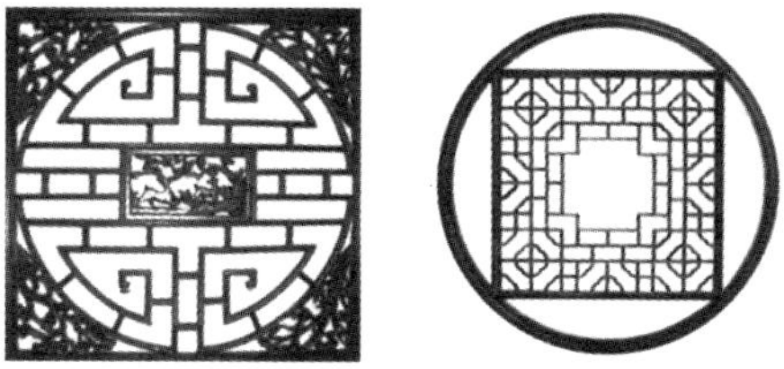

图2.11

这样的练习既让学生感受到数学来自生活，且能解决生活中的问题，又让学生对圆与正方形的关系进行应用，加深了他们对这一知识的理解。

②拓展延伸性练习。

拓展延伸性练习有助于学生在已有认知的基础上进行建模，也有助于新授知识的系统化，这让学生的思考变得更加全面，最终培养学生思维的缜密性。例如“正方形与圆的关系”一课，在基础性练习后，安排了这样的练习：四张边长都是24厘米的正方形铁皮，分别按下图（图2.12）剪下不同规格的圆片。哪张铁皮剩下的废料多？为什么？

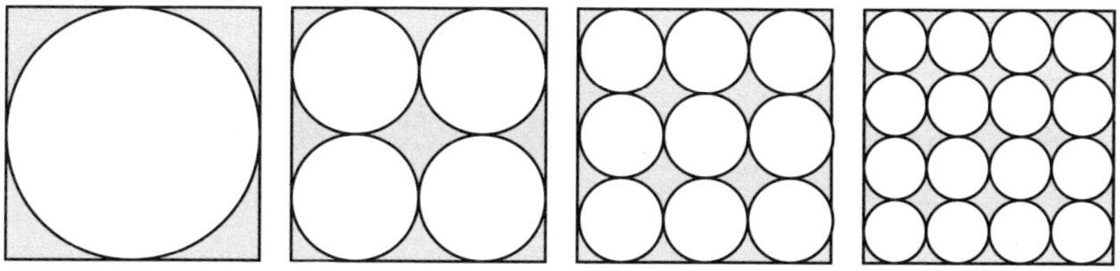

(a) (b) (c) (d)

图2.12

学生的解答方法如下：方法一：用正方形的面积减去所有圆形的面积之和，得到剩下的废料的面积，发现它们是相等的。显然这种方法适合一般的学生。方法二：第一张铁皮的废料面积是它的面积的21.5%。把第二张铁皮分成相等的4小块，每小块废料的面积分别是它的面积的21.5%，因此，第二张铁皮剩下的废料面积与第一张铁皮剩下的废料面积是相等的。同理得到，四张铁皮剩下的废料面积都是相等的。从研究一个图形到研究多个图形，学生需要思考的时间。通过这样的拓展性练习，学生对正方形与圆的关系能够建模，让这一知识系统化。

③非常规性练习。

非常规性练习是指在求解时无现成的步骤可循的非常规性问题。表面上看它与一般习题似乎没有区别，但是求解的途径与思维方式却完全不同，且很容易出错。这样的练习能克服学生的思维定式。

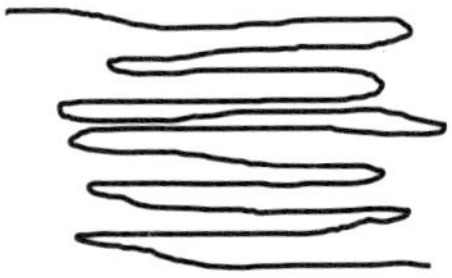

图2.13

例如“绳子中的数学问题”一课，先带领学生研究对折多次之后沿中间剪一刀，绳子会变成几段等一系列问题，然后在练习环节设计了非常规性练习：如图（图2.13），一根绳子折了10次，从中间剪开，可以得到多少段？

这样的设计打破了学生原来的思维定式，要解决这样的问题，就需要学生动手探究，在化繁为简、比较分析中加深理解。

非常规性练习能打破学生的思维定式，让他们学会更全面地思考问题，俗话说“教知识不能把学生教死了”，说的就是这个道理。

（4）反馈建模。

数学模型是利用数学语言（符号、式子与图像）模拟现实的模型，即把某种事物的主要性质、主要关系抽象出来，用数学语言概括或近似地表述出来的一种数学结构。数学模型一般分为三类：概念型数学模型、方法型数学模型、结构型数学模型。小学数学拓展课的研究一般以方法型数学模型为主。方法型数学模型的建构一般是指对实际问题进行抽象、表述，在一定的假设下使问题化简，建立起适合该问题的数学模型，并通过演算、推理求出模型的解，并对它进行验证、解释的全过程（如图2.14）。

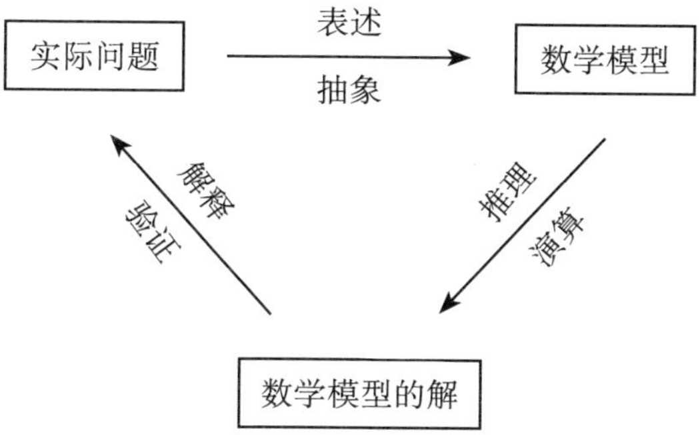

图2.14

数学拓展课中模型的建构并不是一蹴而就的，它渗透在学生获得知识和解决问题的过程中。因此，要引导学生在观察、实验、分析、比较、抽象、概括等活动中，挖掘问题所蕴含的数学思想与方法，帮助学生建立起数学模型，从而解决问题。

①计算类的数学模型。

拓展课的学习内容涉及计算的，在教学中一般采用以下建模方法：在计算一串算式后，引导学生发现这些算式的共性，即算式特征（数学模型），然后寻找算式特征的原理（数学模型的解），再利用原理去验证或解释已发现的计算方法。

如“有趣的回文算式”一课，计算312－213、451－154、847－748，我们发现结果都是99的倍数。如果研究到此为止，那么其中蕴藏的思想与方法就没有得到充分挖掘。因此，我们可以尝试让学生去寻找原因，从简单的情况入手，在54－45，53－35等算式中寻找原因。借助计数器，引导学生发现54－45，十位多10，个位缺1，所以54－45=10－1=9；同理，53－35=20－2=9×2（如图2.15）。

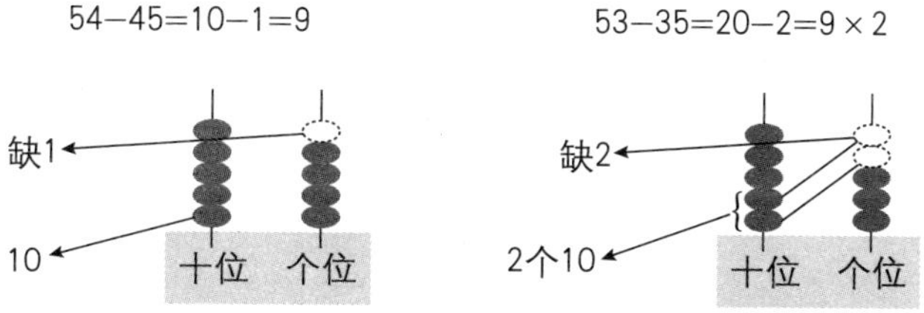

图2.15

由此引导学生推想到三位数，即312−213，百位3−2剩下1个百，十位减完，个位2−3缺1，由此，个位直接从百位借，即312−213=100−1=99，同理得到451−154=300−3=99×3的算理，即个位不够减，直接向百位借，打破个位不够向十位借的思维定式。接着再引导学生思考：8462−2468是不是也可以用这样的办法呢？结果是999倍数的算式你还能写出多少？这样，学生的思维就可以渐渐被打开，从而很好地建立数学模型。学生在探索奥秘的过程中学会举一反三，进行推理与再创造。

②几何类的数学模型。

几何模型的建构一般经历了猜想——验证——发现的过程，学生在这样的过程中可以体会方法的多样性以及最优化，体验思维的深层次挖掘带来的快乐。

如“酒瓶捆扎中的数学问题”一课，先出示2个酒瓶捆扎图，问：如果用绳子把2个酒瓶捆扎在一起，要用多长的绳子呢？学生计算后发现“绳长=1个圆的周长+2条直径长度”。接着再出示3个酒瓶，学生计算后出现了两种答案：一种是捆扎成一排（层）的；另一种是底下一层放2个酒瓶，上面一层放1个酒瓶。他们在比较中初步发现第二种捆扎方法需要的绳子短一些。当然，学生在研究捆扎4个酒瓶时，也出现了类似的两种捆扎方法与答案。于是我们大胆得出捆扎成两排（层）需要的绳子最短，即绳长＝1个圆的周长＋圆的个数×直径。然后继续组织学生在5个、6个酒瓶的捆扎中进行验证，发现猜想是正确的。

到这儿，这节课的问题好像已经研究清楚了。但是问题又出现了，学生继续捆扎7个酒瓶并计算，发现捆扎7个酒瓶与捆扎6个酒瓶需要的绳子一样长，难道结论错了吗？

学生再次猜想、验证，并在7个、8个、9个酒瓶捆扎的分析、比较、讨论中逐步找到规律，得到捆扎酒瓶所需的绳长＝1个底面周长＋沿绳一周圆的个数×d。

学生在猜想、验证、发现结论等探索过程中逐步建立数学模型，并充分获得成功的体验，从而充分挖掘了学生的潜力，发展了学生的空间观念。

2．小学数学拓展课的教学流程。

拓展课的教学方法并不是简单划一的，应根据不同类型的学习素材进行调整。还需充分考虑学情，选择最适合学生的学习方式，引导他们探索、研究。

（1）课内知识延伸类拓展课教学流程。

由于课内知识延伸题一般学生容易出错，或者在课堂上花几分钟时间很难完成，所以，课内知识延伸类拓展课教学，需要先分析学生一般会产生哪些错误，为什么会产生这样的错误。在学情分析的基础上，借助直观模型，让学生经历观察、分析、比较、讨论等活动过程，打破思维定式，对知识重新建构，从而掌握新知。具体操作流程如图2.16所示。

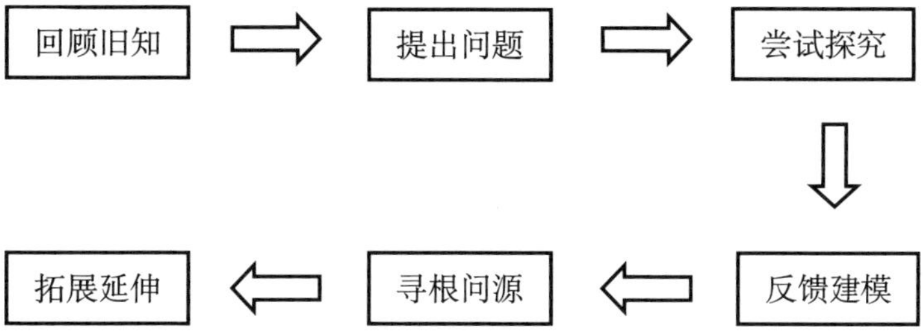

图2.16

①回顾旧知：带领学生回顾教材上学过的知识，为新课做铺垫。

②提出问题：针对复习中提到的知识点，让学生大胆猜测本节课可能会往哪方面拓展，大胆假设，培养学生大胆创新的能力。

③尝试探究：有了旧知识的铺垫，学生对新问题的探索就会心中有底，敢去尝试。教师要给学生更多时间与空间，学生的发挥空间才更大。

④反馈建模：根据学生的回答，引导学生对知识重新建模，以掌握新的知识。

⑤寻根问源：因为是在旧知识基础上的建构，所以有必要引导学生去寻找原因，在探索中找到知识形成的本源，增强学生学习的乐趣。

⑥拓展延伸：在新知探索之后，有必要设计一些基础性练习，巩固新知，更有必要设计一些提高练习或者可以打破思维定式的练习，培养学生灵活运用知识的能力。

例如“怎样围面积最大”一课，学生学习了长方形和正方形的面积计算后，往往会形成思维定式：①一个长方形的周长越大，它的面积也就越大，反之，周长越小，它的面积也越小。因此，我们有必要引导学生研究周长一定时，围成的不同的长方形面积的大小关系。②围成的正方形面积最大。那么就要引导学生研究一面靠墙的情况，从而发现围成正方形不是面积最大，而是长是宽的两倍时，面积最大。在这个过程中不断地构建起完善的知识体系。教学安排分四个步骤：①研究周长一定时，怎么围面积最大。学生通过动手操作、计算，发现周长一定时，长与宽的长度越接近，面积越大，即正方形的面积是最大的。②猜测在一面靠墙的情况下，怎么围面积最大。受前面知识的影响，学生一般认为三边长度一样（正方形），面积最大。③学生尝试：通过多次操作、记录、比较，发现并不是围成正方形面积最大，而是长是宽的两倍时，面积最大。④讨论建模：为什么长是宽的2倍时，面积最大呢？此问引起学生深思，我适时出示图片（如图2.17），让学生充分感悟到一面靠墙的长方形面积刚好是原来正方形面积的2倍。

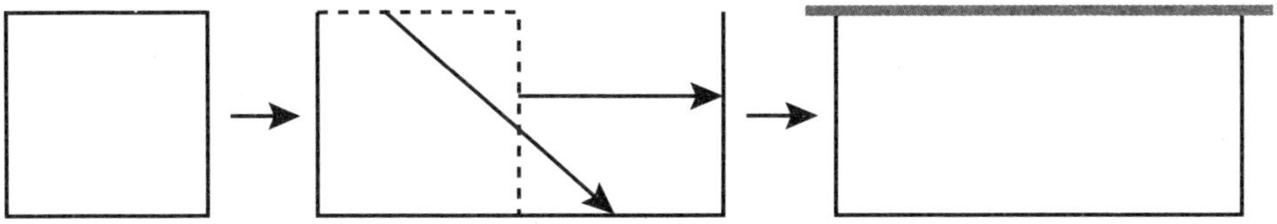
图2.17

通过操作、论证，不仅能纠正错例，让学生建立起正确的表象，同时对学生创新思维的培养也是非常有利的。

（2）名题、趣题类拓展课教学流程。

名题、趣题与教材上一般的学习内容相比，具有文化性、探究性、趣味性。因此，要让学生有足够的时间和空间经历猜测、观察、操作、假设、列表、理解、建模等活动。

名题、趣题类拓展课的一般教学流程如图2.18所示。

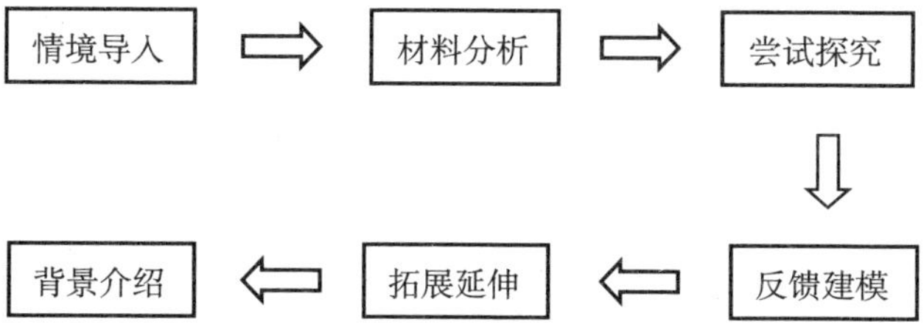

图2.18

①情境导入：把名题、趣题设计成一个故事情境，或重现名题、趣题的原有情境和背景，通过故事情节引出名题、趣题。或者直接出示名题、趣题，设置悬疑，激发学生研究的兴趣。

②材料分析：引导学生分析名题、趣题中的信息，提出问题，或者提出解决问题的方法，或者提出猜想。

③尝试探究：让学生了解信息后，尝试解决问题。学生的尝试分为两种：一种是没有方法地尝试，然后发现解决问题中的困难，在教师指导下再次尝试，找到方法或规律；另一种是化繁为简，从简单的情况入手，在多层次尝试中寻找共性，找到解决问题的规律与方法。

④反馈建模：整理学生的反馈情况，引导他们观察，发现共性或者方法，并建模。

⑤拓展延伸：精心设计有梯度的练习，实现思维的拓展延伸。满足不同层次学生的学习需求，以达到巩固知识、加深理解、开拓思维的目的。

⑥背景介绍：向学生介绍名题、趣题的出处，或者出题者的背景以及名题的影响力。激励学生学习数学家的科学探索、坚持不懈等精神。这一环节有时会被纳入第一环节——情境导入中，以激趣方式引导学生进行新课研究。课的最后引导学生回顾、总结，内化知识。

例如拓展课“蜗牛爬井问题”，以故事情境引入：一只蜗牛掉进了井里，癞蛤蟆安慰道：“这井太深了，你就安心在这里生活吧。”蜗牛想：“井外的世界多美呀，我决不能像癞蛤蟆这样生活在井底！”于是它问癞蛤蟆：“癞大叔，请问：这口井有多深？”癞蛤蟆说：“这口井有10m深，你小小年纪，又背着这么重的壳，怎么爬得上去呢？”蜗牛沉默不语，它要用实际行动来回答。于是，它顺着井壁往上爬，到傍晚终于爬了2m，蜗牛很高兴，就安心地睡着了。第二天蜗牛继续往上爬，以这样的速度蜗牛几天才能爬出去？

学生很快就解决了这个问题。接着我继续创设情境：过了几天，这只蜗牛又掉进了井里。它又顺着井壁往上爬，到傍晚竟然爬了 5 m，蜗牛特别高兴，便决定睡上一觉。早上醒来，蜗牛发现自己滑下了4m。它叹了一口气，又开始往上爬。蜗牛按“白天爬5m，晚上滑下4m”的速度，几天才可以爬出这口井呢？

这样的情境激起学生探究知识的兴趣，他们个个跃跃欲试。

在探究环节要提供充分的时间让学生多次操作，学生在尝试中会有一些操作错误，有的认为答案是10天，有的则认为只要6天。通过小组交流或集体反馈，学生得出正确答案，并知其原理。

反馈建模环节要组织学生比较分析，并进行知识建构。为什么蜗牛只要6天就能爬出这口井呢？学生发现蜗牛最后一天爬了5m，已经出去了，不再下滑了。接着让学生尝试解答：一只蜗牛爬竹竿，白天爬上3m，晚上下滑2m，它几天能爬上10m高的竿顶？然后比较：蜗牛爬井问题与爬竹竿问题有什么共同的地方？由此加深了学生对本课知识点的理解：最后一天不再下滑。

最后进行拓展延伸：①小猴子学爬竹竿，竹竿长11m，小猴子每次爬上3m，滑下1m，它要爬几次才能爬到竹竿顶上？②从0开始，按加6减4的运算顺序计算，请问：加几个6、减几个4后，结果为16 ？这样的拓展延伸性练习题，一方面巩固了本节课的教学重点、难点，另一方面把具体、形象的问题抽象为数的变化，沟通了形与数之间的内在联系。

（3）数学游戏类拓展课教学流程。

数学游戏是激发学生学习兴趣最好的媒介，在游戏课中不仅要让学生玩，还要让学生在玩中掌握数学学习的方法，培养学生良好的学习习惯。因此，数学游戏类拓展课重在让学生了解游戏规则，掌握操作方法，并感悟游戏中的数学原理。由于学生对游戏均有一定的好奇心，了解游戏规则、掌握游戏技巧对他们来说并不难，难在感悟蕴含在其中的数学原理。当游戏比较复杂的时候，通常需要化难为易，化繁为简，从较小的数据中找到游戏的规律和原理，从而熟练掌握游戏技巧。

数学游戏类拓展课的教学流程如图2.19所示。

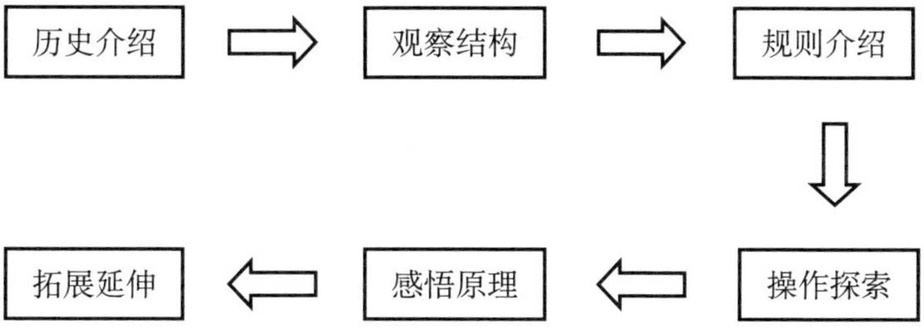

图2.19

①历史介绍：了解历史，有助于激发学生学习的兴趣。向学生介绍游戏的历史，有助于拉近他们与历史的距离，激发他们传承历史的使命感。

②观察结构：让学生观察游戏对象的结构，了解其特点，有益于他们感悟游戏的操作原理。

③规则介绍：介绍游戏规则，让学生知道怎么玩，这样他们才能进入对游戏的探索。

④操作探索：了解游戏规则后，让学生从简单的情况入手，先学会操作技巧，再放手尝试游戏，难度逐步增加。

⑤感悟原理：让学生想象、猜测接下来的游戏方法，在操作中感悟操作原理，发现数学本质。

⑥拓展延伸：让学生根据游戏原理熟练地玩游戏，并进一步探究后续游戏。

如“玩转九连环”一课的教学：①介绍九连环的历史，激发学生的兴趣。②引导学生观察九连环的结构——一环扣一环，取环或套环都受到前面环的限制。了解其结构特点，有利于学生感悟九连环的操作原理。③操作部分是数学游戏课的主要环节，也是数学游戏课的关键，只有通过不断的操作才能让学生对游戏有所感悟。通过三次操作让学生感悟九连环的原理：通过取一个环了解取（套）环动作的技巧，通过取两个环初步感知取（套）环原理，通过取三个环进一步感悟取（套）环原理。④总结原理。第三次操作是取五个环，操作前先让学生猜测、推理取环的方法、步骤，再进行操作验证。最后总结取（套）环的原理和方法。⑤拓展延伸部分引导学生思考取下九个环一共需要几步。

游戏就是要让学生充分地玩，不过，我们需要关注课内教学与课外延伸之间的平衡。课前可以预先发下九连环，让学生利用课间、课后时间去摸索。课堂上学生对游戏规则有了感悟后，取环与套环就可以让学生自己去玩，去感悟其原理。一个星期后再教学九连环解环的步数，学生就能发现九连环中奇数个环与偶数个环分别存在的规律，从而渗透数学思想和方法。

（4）数学绘本类拓展课教学流程。

数学绘本的特点是形象、直观，以图为主，配有少量文字，以图传达故事情节，符合低段学生的思维特点。数学绘本类拓展课一般用绘本中的美好故事情节将学生带入情境，让他们成为故事的主人公，积极参与问题的解决，从而培养他们的推理能力和创新能力，让他们的情感受到陶冶，艺术审美能力得到发展。

数学绘本类拓展课教学要借助故事情节，引导学生解决故事中的数学问题。但教学不能过度依赖绘本，要适时地跳出绘本，引领学生解决数学问题。数学绘本类拓展课的教学流程一般如图2.20所示。

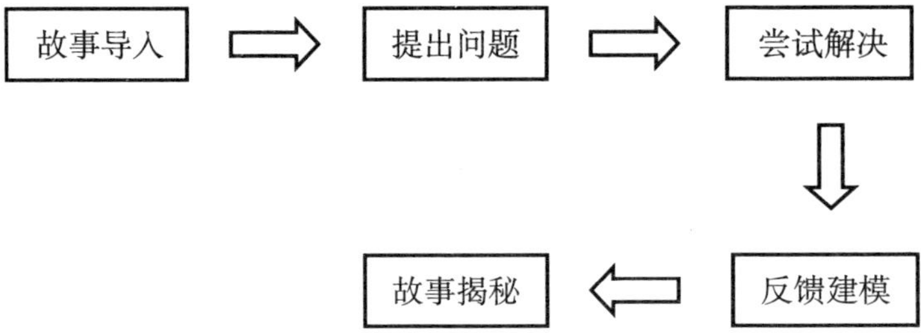

图2.20

①故事导入：数学绘本给学生提供的是一个完整的故事，教学时可稍做改动，如导入时将故事情节稍加删减，努力激起学生的研究兴趣。有时也可让故事贯穿整节课始终。

②提出问题：从故事中提炼出需要解决的问题，或者让学生说说故事中需要我们解决什么问题，明确绘本故事中包含的数学问题，让学生迅速

进入数学课堂的学习状态。

③尝试解决：根据每个环节设置的数学问题，让学生通过讨论、动手操作等方式尝试解决问题，并分析理由。

④反馈建模：根据学生的反馈情况，及时纠正学生的错误。在学生形成统一认知后，建立本课内容的基本模型，并进行巩固。

⑤故事揭秘：从绘本中来，到绘本中去。课的最后一般可以揭晓故事的最终答案，满足学生的好奇心，并肯定他们整节课的学习，激发他们学习的兴趣。

如“放屁王”一课，教师先导入故事：故事讲述了放屁王帮助别人不留名，老者来学校寻找放屁王的整个过程。根据故事情节提出问题，让学生尝试解决：老者给校长的第一个提示是戴眼镜。怎么才能找到放屁王呢？从戴眼镜的同学中找，引出集合的概念。老者给出的第二个提示是脸上有痣。那么在两个不同的集合中怎么才能找到放屁王呢？学生尝试解决并建模：学生扮演校长的角色，在戴眼镜的集合圈和脸上有痣的集合圈中寻找那个放屁王。这个过程重在让学生体会如何用图表示出“既……又……”的情况，在思维冲突中创造出韦恩图，并体会韦恩图的价值。最后进行故事揭秘：校长找到放屁王了吗？我们来看看故事的结尾……

第3章 小学数学拓展课案例赏析

课堂，是一个既平常又神秘的地方；课堂，是一个既严肃又活泼的地方；课堂，是一个师生生命火花碰撞与展现的地方；课堂，是一个不可亵玩的地方。课堂是千变万化的，又是错综复杂的。因此，我把最宝贵的时间和最主要的精力都投入拓展课的课堂教学研究中。每一节拓展课都是一个环节一个环节推敲出来的，每一节拓展课都经历了酸甜苦辣的磨课过程。本书收集的每一个案例对师生互动过程都未进行删减与修饰，都保持着原汁原味。

案例1：在变与不变中体验数学的无穷魅力
——“怎样围面积最大”实践与反思

【适用年级】

三年级、四年级

【课前思考】

周长和面积虽然是两个不同的数学概念，但是它们有密切的联系。学习了长方形和正方形的面积计算之后，学生往往认为长方形的周长越大面积也就越大，反之，周长越小面积也就越小。因此，我们有必要引导学生研究周长一定，围成的不同的长方形面积的大小关系，体会当周长一定时，围成的长方形长和宽相差越小，面积越大，围成正方形面积最大。为了突破围成正方形面积最大的思维定式，我们有必要引导学生研究一面靠墙的情况，从而发现要想面积最大，不是围成正方形，而是围成长是宽的两倍的长方形。同时还要引导学生发现，一面靠墙围成的面积最大的长方形是直接围成的正方形的面积的2倍。

【教学目标】

1．在探究活动中，发现“当周长一定时，长和宽越接近，面积就越大，正方形的面积最大；当一面靠墙时，围成的长是宽的2倍的长方形的面积最大”的规律。

2．在探索、交流等活动过程中，尝试用枚举、列表等方法，体会有序思考，渗透数形结合的思想。

3．体会数学在生活中的应用价值，激发探索、研究数学的兴趣。

【教学实录】

一、复习回顾，情境引入

1．复习。

（1）一个长方形的长为5厘米，宽为3厘米，它的周长和面积分别是多少？

周长：（5+3）×2=16（cm）；面积：5×3=15（cm^2）。

（2）一个长方形的周长为20厘米，宽为3厘米，它的面积是多少平方厘米？

方法一：长：20÷2−3=7（cm）；面积：7×3=21（cm^2）。

方法二：长：（20−3×2）÷2=7（cm）；面积：7×3=21（cm^2）。

2．出示问题：两根铁丝，一根长24米，一根长28米，用这两根铁丝分别围成一个长方形，猜一猜，哪根铁丝围成的长方形面积大。

生：用28米铁丝围成的长方形面积大。（其他学生都表示同意）

师：为什么？

生：因为28米比24米长。

师：你们的意思是周长大的长方形面积就大？

生：是的。

师：真的是这样的吗？

生：不一定。

师：有什么办法能验证呢？

二、探索研究，掌握方法

1．研究直接围长方形的情况。

[出示：如果有一根长24米的铁丝，用它围成一个长方形（含正方形），长和宽取整米数时，面积分别是多少？]

师：要知道围成的长方形的面积，一般要先知道什么呢？

生：要先算出围成的长方形的长和宽可能是多少，再算出它的面积。

师：请你们想象一下，围成的长方形的长和宽可能会是多少。

生：长11米、宽1米，长10米、宽2米，长9米、宽3米，长8米、宽4米，长7米、宽5米，边长6米。

师：为什么？

生：因为周长是24米，长与宽的总长度只能是12米。如果长是11米，那么宽只能是1米。

师：请同学们算出这些长方形的面积分别是多少。

（根据学生的回答，列出表3.1.1）

表3.1.1

铁丝长（m）	24					
长（m）	11	10	9	8	7	6
宽（m）	1	2	3	4	5	6
面积（m^2）	11	20	27	32	35	36

师：你有什么发现？

生1：长越来越小，宽越来越大，面积越来越大。

生2：长与宽的和都是12。

生3：长与宽的差越来越小，面积越来越大。

生4：正方形的面积最大。

师：同学们的发现是否正确呢？仅凭刚才的研究还是不够的。

[出示：如果有一根长28米的铁丝，把它围成一个长方形（含正方形），长和宽取整米数时，面积分别是多少？]

（学生研究，教师巡视指导，列出表3.1.2）

表3.1.2

铁丝长（m）	28						
长（m）	13	12	11	10	9	8	7
宽（m）	1	2	3	4	5	6	7
面积（m^2）	13	24	33	40	45	48	49

师：结合两次的研究，我们可以得出怎样的结论呢？

生1：长与宽相差越小，面积越大。

生2：围成正方形面积最大。

师：当周长一定时，长和宽越接近，面积就越大，正方形的面积最大（板书）。那么，我们能不能简单地判断，用28米铁丝围成的长方形面积比用24米铁丝围成的长方形面积大呢？

生1：不一定，有时大，有时小。

生2：用28米铁丝围成的正方形面积就比用24米铁丝围成的正方形面积大。

师：同学们真会思考！

2．研究一面靠墙围长方形的情况。

[出示：如果有一根长24米的铁丝，一面靠墙围成一个长方形（含正方形），长和宽取整米数时，面积分别是多少？]

师：请同学们先猜想一下，围成怎样的长方形面积最大。

生：围成正方形面积最大。

师：这个正方形的边长、面积分别是多少呢？

生：它的边长是24÷3=8（m），面积是64 m^2。

师：有不同的想法吗？

生：没有。

师：请同学们动手研究、验证。

（研究后汇报，如表3.1.3）

表3.1.3

铁丝长（m）	24										
长（m）	22	20	18	16	14	12	10	8	6	4	2
宽（m）	1	2	3	4	5	6	7	8	9	10	11
面积（m^2）	22	40	54	64	70	72	70	64	54	40	22

师：你们又发现了什么？

生1：面积从小变大，再从大变小。

生2：不是围成正方形面积最大。

生3：我还发现它们的周长越来越小了。

生4：我发现周长越大，面积不一定越大，周长越小，面积不一定越小。

师：多么精彩的发现！当面积最大时，长和宽之间有什么关系呢？

生：当长是宽2倍时，可能面积最大。

师：是吗？有这样的规律吗？

生：让我们再研究一个。

[出示：如果有一根长28米的铁丝，一面靠墙围成一个长方形（含正方形），长和宽取整米数时，面积分别是多少？]

（研究后汇报，如表3.1.4）

表3.1.4

铁丝长（m）	28												
长（m）	26	24	22	20	18	16	14	12	10	8	6	4	2
宽（m）	1	2	3	4	5	6	7	8	9	10	11	12	13
面积（m^2）	26	48	66	80	90	96	98	96	90	80	66	48	26

师：通过刚才的研究，我们可以得出怎样的结论呢？

生1：当长是宽的2倍时，围成的长方形的面积最大。

生2：围成的长方形面积最大时，长与两条宽的长度是一样的。

生3：一面靠墙围与不靠墙围，得到的结论是不一样的。

3．两种情况比较（如表3.1.5）。

表3.1.5

铁丝长（m）	24	28
直接围成的长方形最大面积（m^2）	36	49
一面靠墙围成的长方形最大面积（m^2）	72	98

生：一面靠墙围成的长方形最大面积是直接围成的长方形最大面积的2倍。

师：如果一根铁丝长32米，用这两种方法围成的长方形最大面积分别是多少呢？

生：直接围成的面积最大长方形的边长是8米，面积是64平方米；一面靠墙围成的面积最大长方形的长是16米，宽是 8 米，面积是128平方米。

师：用这两种方法围成的两个面积最大长方形之间还有什么联系呢?

生1：长方形的宽与正方形的边长是相等的。

生2：长方形的长是正方形的边长的2倍。

师：能不能把第一种围法改变一下，让它一面靠墙呢?

生：把原来正方形的两条边分别当作用第二种方法围成的长方形的两条宽边，另两条边合并在一起当作一条长边，让另一边靠墙。

(用课件演示，如图3.1.1)

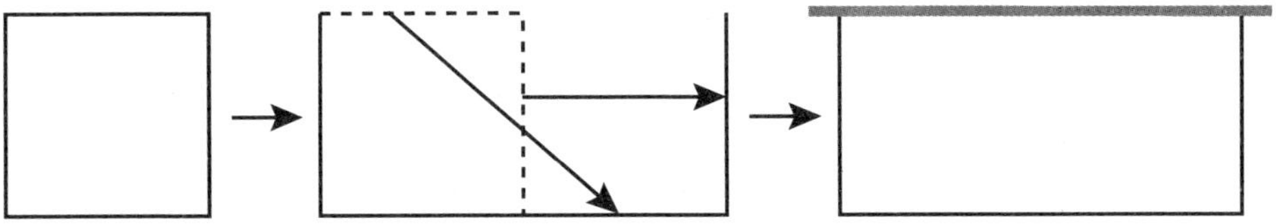

图3.1.1

师：通过研究，我们还发现了用两种围法得到的面积最大长方形之间的面积大小关系。

三、知识运用，解决问题

师：欧拉是著名的数学家，小时候要帮助爸爸放羊。爸爸决定建造一个新的羊圈。他用尺子量出了一块长方形土地，长40米，宽15米，面积正好是600平方米，围这样一个羊圈，需要用110米长的篱笆，可他发现他的材料只够围100米。正当爸爸感到为难的时候，小欧拉对爸爸说：“我能用100米长的篱笆，围成一个比这个羊圈面积还大的羊圈。”你知道欧拉是怎样解决爸爸的这个难题的吗?

师：请你先在纸上算一算，然后和同伴交流你的意见。

生：欧拉把原来计划中的羊圈变成了一个边长为25米的正方形，面积是625平方米。

师：欧拉确实是用这样的方法解决了这个问题，而且还使羊圈的面积变大了。这就是我们学习数学的价值所在，学习数学可以使我们越变越聪明。

师：如果一面可以靠墙，你能围一个面积更大的长方形吗?

生：可以围一个长50米、宽25米的长方形，它的面积是1250平方米。

师：同学们真棒！

四、全课总结，课外探索

1．课堂总结：通过这节课的学习，你们有什么收获？

2．课外探索：用若干个小正方形拼成一个长方形，怎样拼得到的长方形周长最小？为什么？

【课后体会】

学生在探索、研究中，不断地挑战思维，不断地突破原有的认识，充分体验数学的无穷魅力，充分体验数学与生活之间的密切联系。

1．尝试用枚举、列表法解决问题。

用一根铁丝可以围成许多不同的长方形，用枚举与列表的方法，可以全面地思考，既不会重复，也不会遗漏，使研究的过程更科学、更合理，使研究的结论更具说服力。当铁丝的长度为24米时，可以围成5种不同的长方形；当铁丝的长度为28米时，可以围成7种不同的长方形。如果围成的长方形一面靠墙，则分别得到11种与13种不同的长方形。由于得到的长方形比较多，因此，需要学生尝试用枚举与列表等方法。

2．在比较中发现数学的内在规律。

用同一种方法可以围成许多不同的长方形，因此，有必要对这些长方形进行比较。比如，引导学生在比较中发现当周长一定时，长和宽越接近，它的面积就越大，正方形的面积最大。再如，同一长度的铁丝用两种方法围成几个不同的长方形，一面靠墙围成的面积最大的长方形面积是直接围成的正方形面积的2倍。充分比较更利于学生理解和掌握围一个面积最大的长方形的内在规律。

3．引入小故事让数学学习更有趣。

把数学家欧拉小时候解决问题的故事引入课堂，让数学变得更有趣、更好玩了。故事中的问题既是对本节课知识的灵活运用，又是对学生的思维能力、解决问题能力的一次挑战。通过解决这一问题，学生既了解了一些数学文化，又体验到了成功解决问题的乐趣。

案例2：经历猜想验证，借助直观明理
——“哪道算式的积最大”实践与反思

【适合年级】

四年级

【课前思考】

本课缘起于人教版小学数学四年级上册“三位数乘两位数”单元练习中的一道星级题：用0、2、3、4、5组成三位数乘两位数的乘法算式，你能写出几个？你能写出乘积最大的算式吗？像345×20、245×30这样的三位数乘整十数的算式可以写24道，像450×23、405×23、540×23、504×23、450×32、405×32、540×32、504×32这样的三位数乘非整十数的算式可以写48道，因此，一共可以写出72道算式。让四年级学生把这些算式都写出来，再找出乘积最大的一道算式，是一件很不容易的事情。因此，要引导学生从简单的问题入手，先研究用四个数字（非0）组成两位数乘两位数的乘法算式，得到乘积最大算式的组合方法；然后研究用五个数字（一个为0）组成三位数乘两位数的乘法算式，得到乘积最大算式的组合方法；最后研究怎样组合让算式乘积最小。

【教学目标】

1．掌握乘积最大算式的组合方法，正确判断哪道算式的乘积最大。

2．经历猜想、验证等探索过程，了解数学研究的方法，培养数感。

3．体会乘法算式的奇妙，体验学习数学的成功和喜悦。

【教学实录】

一、出示问题，引入课题

1．出示问题：用3、4、5、6这四个数字组成两位数乘两位数的算式，你会吗？

生1：34 × 56。

生2：43 × 65。

生3：35 × 46。

师：这样的算式很多，你能写出积最大的一道算式吗？

2．揭示课题。

二、探索研究，寻找方法

1．研究：用3、4、5、6这四个数字组成两位数乘两位数积最大的算式。

（1）猜想。

生1：我认为65 × 43的积最大，因为要让算式的积最大，就要先把大的数字放在一起，再把小的放在一起。

生2：我认为64 × 53的积最大，因为把65 × 43看成60 × 40，积大约是2400，把64 × 53看成60 × 50，积大约是3000。

师：他用了估算的方法，得出65 × 43的积比64 × 53的积小，这种方法非常好！仔细观察一下刚才这道算式，它是怎么组合的？

生：6和5是最大的，分别放在两个因数的十位上，另外两个小的分别放在个位上。

师：两个两位数相乘，只有让这两个数尽可能大，它们的积才会大。因此，我们要把最大的两个数字放在最高位。

生：我觉得63 × 54的积可能会更大。

师：是吗？估算一下它的积是多少。

生：也是3000多。

师：这两道算式有什么不同？

生：十位都相同，个位上的数字交换了。

师：谁的积大呢？或者一样大？

生：后面的大，因为两个因数相差 9 ，它们相差越小，积越大。

师：用什么办法能准确地比出它们的大小呢？

生：竖式计算。

（2）验证。

$64 \times 53 = 3392$　　　$63 \times 54 = 3402$

$$\begin{array}{r} 64 \\ \times\ 53 \\ \hline 192 \\ 320 \\ \hline 3392 \end{array} \qquad \begin{array}{r} 63 \\ \times\ 54 \\ \hline 252 \\ 315 \\ \hline 3402 \end{array}$$

（3）初步得出结论：两个数和相等，如果这两个数越接近，积就越大。

2．继续研究：用3、5、6、8组成两位数乘两位数积最大的算式。

师：根据刚才的研究获得的结论，你认为哪道算式的乘积大呢？

（1）再次猜想。

生1：我认为83×65的乘积大一些。

生2：我认为也有可能是85×63的乘积大一些。

师：到底谁的积大呢？

（2）再次动手验证：计算后发现83×65的乘积大一些。

（3）分析思考。

师：为什么83×65的乘积大呢？

生1：因为83×65，8在十位，已经很大，所以把5给6。

生2：83×65中的两个因数相差18，另外一道算式的两个因数相差22，相差小的积就大。

师：我们再通过一组数据来研究，请依次计算加法算式和减法算式，看一看你有什么发现。

（a）	$48 \times 32 = 1536$	$48 + 32 = 80$	$48 - 32 = 16$
	$42 \times 38 = 1596$	$42 + 38 = 80$	$42 - 38 = 4$

（b）	$64 \times 53 = 3392$	$64 + 53 = 117$	$64 - 53 = 11$
	$63 \times 54 = 3402$	$63 + 54 = 117$	$63 - 54 = 9$

(c) $75 \times 62 = 4650$	$75 + 62 = 137$	$75 - 62 = 13$
$72 \times 65 = 4680$	$72 + 65 = 137$	$72 - 65 = 7$

(d) $85 \times 63 = 5355$	$85 + 63 = 148$	$85 - 63 = 22$
$83 \times 65 = 5395$	$83 + 65 = 148$	$83 - 65 = 18$

生1：每组中两个数的和相同，差越小积就越大。

生2：差越小的，积就越大；差越大的，积就越小。

（4）小结：通过研究，我们发现每组两道算式中的两个因数的和是相等的，差不相等，差小的，乘积就大。

（5）寻找原因。

师：为什么两个数越接近，积就越大？

生：一个长方形和正方形，周长一样，正方形的面积最大。

师：说得很好！我们借助图形来看一下。

1  $1 \times 7 = 7$

7

2  $2 \times 6 = 12$

6

3  $3 \times 5 = 15$

5

4  $4 \times 4 = 16$

4

师：在长加宽都等于8的情况下，长和宽越接近，面积就越大，正方形的面积最大。

（6）快速判断哪道算式的积大。

(a) 62×58	(b) 91×37	(c) 49×25
68×52	97×31	45×29

三、深入探究，拓展提高

（出示问题：用2、3、5、4、1组成三位数乘两位数，并找出乘积最大的一个）

师：请同学们认真思考一下哪道算式的积最大。

生1：531 × 42。

生2：431 × 52。

生3：521 × 43。

…………

师：为什么有这么多答案？到底哪道算式的积最大呢？

生：我认为53 × 421的积最大。

师：5不是最大的吗？为什么不放在百位上？

生：那样差就更大了。

师：当我们遇到困难时，要适当地退，退到我们刚刚研究的两位数乘两位数。52 × 43的积是最大的，现在多了“1”，它应该放在哪儿呢？

生：可以放在52后面，也可以放在43后面。

师：521 × 43和52 × 431，哪个积更大？

（学生讨论无果，教师出示下列算式）

521 × 43　　　　　　52 × 431

=520 × 43+1 × 43　　　　=52 × 430+1 × 52

生：1添在52后面，表示1个43；添在43后面，表示1个52。所以放在43后面就可以了。

师：如果把1改成0呢？

生：0放在52后面与43后面都是可以的。

生：因为520 × 43和430 × 52一样大。

四、总结内化，课外探索

1．课堂总结：这节课你们体会最深的是什么？

生：我知道了不用计算也能判断两道乘法算式的积的大小。

师：是的，乘法计算看似枯燥无味，却蕴含了这么有趣的奥秘和方法，使我们在判断大小时又多了一种方法。

2．课外探索：用1、3、4、8组成两位数乘两位数且积最小的算式，用1、3、4、8、9组成两位数乘三位数且积最小的算式。

【课后体会】

本节课分别利用四张、五张数字卡片，引导学生探索、研究，让他们在研究中获得了成功和乐趣。

1．让学生经历探究全过程。

教学时，先引导学生研究两位数乘两位数，让不同的猜想引发学生的认知冲突，使他们产生用竖式计算进行验证的需求，初步得出规律；然后引导他们继续研究，使他们再次经历了猜想、验证、得出结论等数学研究过程；最后引导学生分析两个因数的大小关系，判断乘积的大小。一步步引导学生去观察、猜想、验证，让他们在不断的表述、交流中加深认识。最后研究三位数乘两位数乘积最大的方法，再一次激发学生思考，使整节课教学富有层次性。

2．让学生充分地理解算理。

研究两位数乘两位数时，为什么和相等的两个数越接近，积就越大？学生对此很不理解，因此，在教学时利用长方形周长与面积的关系进行解释，用直观图形表示，加深了学生对规律的理解。研究三位数乘两位数时，教师再次引导学生在观察、验证中寻找方法。教学时，紧紧地抓住1应该放在哪儿，利用乘法分配律知识讲解，让学生充分认识到1放在52后面只多了1个43，而放在43后面则多了1个52，问题迎刃而解。

3．让学生学会比较、推理。

研究两位数乘两位数时，出现了几种不同的情况，教学时应引导学生分析、比较。比如65 × 43与64 × 53的比较，学生通过估算发现了65 × 43的积比2400大一些，而64 × 53的积比3000大一些。再如64 × 53与63 × 54的比较，学生发现通过估算不能解决问题，所以产生了通过竖式计算进行验证的想法。接着研究两位数乘三位数时，引导学生比较分析1是放在52后面还是放在43后面，培养了学生的比较分析、归纳推理等能力。

案例3：合理拓展，折射数学思想魅力
——“方格图上的数学”实践与反思

【适合年级】

四年级、五年级

【课前思考】

方格图在小学数学“图形与几何”领域的教学中应用广泛，它为学生的探索、发现提供了形象的材料，有利于将抽象、枯燥的数学知识变得形象、具体、充满乐趣，易于促进学生空间观念的发展。因此，要善用方格图，引导学生在方格图上探索、发现，释放它的能量，展现它神奇的数学魅力。

【教学目标】

1．认识加法线和减法线，进一步理解与掌握数对知识，并灵活运用这一知识解决和差问题。

2．经历想象、猜想、验证等活动过程，全面了解数学研究的方法。

3．在活动中渗透知识之间是相互联系的观点，以及数形结合与函数思想。

【教学实录】

一、尊重起点，温故引新

1．揭示课题。

2．用数对表示左眼、右眼与嘴巴的位置（如图3.3.1）。

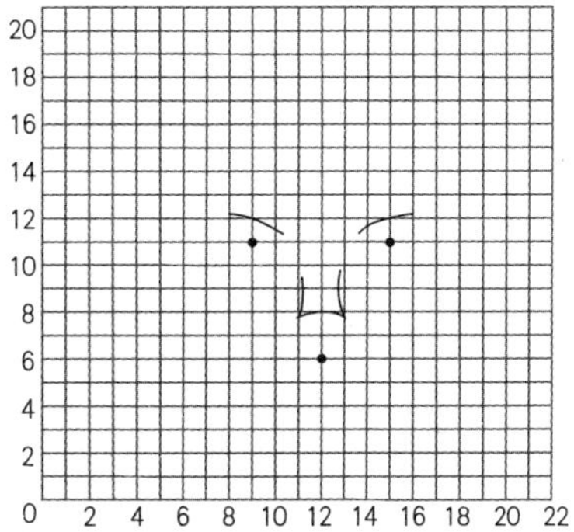

图3.3.1

二、探索研究，发现新知

1．研究加法线。

师：如果留下嘴巴这个点，让它沿着对角线分别向相反的方向跑动（如图3.3.2），它分别跑到了哪两个位置？

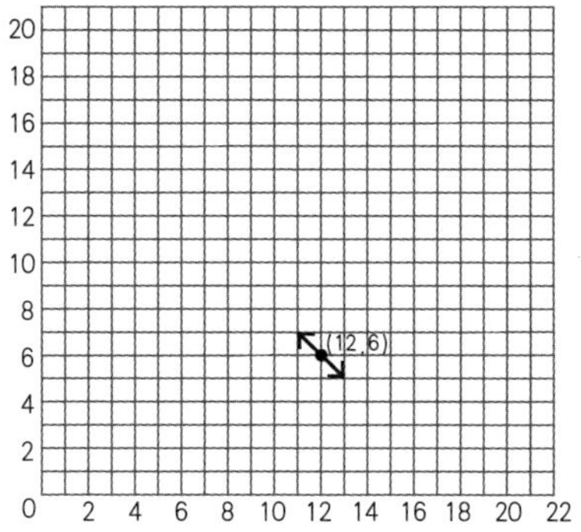

图3.3.2

生：（11，7）与（13，5）。

师：如果继续朝左上角的对角线方向跑，它会跑到最左边这条竖线上的哪个位置呢？

生1：可能会跑到20。

生2：也可能会跑到18。

生3：我认为会跑到17。

生4：也有可能会跑到19。

生5：16也是有可能的。

师：到底哪个是正确的呢？

生：让我们把跑到的每个点的位置都用数对写出来就知道了。

师：谁能用数对表示这些点的位置？

生：（10，8）（9，9）（8，10）（7，11）……

[学生回答，教师用课件演示，最后发现跑到了（0，18）]

师：同学们，数学学习除了猜想之外，还要去验证。当然，错误的猜想在我们的学习中会经常出现。因为有不同的猜想，我们才有研究的兴趣，对不对？

（学生点头表示同意）

师：如果继续让它往右下角的对角线方向跑，它会跑到最下面横线上的哪个位置呢？

生1：18。

生2：我认为可能会跑到17。

师：我们再来验证一下，请说出它们的位置。

生：（14，4）（15，3）（16，2）（17，1）（18，0）。

(学生回答，教师用课件演示，并把这些点连成一条线，如图3.3.3)

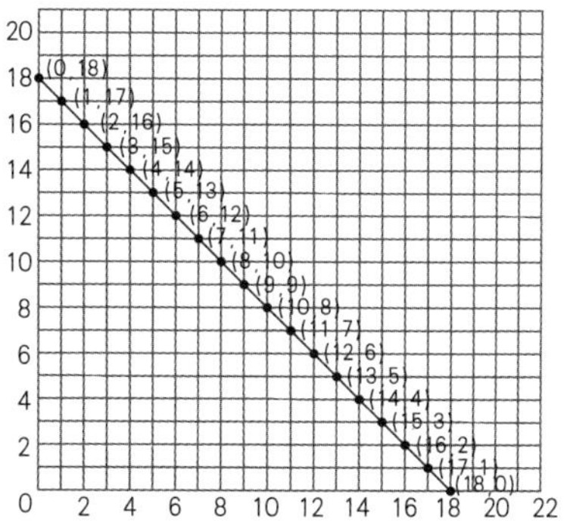

图3.3.3

师：仔细观察，你发现了什么？

生1：从下往上看，行数都增加1，列数都减去1。

生2：行数和列数加起来都是18。

师：同学们，这条线把我们刚学过的数对知识与以前学过的加法知识联系起来了。你们能不能给它取个名字呢？

生1：数对线。

生2：加法线。

生3：数学奥秘线。

生4：18线。

生5：互换线。

师：(追问) 你是怎么想的？

生5：(补充) 除去中间的 (9，9)，其他数对都有两个数相互调换位置的现象，如 (10，8) 与 (8，10)、(11，7) 与 (7，11) ……

生6：还可以叫数对加法线。

…………

师：同学们真会思考，那么，老师结合大家的意见给这条线取名叫"18号加法线"，可以吗？

(学生表示赞同)

师：除了这条加法线之外，你觉得还有其他加法线吗？

(学生画加法线，然后展示)

师：你们是怎样画加法线的？

生1：在方格图上先找一个点，然后分别沿着左上角与右下角的对角线跑，再画出一条线。

生2：我先找到横线和竖线上相同的数，再用尺子连起来。

生3：我补充一下，也就是把横线上的1与竖线上的1连起来，就是1号加法线。同样的道理，把2与2连起来，把3与3连起来。

师：多么精彩的发言哪！这样就能很快地画出很多条加法线（用课件演示）。

2．研究减法线。

师：如果让（12，6）这个点朝另外的方向跑，然后把经过的所有点连起来（如图3.3.4），你又发现了什么？

生：每个数对中两个数的差都是6。

生：这条线可以叫“6号减法线”。

师：（出示另一条6号减法线，如图3.3.5）这一条是什么线？

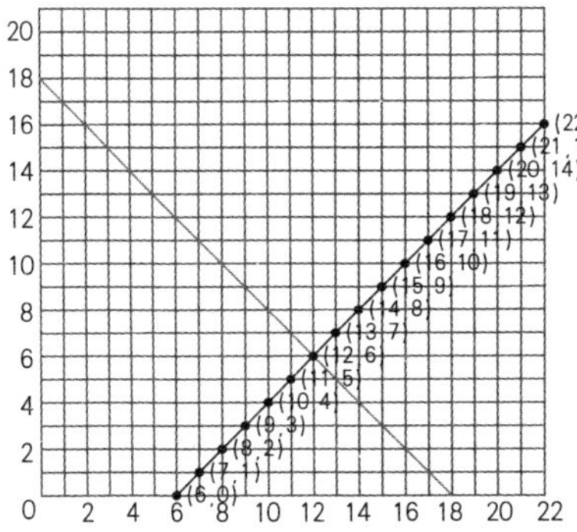

图3.3.4

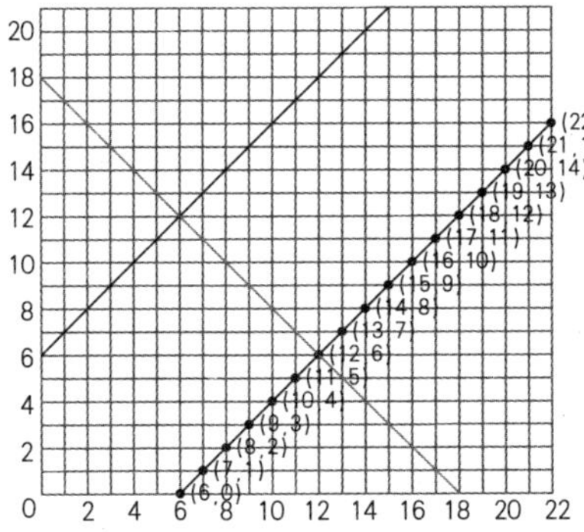

图3.3.5

（学生静静地思考，举手的越来越多）

生：这也是一条6号减法线，因为这条线上每个点用数对表示，数对中两个数的差也都是6。

师：能说得具体一点儿吗？

生：这些点分别可以用（0，6）（1，7）（2，8）（3，9）……来表示，那么行数减去列数的差也等于6，因此，这条线也是6号减法线。

（学生画减法线，展示后交流画法，教师用课件演示）

（从数对中两个数的和的特征得出加法线，用同样的方法得出减法线。这里学生先在教师的引导下学习加法线，然后再自主探索并初步理解了减法线，实现了学习的正迁移。）

3．比较。

师：（出示图3.3.6与图3.3.7）请比较一下，加法线与减法线有什么不同。

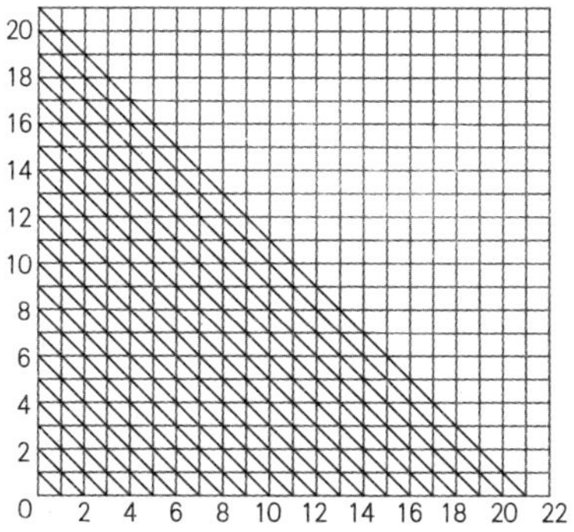

图3.3.6

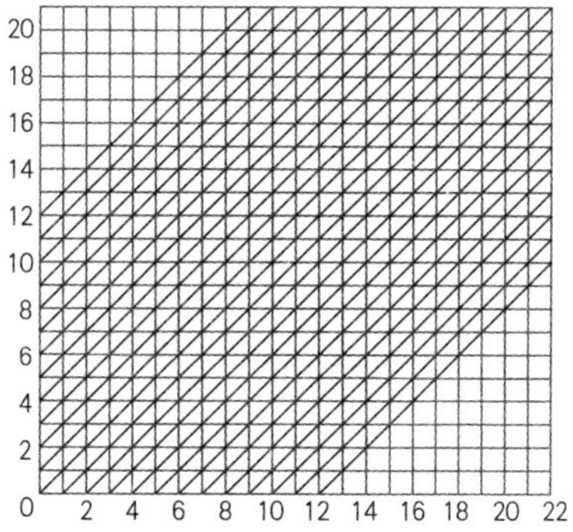

图3.3.7

生：它们条数不同，同号的加法线只有一条，而同号的减法线除0号减法线外都有两条。

师：为什么同号加法线只有一条呢？

生1：画加法线是把横线与竖线上相同的数连起来，所以同号加法线只有1条；画减法线可以从横线上一点也可以从竖线上一点朝右上角的对角线画，这样就可以得到两条同号减法线。

生2：有0号减法线，但没有0号加法线。

生3：它们的画法不相同。

生4：加法线与减法线的方向也不同。

…………

师：如果把加法线与减法线画在一起，会得到怎样的图形呢？

生：它们会相互垂直，形成很多正方形的格子。

（用课件演示后留下两条6号减法线与一条18号加法线，如图3.3.8）

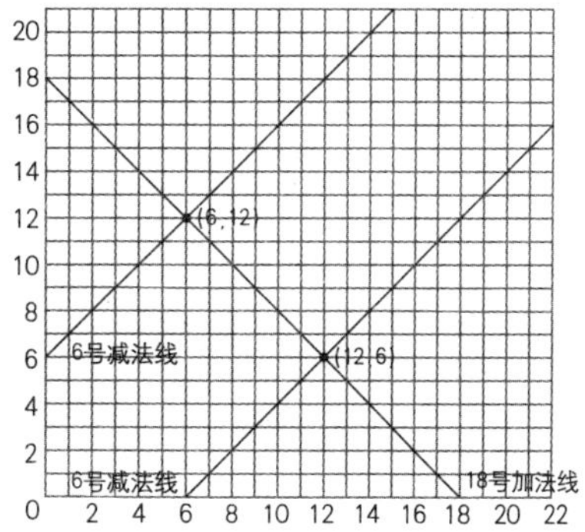

图3.3.8

师：同学们，这时你对（12，6）与

（6，12）这两个点，有哪些新的认识？

生1：它们正好是6号减法线与18号加法线的交点。

生2：这两个数对中两个数的和都是18，所以它们都在18号加法线上；差都是6，所以它们都在6号减法线上。

（出示其他几个点，请学生说一说它们分别是哪条加法线与减法线的交点）

师：哪个点是19号加法线与9号减法线的交点？

[学生动手在方格图上画，得到两个交点，分别是（14，5），（5，14）]

（通过画加法线、减法线，并比较它们的不同点，加深了学生对加法线和减法线的认识。其后，问题“为什么同号加法线只有一条呢”，让学生在探究中感悟了加法线和减法线的意义。）

三、拓宽思路，知识运用

师：市实验小学九山校区和市府校区共有21人参加市“小数学家”评选，九山校区比市府校区多5人，两校区各有几人参加？

生1：（21－5）÷2＝8（人），8＋5＝13（人）。

生2：（21＋5）÷2＝13（人），13－5＝8（人）。

生3：可以用方程来解，可以设市府校区有x人参加评选，列方程$2x+5=21$，解方程求得市府校区有8人参加，九山校区有13人参加。

师：除了用算术方法与列方程解外，还有其他方法吗？

生4：我觉得可以利用今天学的知识画图解决。

（学生画图解决并汇报）

师：你是怎么想到画21号加法线与5号减法线的？

生1：因为两个校区人数和是21，差是5，所以，21号加法线与5号减法线的交点（13，8）位置的两个数分别就是这两个校区参加评选的人数。

生2：我补充一下，如果画另一条减法线，也能得到两个校区参加评选的人数。

（部分学生说“哦，我懂了”，这时教室里响起了热烈的掌声）

师：同学们，解决问题的策略很多，除了算术方法、列方程解答外，还有很多方法，在今后的学习中我们会经常遇到。

（解决和差问题的策略很多，可以用算术方法，可以列方程，也可以用画图的方法，还可以用列表法，等等。这里引导学生运用加法线和减法线的知识，实现了数学思想与方法的巧妙渗透。）

四、总结整理，巧妙渗透

1．课堂总结：通过这节课的学习，我们认识了加法线与减法线，学会了画加法线与减法线，并运用所学知识画图解决了和差问题。

2．课外探索：（出示乘法线、比例线）有关乘法线、比例线等知识，建议有兴趣的同学去查找资料研究。

【课后体会】

本课以方格图为基础，以数对知识为切入点，在学生已有经验与数学化思维的联系上合理迁移，在一系列活动和探寻中进行数对知识的再认识、再理解，由表及里地逐步实现数学化过程，为学生沟通知识之间的联系，运用数对知识解决实际问题，做了很好的铺垫。

1．经历探究过程，积累数学活动经验。

数学活动经验的积累是提高学生数学素养的重要标志。在本课教学中，学生经历了对加法线与减法线的认识、比较，运用所学知识解决和差问题等一系列有效的数学探究活动，在想象、操作和思考中，进一步理解了数对知识，沟通了加法线、减法线与和差问题之间的联系，逐步积累了运用数学知识解决问题的经验。

2．数形结合，渗透数学思想。

和差问题对六年级的学生来说不难，但他们往往仅仅从数的角度去分析，停留在抽象的思维中，而不会从形的角度去观察、思考。因此，本课给方格图加上了坐标，将抽象的和差问题用两条线形象地展示在带有坐标的方格图上，不但很好地解决了问题，还蕴藏了函数思想。

3．以理解为基础，彰显数学的魅力。

以往我们教学和差问题，要么用算术方法（假设法），要么列方程解决。本课引导学生运用加法线和减法线解决问题，丰富了学生的数学思考。如两个校区的参赛人数共有21人，让学生感悟到两个数的和是21，即这两个数肯定在21号加法线上；九山校区比市府校区多5人，让学生感悟到两个数的差是5，即这两个数肯定又在5号减法线上。观察21号加法线和5号减法线的交点所在的位置，就能知道这两个数是多少，显然两个校区参加评选的人数也就知道了。此题沟通了加法线、减法线与和差问题的联系，构建了学生对和差问题新的思考和理解，让学生感悟到数学的魅力。

案例4：巧妙设计，妙趣横生
——"猴子尾巴重新接上的秘密"实践与反思

【适合年级】

五年级

【课前思考】

"猴子尾巴重新接上"是指把两幅正多边形的图片拼在一起形成一幅完整的猴子图片，其中一幅正多边形图片上画上猴子的身体，另一幅正多边形图片上画上猴子的尾巴。如果边数多的正多边形不动，转动边数少的正多边形，转动多少次就能让猴子尾巴重新接上呢？学生对这一内容非常感兴趣。一是因为学生对"猴子尾巴断开，又重新接上"这一现象本身感兴趣；二是因为在学习过程中可以动手操作玩一玩，而不是被动看演示或讲解；三是因为猴子尾巴断开又重新接上时转动正多边形的次数与自己原来猜想的结果大不相同，于是产生疑惑、好奇。而猴子尾巴重新接上时转动正多边形的次数，就是两个正多边形边数的最小公倍数。

本节课旨在让学生进一步理解最小公倍数，进一步了解它在生活中的运用，把知识融进生活，吸引学生。

【教学目标】

1．在活动中掌握图形的旋转规律，运用求两个数的最小公倍数解决简单的问题。

2．在活动中培养分析、比较、概括、操作能力，发展空间想象观念。

3．体验数学与生活之间的内在联系，用数学的眼光看待生活中的现象。

【教学实录】

一、创设情境，激发兴趣

1．出示图3.4.1。

图3.4.1

师：这幅卡通猴子图片是由一个正方形（身体）和一个正三角形（尾巴）拼成的；如果把正方形按住，让正三角形绕着正方形的每一条边转动（如图3.4.2），请猜一猜需要转动多少次才能使尾巴与身体重新接上。

图3.4.2

2．揭示课题，板书课题。

二、动手探索，验证结果

1．两种图形的边数是互质数。

（1）研究正方形与正三角形组合的情况。

①学生猜想。

生1：只需要4次。

生2：需要7次。

生3：需要8次。

师：同学们猜测的次数各不相同，那么到底需要转动多少次呢？我们可以用硬纸板做一幅这样的图进行旋转实验。

②实验操作、汇报。

生：转动了12次（利用教具演示）。

师：（怀疑）要12次吗？

（全班学生都表示确定，教师进行实验操作：转动4次，猴子的尾巴不可能重新接上；转动7次，猴子的尾巴也接不上；而转动8次，还是接不上；继续转动发现，转动12次，猴子的尾巴才重新接上）

（2）研究正五边形与正三角形、正五边形与正方形组合的情况。

师：如果我们把猴子的身体部分做成正五边形（如图3.4.3），还是按原来的方法转动，让尾巴重新接上，需要转动多少次呢？接着再把它的尾巴做成正方形（如图3.4.4），又需要转动多少次才能让尾巴重新接上呢？

图3.4.3

图3.4.4

（学生实验操作，获得正确的答案，结果如表3.4.1）

表3.4.1

身体所在图形的边数	尾巴所在图形的边数	首次接上转动的次数
4	3	12
5	3	15
5	4	20

师：回顾刚才的研究过程，你们有什么发现？

生：我们发现，转动的次数等于尾巴和身体所在图形的边数相乘的积。

2．两种图形的边数是倍数关系。

师：我们接着研究，改变猴子的身体与尾巴所在的图形（如图3.4.5—3.4.7），请同学们先猜测一下，需要转动多少次才能使尾巴重新接上。

图3.4.5

图3.4.6

图3.4.7

（学生在刚才研究的基础上猜测）

生：它们分别转动了$6\times3=18$（次）、$8\times4=32$（次）、$12\times4=48$（次）。

师：有不同的答案吗？（全班学生都认为没有其他答案）

师：真的是这样的吗？接下来我们马上动手进行实验操作，把转动的次数记录在表中。

（结果如表3.4.2）

表3.4.2

身体所在图形的边数	尾巴所在图形的边数	首次接上转动的次数
6	3	6
8	4	8
12	4	12

师：通过实验，你们又有什么想法？

生1：我们惊奇地发现原来的猜想是错误的，它们分别只转动了6次、8次与12次。

生2：转动的次数并不等于它们的边数相乘的积。

生3：猴子的身体和尾巴所在图形的边数存在倍数关系时，转动的次数就等于其中边数较多图形的边数。

3．两个图形的边数是其他情况。

师：这个游戏还有什么秘密呢？我们再改变一下猴子的身体和尾巴所在的图形（如图3.4.8—3.4.10），继续研究。

图3.4.8

图3.4.9

图3.4.10

师：请同学们先看图想象，并猜测一下需要转动的次数，然后动手实验研究，分别找到首次、第二次、第三次尾巴重新接上需要转动的次数，并把结果记录在表中。

(具体情况如表3.4.3)

表3.4.3

身体所在图形的边数	尾巴所在图形的边数	首次接上转动的次数	第二次接上转动的次数	第三次接上转动的次数
6	4	12	24	36
8	6	24	48	72
12	8	24	48	72

师：根据上表，你们又有什么发现？

生：尾巴首次重新接上转动的次数既不是两个图形边数的乘积，也不是其中边数较多图形的边数。比如边数分别为6、4，尾巴首次重新接上转动的次数为12；边数分别为8、6，尾巴首次重新接上转动的次数为24；边数分别为12、8，尾巴首次重新接上转动的次数为24。

师：那么，转动的次数与猴子身体和尾巴所在图形的边数到底有什么关系呢？为了更容易发现其中的秘密，我们不妨把这几次研究的结果列在一张表格（如表3.4.4）里。

表3.4.4

身体所在图形的边数	尾巴所在图形的边数	首次接上转动的次数
4	3	12
5	3	15
5	4	20
6	3	6
8	4	8
12	4	12
6	4	12
8	6	24
12	8	24

生：猴子尾巴首次重新接上需要转动的次数是猴子的身体与尾巴所在图形的边数的最小公倍数。第二次、第三次、第四次接上转动的次数是最小公倍数的2倍、3倍、4倍。

三、运用知识，解决问题

1．师：我们再玩玩这个游戏（如图3.4.11），不转动图片，你能知道鱼的身体和尾巴重新接上需要转动的次数吗？

（学生很快就知道答案为24，转动的次数就是8和6的最小公倍数）

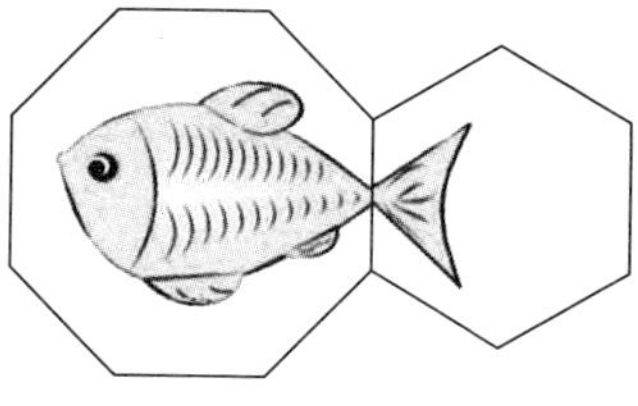

图3.4.11

师：为什么转动24次后尾巴与身体重新接上？

生：正八边形旋转1周需要8次，正六边形旋转1周需要6次。转动24次说明正八边形正好转动了3周，正六边形正好转动了4周。因此，它们会重新接上。

2．改变情境，再次实践。

师：至少要用多少张扑克牌才能拼成一个正方形呢？

生1：20张。

生2：30张。

生3：10张。

师：要解决这个问题，首先要考虑什么问题？

生1：扑克牌的长与宽分别是多少？

生2：摆成的正方形的边长是多少？

(学生动手测量得知，扑克牌的长与宽分别是8厘米和5厘米）

师：谁知道怎样摆？

生：长边摆5张，摆8行，一共需要40张。

师：摆成的正方形的边长是多少？

生：40厘米。

四、总结内化，课外探索

1．课堂总结：同学们，数学知识在生活中运用得非常广泛，像这样的例子还有很多很多，有待你们去进一步探索、研究。

2．实践作业：至少要用多少个1元和5角的硬币，使它们叠起来高度相等呢？

【课后体会】

本课教学让学生在活动中体验，在体验中悟理。通过两个图形的边数是互质数、倍数关系、一般关系这三种情况进行教学，由浅入深，由易到难，教师教得轻松，学生学得愉快，学习效果扎实、有效。

1．选择孩子们喜爱的动物作为研究材料。

最小公倍数知识在生活中应用得很广泛，例如：至少要用多少块长8厘米、宽3厘米的长方形铺成一个正方形？再如：甲公交车每隔6分钟发一辆车，乙公交车每8分钟发一辆车，它们从6:00开始同时发车，再过几分钟它们又同时发车？这些问题虽然与学生的生活有密切的联系，但与本节课的内容相比，趣味性还不够。孩子天生就喜欢看小动物，喜欢玩小动物玩具，而且这节课上的玩法与以前有很大区别，它蕴含着丰富的数学知识。学习数学知识就像玩游戏一样，学生喜欢。

2．让孩子们在分析、比较、概括等数学活动中悟理。

本节课的探索内容主要分三个层次，通过第一个层次的学习，孩子们得出“转动的次数等于尾巴和身体所在图形的边数相乘的积”；通过第二个层次的学习，孩子们发现原来的猜想是“错误”的，两个图形的边数是倍数关系时，转动的次数是其中边数较多图形的边数；通过第三个层次的学习，孩子们发现前面得出的结论都不适用于第三种情况。于是，把这三种情况合起来分析、比较，孩子们终于发现了转动的次数就是两个图形边数的最小公倍数。

3．让孩子们在动手操作中深刻理解了知识。

一位外国哲人说过：我听过了，我就忘了；我看见了，我就记得了；我做过了，我就理解了。陆游有一句诗“纸上得来终觉浅，绝知此事要躬行”表达的也是这个意思。他们都强调学习要亲身体验。因此在教学中，我非常重视让学生动手操作，引导学生在探索、研究的过程中，发现自己原有的想法或猜想不一定正确。学生猜想猴子尾巴重新接上的次数与验证后的结果相差很大，这对学生造成了很大的冲击，在学生的记忆中留下了深深的烙印，学生对最小公倍数的理解更加深刻了，对它在生活中的运用也更加了解了。

案例5：打破思维定式，开拓想象空间
——“涂色问题”实践与反思

【适合年级】

五年级、六年级

【课前思考】

笔者进行了课前测试：(1) 把64块相同的小正方体拼成一个大正方体，在表面涂色，然后把它们分开，三个面涂色的小正方体有（　）块，两个面涂色的小正方体有（　）块，一个面涂色的小正方体有（　）块，没有涂色的小正方体有（　）块。(2) 将36块相同的小正方体拼成一个大长方

体，在表面涂色，然后把它们分开，三个面涂色的小正方体最多有（　）块，最少有（　）块。

测试结果：第1题大部分学生通过画图或拼摆学具，都顺利地完成了。第2题多数学生很快就完成了，但是全班42个学生，居然只有1个学生的答案是正确的。

这两道题都是涂色问题，虽然难度有所不同，但不至于如此悬殊。我认为，最重要的原因是学生受思维定式的影响，在研究第2题时，认为三个面涂色的小正方体肯定也在顶点上，所以直接得到了错误的答案。因此，在教学中要帮助学生建立数学模型，也要引导他们打破思维定式，突破先前的活动经验。

【教学目标】

1．理解、掌握各种涂色小正方体的位置及个数的计算方法，并能正确计算出各种涂色情况的小正方体的个数。

2．在分析与综合、比较与分类、抽象与概括等思维活动中，构建数学模型。

3．在活动中培养空间想象能力，打破思维定式，积累相应的数学活动经验。

【教学实录】

一、回顾旧知，谈话引入

1．谈话回顾：我们已经学习了长方体和正方体的有关知识，知道了可以用一些小正方体拼一个大正方体或长方体，也可以把一个大正方体或长方体分割成一些小正方体。

2．出示：棱长是3cm的正方体，是由多少块棱长是1cm的小正方体拼成的？

生：一共是27块小正方体。

师：如果把这个大正方体表面（六个面）都涂上颜色，然后打散开来，随手抓出一块小正方体，它可能有几个面是涂色的？

生1：可能是三个面。

生2：也有可能是两个面。

生3：还有可能是一个面。

生4：也可能是没有涂色的。

师：可能有四个面是涂色的吗？

生：不可能。

3．揭示课题：今天这节课我们就一起来研究涂色问题。

二、探索研究，建立模型

1．研究棱长是3的正方体涂色问题。

（1）师：三个面涂色、两个面涂色、一个面涂色、没有涂色的小正方体分别有几块呢？

（同桌讨论、研究，交流、汇报）

生1：因为三个面涂色的小正方体在大正方体的顶点位置（如图3.5.1），一个正方体只有8个顶点，因此，三个面涂色的小正方体只有8块。

生2：两个面涂色的小正方体在棱中间（如图3.5.2），每条棱上都有1块，正方体有12条棱，因此，一共有12块两个面涂色的小正方体。

生3：一个面涂色的小正方体在面中间（如图3.5.3），每个面上都有1块，正方体有6个面，因此，一共有6块。

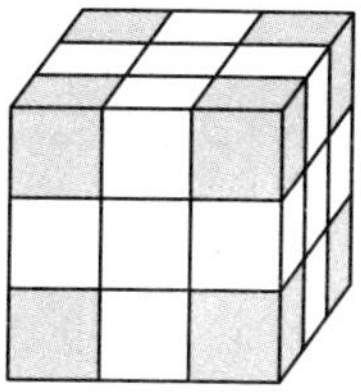
图3.5.1

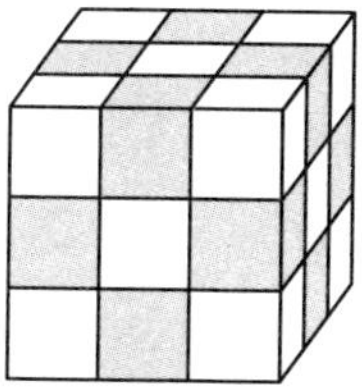
图3.5.2

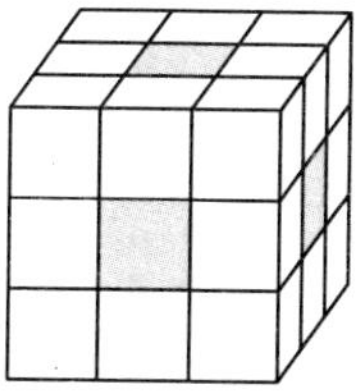
图3.5.3

生4：没有涂色的小正方体只有1块。只要把总块数减去前面三种涂色情况的总数，剩下的就是没有涂色的块数，27−8−12−6=1（块）。

师：还有不同的想法吗？

生5：原来正方体的棱长是3，把它涂色的整个表面剥掉不要，上下各剥去一层，前后各剥去一层，左右各剥去一层，剩下的小正方体的棱长是1，因此，没有涂色的小正方体只有$1\times1\times1=1$（块）。

（学生先想象，然后用教具演示剥的过程，最后教师用课件演示，如图3.5.4）

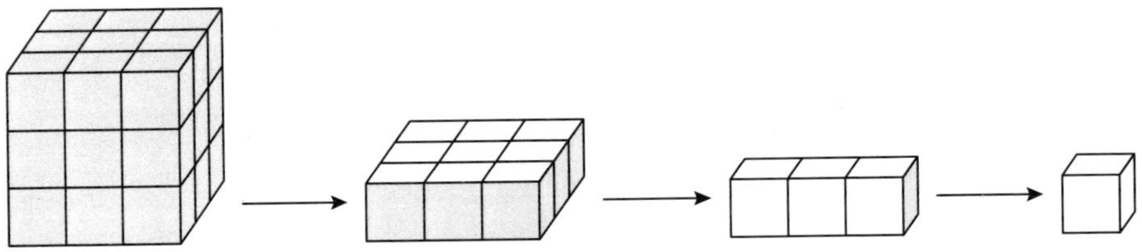

图3.5.4

2．研究棱长是4的正方体涂色问题。

（同桌讨论、研究，交流、汇报）

生1：因为一个正方体只有8个顶点，因此，三个面涂色的小正方体还是只有8块。

生2：每条棱上都有2块两个面涂色的小正方体，正方体有12条棱，因此，一共有24块两个面涂色的小正方体。

生3：每个面上都有4块一个面涂色的小正方体，正方体有6个面，因此，一共有24块一个面涂色的小正方体。

生4：没有涂色的小正方体有8块，因为$64-8-24-24=8$（块）。

生5：原来正方体的棱长是4，上下各剥去一层，左右各剥去一层，前后各剥去一层，剩下的正方体的棱长是2，因此，没有涂色的小正方体有$2\times2\times2=8$（块）。

（学生先想象，然后用教具演示剥的过程，最后教师用课件演示）

3．研究棱长是6的正方体涂色问题。

（同桌讨论、研究，交流、汇报）

生：三个面涂色的小正方体还是只有8块，两个面涂色的小正方体共有48块，一个面涂色的小正方体有96块，没有涂色的小正方体有64块。

师：没有涂色的小正方体有这么多吗？你们是怎样想的？

生1：可以用总块数减去三个面涂色的、两个面涂色的、一个面涂色的，剩下的就是没有涂色的小正方体的块数。

生2：原来正方体的棱长为6，没有涂色的小正方体的棱长就是4，因此有$4\times4\times4=64$（块）。

师：请比较一下，你认为用哪种方法求没有涂色的小正方体块数更简便一些？

生：数据较大时，用第二种方法简便多了。

4．研究棱长为n的正方体涂色问题。

（同桌再次讨论、研究，交流、汇报）

生1：三个面涂色的就是8块，两个面涂色的块数有$12(n-2)$，一个面涂色的块数有$6(n-2)^2$，没有涂色的块数有$(n-2)^3$。

生2：如果n等于1就不行了，因此，n至少应该是2。

师：对呀！你考虑问题真周到，思维很缜密。

三、巩固内化，拓展提高

1．把下面的正方体（如图3.5.5）五个面涂上颜色，请写出小正方体的涂色情况及相应的个数。

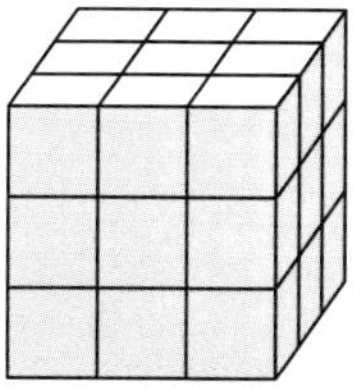

图3.5.5

（学生讨论、研究、汇报，形成表3.5.1）

表3.5.1

涂色情况	三个面	两个面	一个面	没有涂色
块数	4	20	28	12

师：与刚才六个面涂色的情况比较，发生了哪些变化？为什么？

2．挑战题：将36块相同的小正方体拼成一个大长方体，在表面涂色，然后把它们分开，三个面涂色的小正方体最多有多少块？最少有多少块？

（多数学生认为三个面涂色的小正方体最多有8块，最少也是8块，只有个别学生认为最少是0块。激烈地讨论、交流后，教师引导学生从体积出发，想象这些长方体的棱长可能是多少，最终得到正确的答案分别是32块与0块，如图3.5.6。）

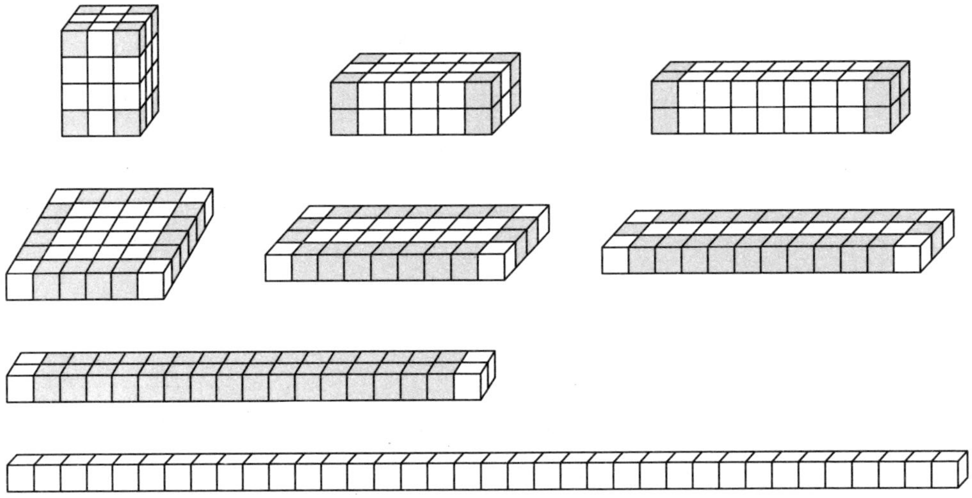

图3.5.6

四、总结内化，课外探索

1．课堂总结：这节课你们有什么收获？你们受到的最大启发是什么？

2．课外探索：先用若干个小正方体拼成一个大长方体，然后把它的表面涂上颜色，研究一下小正方体的涂色情况。

【课后体会】

本节课引导学生展开充分的空间想象，借助学生的生活经验突破学习难点，巧妙设计练习克服学生的思维定式，学习效果很好。

1．通过对比，填补教材空白。

我翻看了2005年初审通过和2013年审定的人教版小学数学五年级下册课本，这两本教材都只涉及正方体的表面涂色问题，其他版本的教材也是这样安排的。因此，很容易给师生造成“三个面涂色的小正方体最多有8块，最少也是8块”的思维定式。因此，针对教材编排存在的不足之处，我设计了一道富有挑战性的练习，逐步打破学生的思维定式。在研究过程中，让学生逐步体验到各种涂色情况的小正方体的块数与位置都会发生变化，还会出现四个面涂色和五个面涂色的情况。这样的研究势必会打开学生解决问题的思路，开拓学生的空间想象力。

2．通过操作，开拓想象空间。

用36块小正方体可以拼出不同的长方体，学生只有画出或摆出几种不同的长方体，考虑问题才会比较全面，问题才能迎刃而解。当然，在画图与拼摆之前，务必引导学生进行充分的想象，即根据“长方体的体积＝长×宽×高”想象一下画出或摆出的长方体的长、宽、高分别是多少，并一一记录下来。如长、宽、高分别为：1、1、36；1、2、18；1、3、12；1、4、9；1、6、6；2、2、9；2、3、6；3、3、4。然后再画图或拼摆学具，逐步得到三个面涂色的小正方体分别有0块、32块、22块、18块、16块、8块、8块、8块。

3．借助生活经验，帮助理解。

三个面涂色的小正方体处在大正方体的顶点上，两个面涂色的小正方体处在棱中间，一个面涂色的小正方体处在面中间，没有涂色的小正方体则处在看不见的体中间。计算没有涂色的小正方体的块数，可以用小正方体的总块数减去前面三种情况。如果小正方体的块数很多，计算就比较麻烦，也不利于学生空间想象能力的培养。因此，在教学中我充分利用剥橘子皮的生活经验，把正方体外面的一层涂色部分剥掉。当正方体的棱长为3时，没有涂色部分的小正方体的棱长为1，块数为$1\times1\times1=1$（块）；当正方体的棱长为4时，没有涂色部分的小正方体的棱长为2，块数为$2\times2\times2=8$（块）；当正方体的棱长为5时，没有涂色部分的小正方体的棱长为3，块数为$3\times3\times3=27$（块）；当正方体的棱长为n时，没有涂色部分的小正方体的棱长为（$n-2$），块数为$(n-2)^3$块。再配以课件演示，学生会理解得更加深刻，掌握得更加扎实。

案例6：拓展教学空间，开发学生创新潜能
——“怎样做最大”实践与反思

【适合年级】

五年级、六年级

【课前思考】

本课主要让学生在探究中发展，在发展中创新；旨在进行教材中拓展知识的教学，拓展教学空间，开发学生的创新潜能，寻找适合学生发展的教育；力求让学生在猜想——验证——发现中展开学习，在一次次猜想、验证中，发现规律，掌握知识，培养能力。在解决问题的过程中，提倡方法多样化，不追求学生达到同样的思维层次，优选最佳方法，注重个性差异，让学生获得不同程度的成功体验。考虑到繁杂的计算会影响学习，因此，把计算器引进课堂，让宝贵的时间花在探索规律上，提高课堂教学效率。努力创设适合学生发展的教育，激发学生的求知欲望，点燃学生的创造火花，把课堂变成人人参与、个个思考的空间。

【教学目标】

1．初步感受相关形体的变化规律，了解相关的数量关系，发展空间观念。

2．经历猜想、验证等过程，体验数学研究的方法，初步感受数学在研究中发展，激发学习兴趣。

3．树立实践出真知的观点，发展创新思维、合作探究、动手实践、验证发现的能力。

【教学实录】

一、创设情境，提出问题

1．谈话引入：温州有“数学家摇篮”之称，从这儿走出了许多著名的数学家。如复旦大学教授苏步青，苏教授小时候就对数学产生了浓厚的兴趣。这节课我们讨论苏教授小时候做过的一道有趣的数学题。

2．揭示问题：怎样把一块正方形铁皮做成一个无盖的长方体铁盒？

二、提出方案，比较分析

1．学生提出方案。

生1：先把这块正方形铁皮的四个角各剪去一块小正方形铁皮，然后做成一个无盖的长方体铁盒（如图3.6.1）。

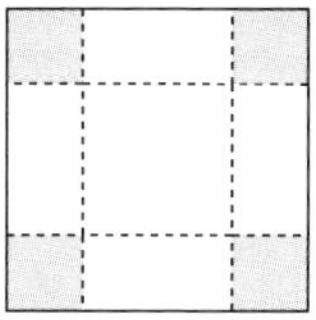

图3.6.1

生2：把正方形铁皮一边的两个角各剪去一块小正方形铁皮，焊接到对边去，做成一个无盖的长方体铁盒（如图3.6.2）。

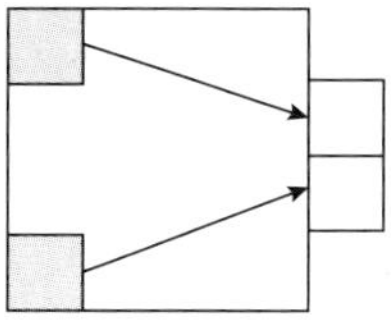

图3.6.2

2．用哪种方法做成的无盖长方体铁盒的体积大，为什么？

生：用第二种方法做成的无盖长方体铁盒的体积大，因为材料的使用率达到了100%。

三、合作探究，发现规律

1．研究方法一

（1）探讨：能做多少种不同的长方体铁盒？

师：如果正方形铁皮的边长是18厘米，能做几种不同的无盖长方体铁盒？

生：无数种，因为剪去的小正方形的边长可以是整数，也可以是小数。

师：如果剪去的小正方形边长是整厘米数呢？

生：只有8种，也就是小正方形的边长是1、2、3、4、5、6、7、8厘米。

师：边长可能是9厘米吗？

生：不可能，正方形的边长只有18厘米，正好剪完了，就做不成长方体了。

（2）猜想：哪个无盖长方体铁盒的体积最大呢？

生：剪去的小正方形边长是1厘米时，做成的无盖长方体体积最大。

师：你凭什么这样认为？

生1：用的材料越多，做成的长方体体积就越大。

生2：我认为剪去的小正方形边长是5厘米时，做成的无盖长方体体积最大，因为这时长方体的长、宽、高比较接近。

生3：也可能是4厘米。

生4：剪去的小正方形边长是6厘米时，做成的无盖立方体体积最大。

（学生各抒己见，观点各不相同）

师：到底哪个无盖长方体的体积最大呢？

生：让我们先算一算。

（3）验证。

①分组计算，填写表格（如表3.6.1）。

表3.6.1

边长（cm）	1	2	3	4	5	6	7	8
体积（cm^3）	256	392	432	400	320	216	112	32

②师：从上表中你发现哪个无盖长方体的体积最大？

生：当剪去的小正方形边长是3厘米时，做成的无盖长方体体积最大。

师：（结合刚才的猜想）这时你有什么感想？

生1：我们解题不能只靠猜想，还要认真计算。

生2：说明了猜想不一定正确。

师：说明了我们研究数学不但要大胆猜想，还要严格验证。

师：从上表中你还发现了什么规律？

生1：剪去的小正方形的边长越来越长。

生2：体积从小到大，再由大到小。

师：你能用手势表示这种变化的趋势吗？

（请学生上台演示后，出示图3.6.3）

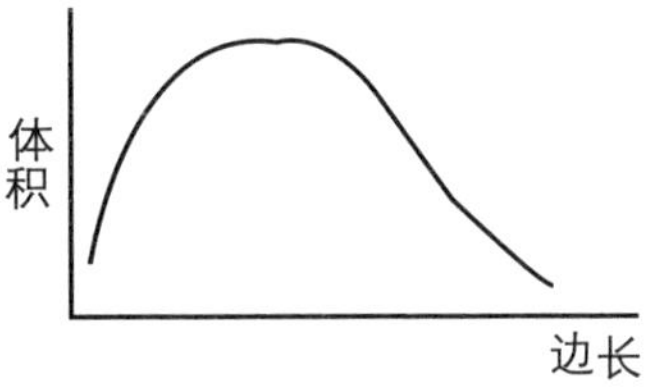

图3.6.3

生：老师，您画错了，左边的曲线应比右边的低。

（大家一看果然如此，我立即称赞了这个孩子的大胆和聪明。这时掌声热烈地响起。）

师：长方体的形状是怎样变化的呢？

生：底面越来越小，高越来越大。

（出示图3.6.4）

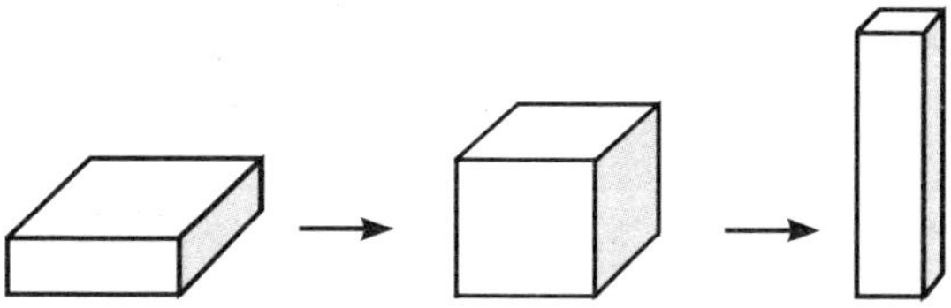

图3.6.4

③在小正方形的边长为2.5厘米与3.5厘米之间细化。

师：刚才研究了剪去的小正方形边长是整厘米数的情况，如果剪去的小正方形边长是小数呢？能做无数种不同的无盖长方体。体积最大的无盖长方体还是432立方厘米吗？

生1：不是。

生2：不一定，有可能还是最大，也有可能不是。（大部分学生这样认为）

生3：老师，让我们再继续研究。

师：怎么研究？

生1：对剪去的小正方形边长取小数进行研究，如2.9厘米或3.1厘米。

生2：还可以取2.8厘米或3.2厘米。

生3：我们发现最大的体积还是432立方厘米。

（4）举例研究。

师：如果正方形铁皮的边长是24、30、12、36厘米，用同样的方法也做一个体积最大的无盖长方体，剪去的小正方形边长可能是多少呢？

①学生猜想。

师：当正方形铁皮的边长是24厘米时呢？

生1：剪去的小正方形边长可能是4厘米。

生2：剪去的小正方形边长可能是8厘米。

生3：我认为剪去的小正方形边长还是3厘米。

师：当正方形铁皮的边长是30厘米时呢？

生1：剪去的小正方形边长可能是5厘米。

生2：我认为剪去的小正方形边长还是3厘米。

②分组研究表3.6.2。

表3.6.2

正方形边长是（　　）					
边长（cm）					
体积（cm^3）					

第（　　）小组

③汇报交流。

生1：正方形铁皮的边长是24厘米，剪去的小正方形边长是4厘米时，做成的无盖长方体体积最大。

生2：我们小组研究的结果也是这样。

生3：正方形铁皮的边长是30厘米，剪去的小正方形边长是5厘米时，做成的无盖长方体体积最大。

生4：正方形铁皮的边长是12厘米，剪去的小正方形边长是2厘米时，做成的无盖长方体体积最大。

…………

（板书如表3.6.3）

表3.6.3

（剪去的）小正方形的边长	大正方形的边长
3cm	18cm
4cm	24cm
5cm	30cm
2cm	12cm
6cm	36cm

④发现规律。

师：观察上面的数据，你发现了什么？

生：剪去的小正方形边长是原来大正方形边长的$\frac{1}{6}$。

2．研究方法二

（1）探讨：能做多少种不同的无盖长方体？

（2）计算体积：13.5×9×4.5=546.75（立方厘米）。

3．比较用两种方法做成的无盖长方体体积的大小。

四、回顾总结，拓展延伸

1．课外探索：（出示图3.6.5，学生发出了赞叹声）它的体积会更大吗？

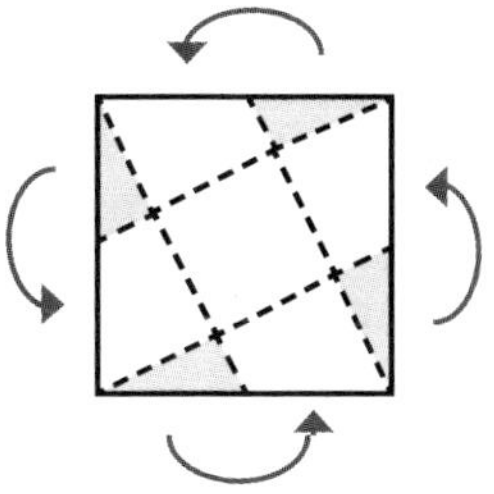

图3.6.5

生1：它的体积最大，因为材料的使用率达到了100%，而且它又是立方体。

生2：不对。刚才的立方体的体积也不是最大的。

（全班学生又陷入沉思）

2．回想一下：你们是怎样获得这些成果的？

生：我们是通过猜想——验证——发现的方法获得这些成果的。

…………

师：同学们像苏教授小时候那样认真地钻研数学，相信你们也能成为未来的数学家。

【课后体会】

本课教学紧扣长（立）方体的体积计算，围绕“怎样做最大”层层展开，步步深入，让学生在“山重水复疑无路，柳暗花明又一村”中感悟数学无穷的魅力，激发他们探究、创新的热情。

1．面向全体，因材施教，创设了适合学生发展的教育。

《国家数学课程标准》指出：由于学生所处的文化环境、家庭背景和思维方式不同，学生的数学学习应当是一个生动活泼、主动和富有个性的过程。这节课既有面向全体的基本知识和技能的练习、巩固，也渗透了尊重个体的理念，让学生参与开放式猜想、思考、求证，提倡方法的多样化，让学生获得不同程度的成功体验，做到了双基教学与创新教育的有机结合。这些都体现了新的课程标准面向全体、因材施教的教育理念。

2．重视教材中拓展知识的教学，拓展了教学的空间。

本课是求体积知识的延伸，也涉及中学的变量知识，虽然仅仅运用了最初等的数学知识，但课堂上却闪现出了更高层次的数学思想和方法。学生说："数学课不再只是学书本上的知识，还引进了许多新鲜的内容。""老师引导我们自己去实践、发现、总结，这让我们很有成就感。"

3．提出了富有挑战性的问题，创设了开放的问题情境。

苏霍姆林斯基说，儿童在遇到问题时，总爱把自己当成探索者、研究者、发现者。而富有挑战性的、开放的问题情境，能使这些角色得到充分发挥，促进他们创造性地解决问题。我引导学生在设疑——猜想——验证——发现中展开学习，让他们在一次次猜想、验证中，发现规律，掌握知识，培养能力。

4．创设融洽、活跃的课堂氛围，激发学生学习的兴趣。

在本课中我与学生一起研究，和他们建立起平等、和谐、民主的伙伴关系。因此课堂上学生发言踊跃，课堂氛围热烈。我经常用鼓励的语气问："还有其他方法吗？老师最喜欢有不同想法的孩子。"在公布正确答案后，我又问："有没有同学算错呀？能大胆告诉大家吗？"一名男生站起来说自己最后一题算错了，可不知道错在哪里。于是我让其他学生帮他一起算，大家发现了错误所在。当学生发现规律时，我又兴奋地说："多精彩的发现哪！请大家给自己来点儿掌声。"当出示曲线图（图3.6.3）时，一名学生说："老师，您画错了，左边的曲线应比右边的低。"大家一看果然如此，这时掌声热烈地响起。难怪孩子们说："即使我们发言错了，老师也不会批评我们。""课堂上，老师对我们没什么限制，很自由，很开放，可惜时间太短了。"……

当然，这样的教学对教师提出了更高的要求和挑战，它要求教师平时要多钻研、多思考、多实践，做教学的有心人。

案例7：以“一”生“百”，开拓思维空间
——“正方形与圆的关系”实践与反思

【适合年级】

六年级

【课前思考】

学生从六年级开始系统学习有关圆的知识，这是小学阶段平面几何图形知识的最后一块内容。由于圆的面积以及有关它的组合图形的面积练习灵活多变，计算烦琐，因此解题时容易出错。但是，其中却蕴含着巧妙的方法与规律。如六年级上册单元练习部分有这样一道题，要求填表后发现圆的面积与正方形的面积之间的关系，且要求再任意画一个正方形，在正方形中画一个最大的圆，看看是否也能得出相同的结论。

在每个正方形中分别画一个最大的圆，并完成下表。

正方形的边长	1cm	2cm	3cm	4cm	
正方形的面积					
圆的面积					
面积之比					

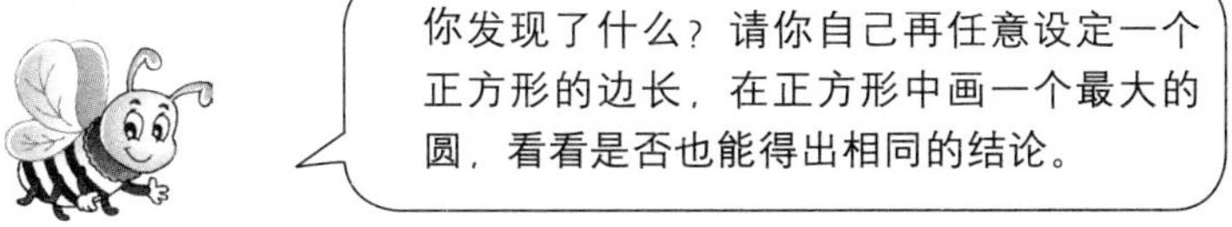

此题属于加星题，如果只给学生短短几分钟时间，他们肯定发现不了其中的奥秘。因此，我们不妨将之独立设计成一节拓展课，引导学生深入探索、研究。

【教学目标】

1．进一步理解并掌握圆的面积计算方法，了解圆的面积与外切正方

形、内接正方形之间的关系。

2．灵活运用所学知识解决简单的生活实际问题，培养分析问题和解决问题的能力，发展空间观念。

3．体验生活中处处有数学，用数学的眼光看待生活中的数学问题。

【教学实录】

一、联系生活，谈话引入

师：在奇妙的数学王国里，圆形与正方形的关系非常密切，在中国建筑中经常能见到外方内圆和外圆内方的设计（出示图3.7.1），今天这节课我们就来研究圆与正方形之间的关系。

图3.7.1

二、探索研究，理解掌握

1．研究外方内圆。

（1）正方形的边长为4cm，求圆的面积是多少平方厘米（如图3.7.2）。

生：正方形的边长等于圆的直径，因此，这个圆的半径为2cm，它的面积就是$3.14\times(4\div2)^2=12.56$（$cm^2$）。

（2）正方形的面积为$36cm^2$，求圆的面积是多少平方厘米（如图3.7.3）。

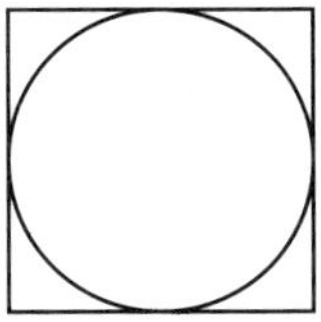

$a=4\text{cm}$

图3.7.2

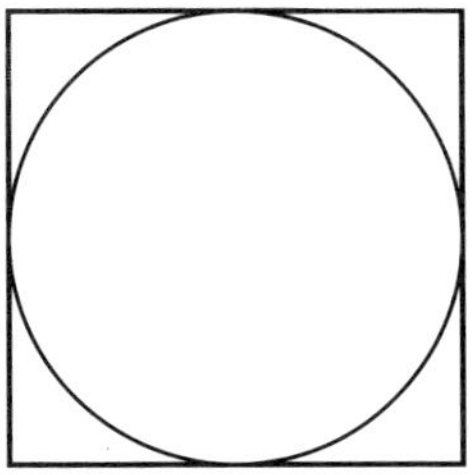

$S_{正}=36\text{cm}^2$

图3.7.3

生：因为$6\times6=36$，因此，这个正方形的边长为6cm，圆的半径就是3cm，圆的面积就是$3.14\times(6\div2)^2=28.26$（$\text{cm}^2$）。

师：同学们真棒！由正方形的面积想到它的边长，然后求出圆的半径，最后求圆的面积。

（3）正方形的面积为60cm^2，求圆的面积是多少平方厘米（如图3.7.4）。

生：我们不知道哪两个相同的数相乘等于60，因此，圆的面积暂时求不出来。

师：请同学们再思考一下，看一看谁有办法。

生：我把这个大正方形分割成4个小正方形（如图3.7.5），每个小正方形的面积为$60\div4=15$（cm^2），也就是r^2，最后根据圆的面积公式$S=\pi r^2=3.14\times15=47.1$（$\text{cm}^2$）。

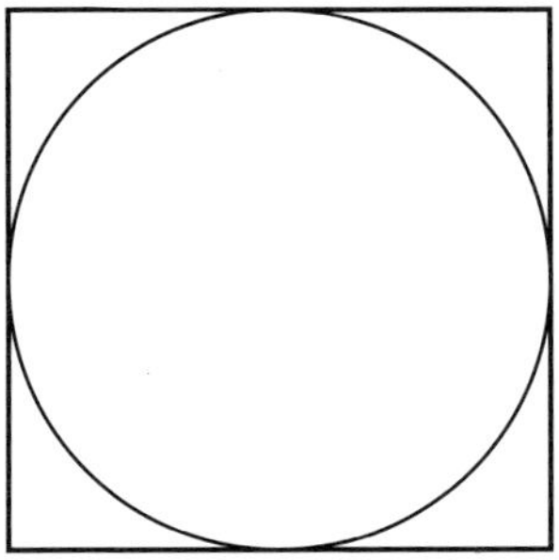

$S_{正}=60\text{cm}^2$

图3.7.4

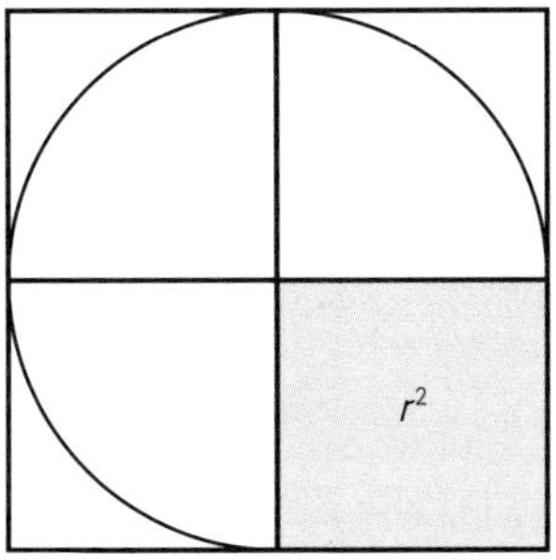

$S_{正}=60\text{cm}^2$

图3.7.5

师：你们怎么评价这种方法？

生1：这种方法很巧妙！当我们不能求出圆的半径时，只要找到r^2，也能求出圆的面积。

生2：告诉了我们圆的半径、直径、周长以及r^2，都能求出圆的面积，我们又学会了求圆的面积的新方法。

师：很有想法，请继续思考。

（4）正方形的面积为$a\text{cm}^2$，求圆的面积是多少平方厘米（如图3.7.6）。

生：把这个大正方形分割成4个相同的小正方形，每个小正方形的面积都为$\frac{1}{4}a\text{cm}^2$，因此，圆的面积为$\frac{1}{4}\pi a\text{cm}^2$。

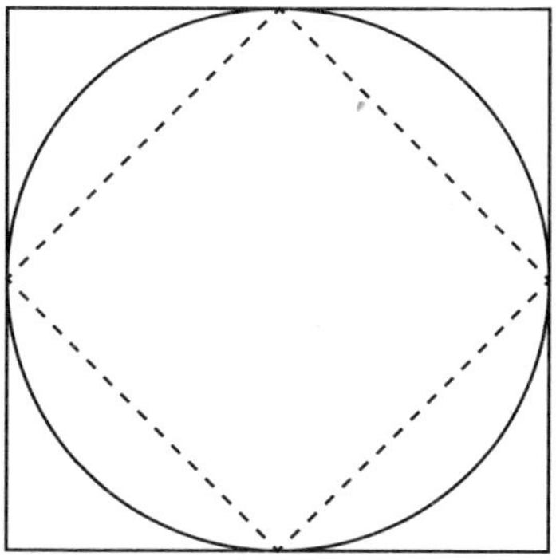

$S_{正}=a\text{cm}^2$

图3.7.6

（5）比较分析。

师：请认真观察、分析、比较圆的面积与正方形的面积之间的关系（如表3.7.1），你们发现了什么？

表3.7.1

圆的面积（cm^2）	12.56	28.26	47.1	$\frac{1}{4}\pi a$
正方形的面积（cm^2）	16	36	60	a

生1：圆的面积与正方形的面积之间的比值都是0.785。

生2：圆的面积都是外面的正方形面积的78.5%。

生3：圆的面积与正方形的面积之间的比是0.785∶1。

2．研究外圆内方。

（1）圆的直径为4cm，求圆和正方形的面积（如图3.7.7）。

生：圆的面积为$3.14\times(4\div2)^2=12.56$（$\text{cm}^2$），正方形可以分为两个三角形，因此，它的面积为$4\times(4\div2)\div2\times2=8$（$\text{cm}^2$）。

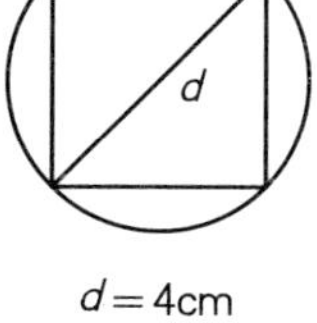

$d=4\text{cm}$

图3.7.7

师：请与刚才第1题（如图3.7.2）进行比较，你发现了什么？

生1：这两个圆直径相等，面积也相等。

生2：圆外正方形的面积是圆内正方形的面积的2倍。

（用课件展示它们之间的关系，对圆内的正方形进行旋转，使它的四

个顶点分别转到大正方形每边的中点位置，如图3.7.8）

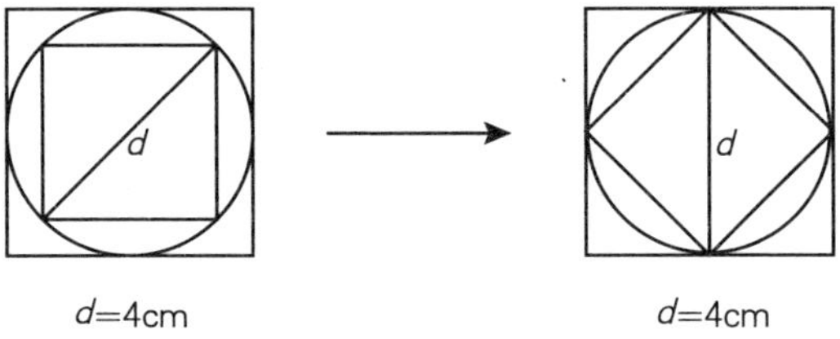

图3.7.8

（2）先在圆内画出内接正方形（如图3.7.9），然后完成表3.7.2。

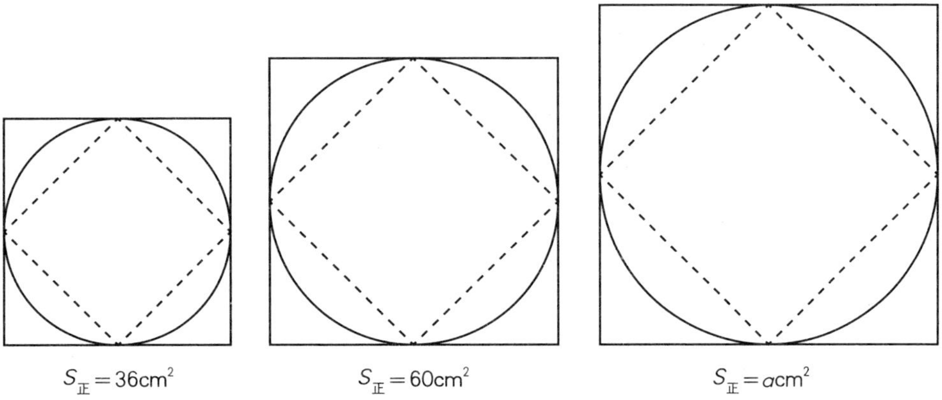

图3.7.9

表3.7.2

圆的面积（cm^2）	12.56	28.26	47.1	$\frac{1}{4}\pi a$
大正方形的面积（cm^2）	16	36	60	a
小正方形的面积（cm^2）	8	（18）	（30）	（$\frac{1}{2}a$）

师：仔细观察圆的面积与圆内小正方形的面积之间的关系，你发现了什么？

生1：圆的面积与圆内小正方形的面积的比值是1.57。

生2：圆的面积与圆内小正方形的面积的比是1.57：1。

师：请再仔细观察，圆外大正方形的面积、圆的面积与圆内小正方形的面积又有什么关系呢？

生1：它们的比是1∶0.785∶0.5。

生2：它们的比化成最简单的整数比，为：1∶0.785∶0.5=1000∶785∶500=200∶157∶100。

三、知识运用，巩固提高

1．两个圆（如图3.7.1）的半径都是1m，求正方形和圆之间的部分的面积。

（巡视指导，组织汇报，先左图，再右图）

生1：（左图）圆的面积为$3.14\times1^2=3.14$（m^2），正方形的边长为2m，面积为$4m^2$，因此，正方形和圆之间的部分面积为$4-3.14=0.86$（m^2）。

生2：（左图）圆的面积为$3.14\times1^2=3.14$（m^2），圆的面积是正方形的面积的78.5%，得到正方形的面积为$3.14\div78.5\%=4$（m^2），因此，正方形和圆之间的部分面积为$4-3.14=0.86$（m^2）。

生3：（左图）正方形的边长为2m，面积为$4m^2$，圆的面积是正方形的面积的78.5%，因此，正方形和圆之间的部分面积为$4\times(1-78.5\%)=0.86(m^2)$。

师：右图中正方形和圆之间的部分面积又是多少呢？

生1：圆的面积为$3.14\times1^2=3.14$（m^2），正方形的面积为$(1\times2)\times1\div2\times2=2$（$m^2$），因此，正方形和圆之间的部分面积是$3.14-2=1.14$（$m^2$）。

生2：这两个图中的圆的面积相等，因此，圆内正方形的面积是圆外正方形的面积的一半，是$4\div2=2$（m^2）。因此，圆内正方形和圆之间的部分面积是$3.14-2=1.14$（m^2）。

生3：根据圆的面积∶圆内正方形的面积=1.57，得到圆内正方形的面积为$3.14\div1.57=2$（m^2）。因此，正方形和圆之间的部分面积是$3.14-2=1.14$（m^2）。

2．四张边长都是24厘米的正方形铁皮，分别按下图剪下不同规格的圆片（如图3.7.10）。哪张铁皮剩下的废料多？为什么？

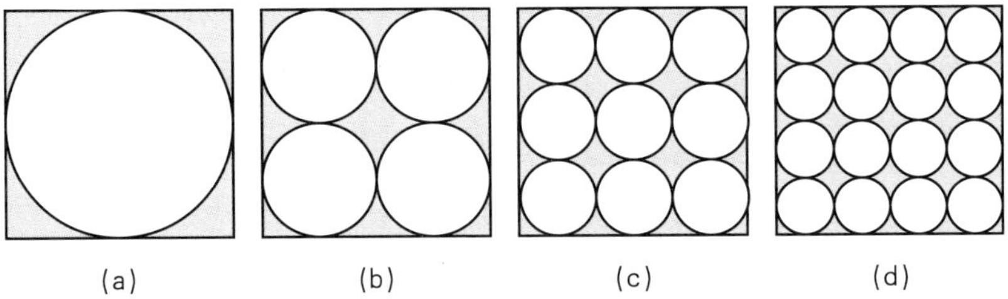

图3.7.10

学生的解答方法如下：

方法一：用正方形的面积减去所有圆形的面积之和，得到剩下的废料的面积，发现它们是相等的。

方法二：第一张铁皮的废料面积是它的面积的21.5%。把第二张铁皮分成相等的四小块，每小块废料的面积分别是它的面积的21.5%，因此，第二张铁皮剩下的废料面积与第一张铁皮剩下的废料面积是相等的。同理得到，四张铁皮剩下的废料面积都是相等的。

四、总结内化，课外探索

1．课堂总结：这节课你们有什么收获？

2．课外探索：下图（图3.7.11）都是由圆与正方形构成的，哪个阴影部分的面积大？为什么？

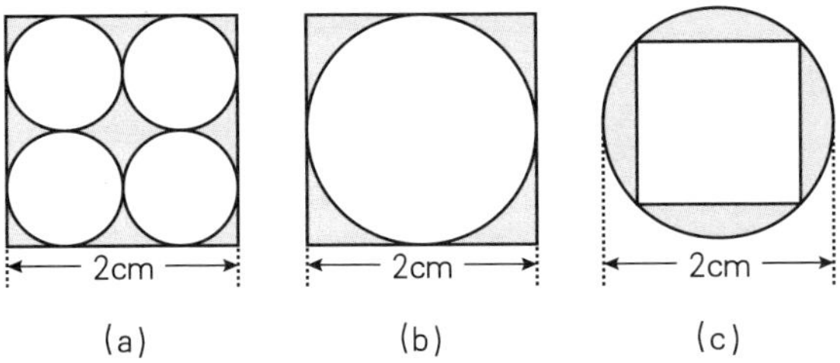

图3.7.11

【课后体会】

本节课以课本上的一道星级题为基础，对它进行改组、拓展、提升，将之设计成一节拓展课，引导学生由浅入深、由易到难、循序渐进地进行探索、研究，学生收获多多。

1．巧用r^2解决问题。

我们都知道圆的面积公式为$S=\pi r^2$，运用面积公式求圆的面积，关键是先求圆的半径。然而我们经常会遇到一些题目，不能直接求出圆的半径，但如果能巧妙、灵活地利用r^2，问题也会迎刃而解。例如，当正方形的面积为$60cm^2$时，学生没有办法知道哪两个相同的数相乘的积等于60，也就没有办法直接求出圆的半径，更谈不上求圆的面积了。但如果我们转变思路，把大正方形分割成4个大小相同的小正方形，就会发现其实这个小正方形的面积就是r^2，只要用r^2乘圆周率就可得到圆的面积。同时，让学生利用r^2计算圆的面积，也突破了学生的认识，克服了学生的思维定式。

2．在比较分析中找关系。

圆与正方形之间的大小关系通过肉眼可以观察得到，但不能准确地刻画。因此，要借助研究数据，在比较分析中发现它们之间的关系。例如，当学生计算出正方形的面积与外接圆形的面积时，教师以表格的形式出示学生的研究数据，然后经过比较分析，学生发现了圆的面积与外切正方形的面积之间的比是0.785：1，比值是0.785，即圆的面积是它的外切正方形的面积的78.5%。当学生研究圆的面积与内接正方形的面积时，再次引导学生比较分析，从而发现了圆的面积与它的内接正方形的面积之间的比是157：100，比值是1.57。最后对圆的面积与它的外切、内接正方形的面积这三者再次进行比较分析，发现了它们之间的比是157：200：100。

3．灵活运用知识且用多种策略解题。

有关圆与正方形的面积知识灵活多变，而且解题策略有多种。如最后一题求哪张铁皮剩下的废料多，我们可以根据提供的条件分别求出正方形的面积与所有圆形的面积，相减后再比较大小；也可以先求出圆的面积或正方形的面积，再根据它们之间的关系求另一个图形的面积，相减后再比较；还可以先求出正方形的面积，再根据它的内切圆形的面积是它的78.5%，得到圆形的面积，相减后比较大小。同理，两个圆的半径都是1m，求正方形和圆之间的部分的面积，也可以用不同的方法解题。

案例8：借助空间想象，发展逻辑推理能力
——“酒瓶捆扎中的数学问题”实践与反思

【适合年级】

六年级

【课前思考】

在日常生活中，我们经常见到人们用绳子捆扎酒瓶或者酒罐，但很少用数学的眼光去看待它，用数学的方法去分析它。因此，人教版小学数学六年级上册“圆”这一单元，安排了这样一道习题：为方便销售，售货员把啤酒捆成如下图（图3.8.1）（从瓶底方向看）的形状，如果每组分别捆5圈绳子（接头处不计），每组至少需要多长的绳子？你发现了什么？

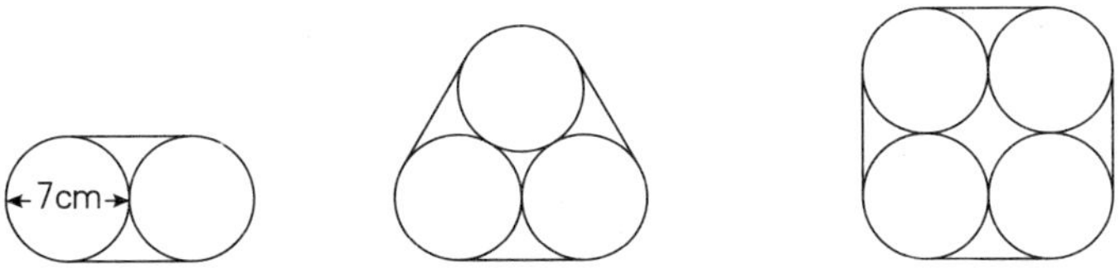

图3.8.1

酒瓶的捆扎方法不同，所需要绳子的长度也就不同。在学生掌握圆的周长、面积与确定起跑线等知识后，我们就可以引导学生去探索、研究该问题。它是培养学生空间想象能力、思维能力以及解决问题能力的好素材，可以让学生在学习中充分体验数学与生活之间的密切联系。

【教学目标】

1．进一步理解、掌握周长的计算方法，并能正确地计算由多个圆组成的组合图形的周长。

2．经历猜想、计算、推理等数学活动，在活动中透过现象发现本质的、规律性的结论，提高运用所学知识解决实际问题的能力。

3．体会数学知识在生活中的应用，发展数学应用意识，激发学习积极性。

【教学实录】

一、复习旧知，引入新知

1．师：（出示1个酒瓶）这个酒瓶的底面是什么形状？（学生回答“圆形”）你能求出它的周长吗？

生1：用绳子绕酒瓶一圈，再量出绳子的长度，就是它的底面周长。

生2：量出这个酒瓶底面的直径也可以求出周长。

（出示信息：酒瓶底面的直径是10厘米）

生：它的周长是31.4厘米。

2．师：（出示2个酒瓶，如图3.8.2）如果用绳子把2个酒瓶捆扎在一起，要用多长的绳子呢？

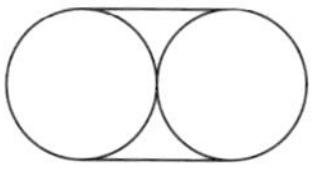

图3.8.2

生1：62.8厘米长的。

生2：可能不对。

师：用绳子将若干酒瓶捆扎在一起，这个看似平常的事情，里面还有不少学问呢！这就是这节课我们要研究的问题。

（板书：酒瓶捆扎中的数学问题）

二、探索研究，掌握方法

1．研究捆扎2个酒瓶的问题。

师：请你们动手研究一下，将2个这样的酒瓶捆扎在一起，是否需要长62.8厘米的绳子。

（学生研究、讨论、汇报）

生：绳子由两部分组成，左右两边合起来是1个圆的周长，上下合起来等于2条直径的长度（如图3.8.3），所以绳子的长度是31.4＋20＝51.4（cm）。

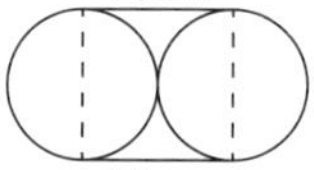

图3.8.3

2．研究捆扎3个酒瓶的问题。

师：用绳子把3个酒瓶捆扎在一起，要用多长的绳子呢？

（学生研究、讨论、汇报）

生1：我们把捆扎的绳子分成两部分，左右两边合起来是1个圆的周长，上下合起来等于4条直径的长度（如图3.8.4），所以绳子的长度是31.4＋40＝71.4（cm）。

生2：我们捆扎的方法不同，下面一层放2个酒瓶，上面一层放1个酒瓶，因此，我们把绳子也分成两部分，一部分等于3条直径的长度，另一部分正好组成1个圆的周长（如图3.8.5），因此，绳子的长度是31.4＋30＝61.4（cm）。

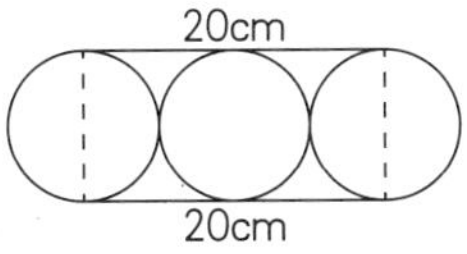

图3.8.4

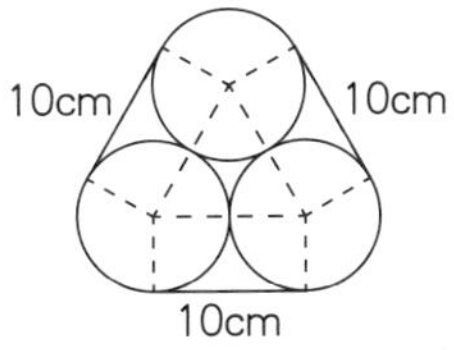

图3.8.5

师：请比较一下，哪种方法用的绳子更短一些。

生1：第二种方法用的绳子少一些。

生2：第二种方法比第一种方法所用的绳子正好少了1条直径的长度。

师：这说明捆扎的方法不同，所用的绳子长度也是不同的。

3．研究捆扎4个酒瓶的问题。

师：根据捆扎2个酒瓶、3个酒瓶最少所需绳子的长度，你能否对捆扎4个酒瓶所需绳子的长度做些推测？

生1：可能是4条直径的长度加上1个圆的周长。

生2：捆扎方法不同，捆扎4个酒瓶所需绳子的长度可能也不同。

（学生小组合作研究、汇报）

生1：我们先把4个酒瓶排成一排，再用绳子捆扎；接着把绳子分成两部分，一部分等于6条直径的长度，另一部分正好等于1个圆的周长（如图3.8.6）。因此，绳子的总长度是31.4＋60＝91.4（cm）。

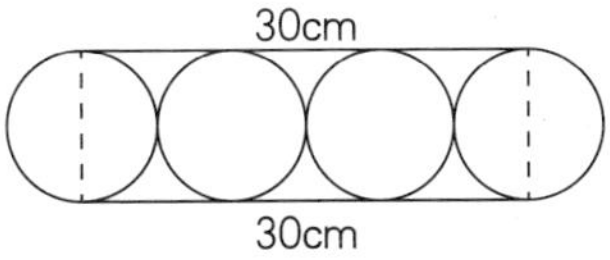

图3.8.6

生2：我们把这4个酒瓶分成两层，每层2个酒瓶，再用绳子捆扎；接着把绳子也分成两部分，一部分等于4条直径的长度，另一部分正好等于1个圆的周长（如图3.8.7）。因此，绳子的总长度是31.4＋40＝71.4（cm）。

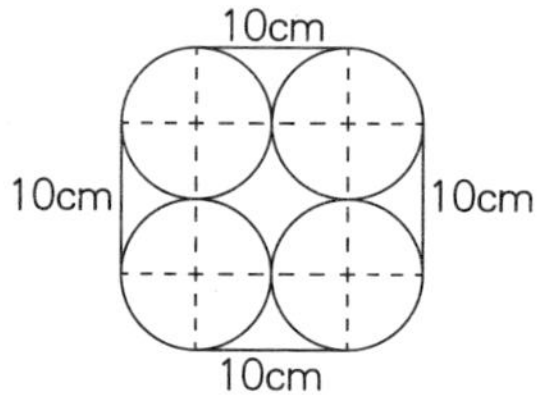

图3.8.7

师：刚才我们已经研究了2个、3个、4个酒瓶捆扎的问题，现在我们能不能把捆扎方法分分类？

生：排成一排的为一类，排成两排的为一类。

师：所用绳子的长度有什么规律可循吗？

生1：排成一排的，绳子长度＝1个圆的周长＋（圆的个数－1）×2×直径。

生2：排成两排的，绳子长度＝1个圆的周长＋圆的个数×直径。

4．研究5个、6个酒瓶捆扎的问题。

生1：如下图（图3.8.8）所示，捆扎5个酒瓶所需绳子的总长度至少为31.4+50=81.4（cm）。

生2：如下图（图3.8.9）所示，捆扎6个酒瓶所需绳子的总长度至少为31.4+60=91.4（cm）。

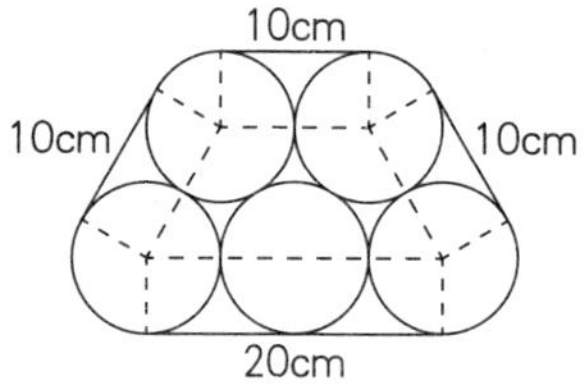

图3.8.8

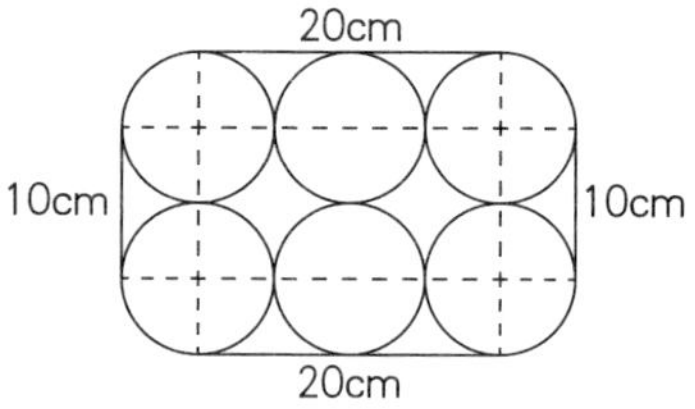

图3.8.9

三、继续探索，完善认识

1．研究7个酒瓶捆扎的问题。

师：请同学们不计算，猜想一下捆扎7个酒瓶需要多长的绳子。

生：捆扎7个酒瓶所需绳子的长度为31.4＋70＝101.4（cm）。

（全班学生都表示认同）

（出示图3.8.10，让学生探索、研究）

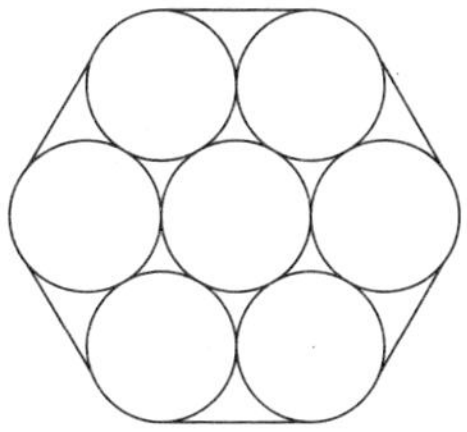

图3.8.10

生1：我们也可以把绳子分成两部分，一部分等于6条直径的长度，另一部分正好等于1个圆的周长。

生2：我还发现捆扎7个酒瓶与捆扎6个酒瓶所需绳子的长度是相等的。

师：我们刚才不是发现“绳子的长度=1个圆的周长＋圆的个数×直径”吗？捆扎7个酒瓶怎么会与捆扎6个酒瓶所需绳子的长度是相等的？接下来让我们继续研究。

2．出示捆扎8个、9个酒瓶的图片（如图3.8.11、图3.8.12）。

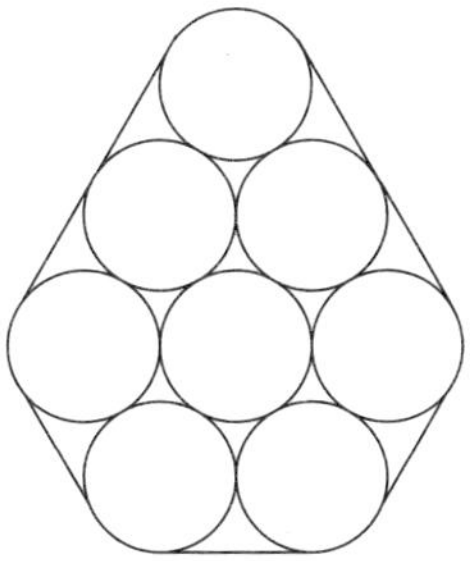

图3.8.11

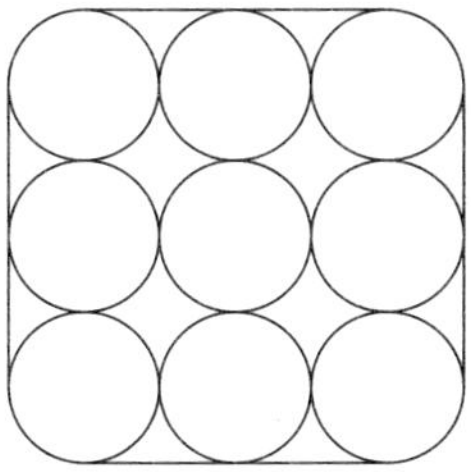

图3.8.12

师：捆扎8个酒瓶所需绳子的长度是多少呢？

生：31.4＋70＝101.4（cm）。

师：捆扎9个酒瓶呢？

生：31.4＋80＝111.4（cm）。

3．完善规律。

师：通过研究，我们能否对刚才的结论进行修改、完善呢？

（学生讨论得出：捆扎酒瓶所需的绳长＝1个底面周长＋沿绳一周圆的个数×d）

四、总结内化，课外探索

1．课堂总结：这节课你们学到了什么？最大的收获是什么？

2．课外探索：运用在这节课上学到的知识，继续探索、研究10个、11个、12个酒瓶，甚至更多酒瓶捆扎的问题。

【课后体会】

这节课紧密联系学生的生活实际，紧紧围绕圆周长、组合图形周长的计算方法进行探索、研究。学生在探索、研究的过程中，发现了酒瓶的捆扎方法与所需绳子长度的计算方法，培养了学生的空间想象能力，收到了良好的学习效果。

1．在比较中完善了认识。

捆扎3个酒瓶时出现了两种答案：一种是排成一排（层）的，一种是底下一层放2个酒瓶，上面一层放1个酒瓶的。在比较中学生初步发现第二种捆扎方法所需的绳子短一些。捆扎4个酒瓶时也出现了两种捆扎方法与答案，从而初步总结出排成一排所需绳子长度的计算方法与排成两排所需绳子长度的计算方法。但接下来的研究过程中又出现了问题，即“捆扎7个酒瓶与捆扎6个酒瓶所需绳子的长度是相等的”，最后在分析、比较、讨论中得出：捆扎酒瓶所需的绳长＝1个底面周长＋沿绳一周圆的个数×d。

2．先空间想象再计算。

学生对2个、3个、4个酒瓶的捆扎是比较熟悉的，他们也具备这样的生活经验。对5个、6个酒瓶的捆扎相对陌生一些，而7个、8个酒瓶的捆扎对他们来说是有难度的。因为沿着绳子分别只有6个、7个酒瓶，还有1个酒瓶在中间。因此在教学时，应让学生充分想象。比如7个酒瓶的捆扎问题，学生可能会说下面一层放4个，上面一层放3个，所需的绳子总长度为31.4+70=101.4（cm）；学生也可能会说最下面一层放3个，第二层放2个，最上面一层放2个，但是第二层的2个酒瓶没有紧挨着绳子，这样的捆扎是不牢固的。又如，8个酒瓶的捆扎也会遇到类似的问题。因此，要先让学生充分地想象，再出示图片，最后计算出绳子的长度。

3．先分类再算绳长。

每次捆扎酒瓶后，都要引导学生对绳子的捆扎特点进行分析。比如，捆扎2个酒瓶所需绳子的长度并非两个圆的周长，而是比它要小。经分类得出绳子的长度都可以分成两部分，直的部分等于几条直径的长度，曲线部分加在一起等于1个圆的周长。教学时紧紧抓住这一点，学生计算绳长就不成问题，这也有利于学生归纳、概括绳子长度的计算方法。

案例9：挖掘课堂生成资源，拓展学生思维空间
——“怎样围，圆柱形粮仓的容积更大”实践与反思

【适合年级】

六年级

【课前思考】

在课堂教学中，我们要善于捕捉来自学生的有用信息，进行巧妙转化、有效利用等再创造。如教学“圆柱的特征”一课时，我出示一张铁皮的平面图（如图3.9.1，单位：分米）让学生围一个圆柱。多数学生认为不行，理由是以长18.84分米为底面周长，围成的圆柱的底面半径是3分米，而圆的半径只有1分米，显然底面太小。但也有学生提出，只要把这张长方形铁皮竖着平均切分成三张同样的小长方形铁皮，焊接成a=6.28分米、$b=24$分米的长方形铁皮，再围成一个圆柱就可以了。这激发了我引导学生探索其中奥秘的激情与乐趣。

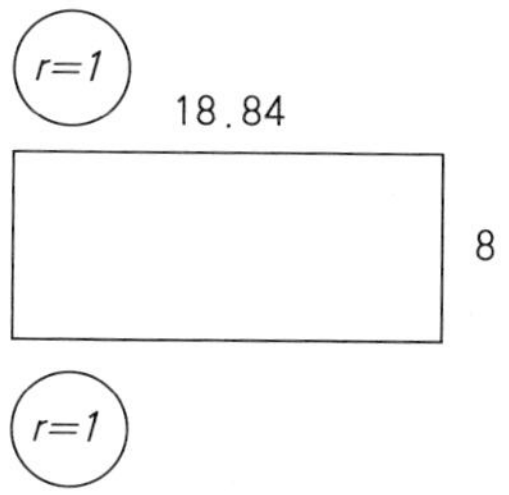

图3.9.1

【教学目标】

1．在探索、研究等活动中，进一步掌握圆柱体积的计算方法，提高学生解决相关实际问题的能力。

2．在问题情境中探究、发现规律，能运用“圆柱的体积$=\frac{1}{2}$侧面积×半径”判断圆柱体积的大小，发展空间观念。

3．注重个体差异，让学生获得不同程度的成功体验，使学生的思维层次得到不同的发展。

【教学实录】

一、出示图片，提出问题

师：同学们，你们知道图（如图3.9.2）中这些高大的圆柱形建筑是什么吗？没错，它们是用来储存粮食的仓库，也就是粮仓。学习了圆柱体体积公式这部分内容后，我们可以思考这样一个问题：如果用一张长18.84m、宽12.56m的长方形铁皮在地面上围成一个圆柱形粮仓，你觉得应该怎样围呢？

图3.9.2

二、设想方案，比较分析

1．学生提出设想方案。

生1：把这张长方形铁皮的长边当作圆柱形粮仓的底面周长围起来（如图3.9.3中圆柱A）。

生2：把它的宽边当作圆柱形粮仓的底面周长围起来（如图3.9.3中圆柱B）。

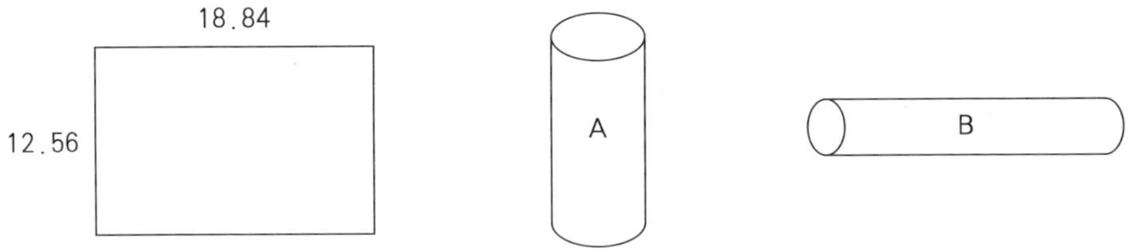

图3.9.3

师：用一张长方形铁皮围成圆柱形粮仓，一般有这两种方法。那么，用这两种方法围成的圆柱形粮仓A与粮仓B的容积一样大吗？为什么？

生1：一样大，因为它们用的是同样一张铁皮。（大多数学生表示赞同）

生2：我认为粮仓A的容积大，因为它的底面半径比粮仓B的底面半径大，计算底面积时还要进行“平方”。

生3：（反驳）粮仓B的底面半径虽然小一些，但是高比粮仓A的高大多了，因此它的容积可能会大一些。

师：谁的猜想正确呢？我们不妨把它们的容积算出来，再进行比较。

2. 动手计算，研究分析。

（学生计算，教师巡视指导）

生：（汇报）（1）粮仓A的容积：3.14×（18.84÷3.14÷2）^{2}×12.56＝354.9456（m^3）。（2）粮仓B的容积：3.14×（12.56÷3.14÷2）^{2}×18.84＝236.6304（m^3）。

师：通过刚才的计算，你们有什么发现？

生：我们发现了粮仓A的容积比粮仓B的容积大一些。

师：或许有人认为这样的结果是偶然的，我们换两张铁皮再试一试。

3. 深入研究，发现规律。

（如图3.9.4、图3.9.5，学生计算，教师巡视指导）

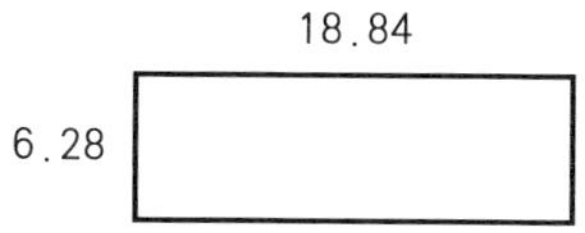

图3.9.4

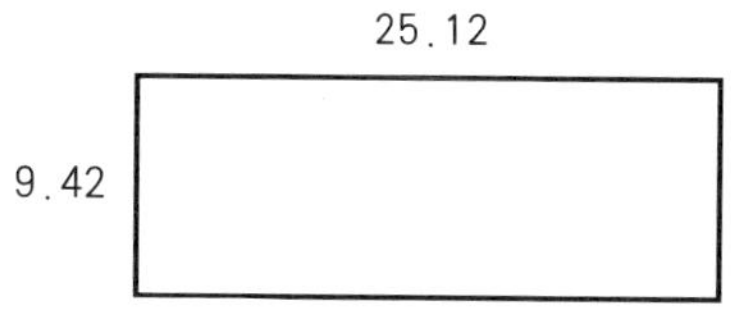

图3.9.5

生：（汇报）（1）以长18.84m为底面周长围成的圆柱形粮仓的容积是：3.14×（18.84÷3.14÷2）^{2}×6.28＝177.4728（m^3）；以宽6.28m为底面周长围成的圆柱形粮仓的容积是：3.14×（6.28÷3.14÷2）^{2}×18.84＝59.1576（m^3）。

（2）以长25.12m为底面周长围成的圆柱形粮仓的容积是：3.14×（25.12÷3.14÷2）^{2}×9.42＝473.2608（m^3）；以宽9.42m为底面周长围成的圆柱形粮仓的容积是：3.14×（9.42÷3.14÷2）^{2}×25.12＝177.4728（m^3）。

师：通过以上研究，你们有什么发现？

生：以长方形铁皮长的一边为底面周长围成的圆柱形粮仓的容积大一些。

师：为什么存在这样的规律呢？

生1：以长的一边为底面周长围成的圆柱形粮仓的底面半径大，“平方”一下就更大了。

生2：以宽边为底面周长围成的圆柱形粮仓的高也很大。

生3：我还是弄不明白为什么不是一样大。

…………

师：我们不妨再花点儿时间研究一下。

4. 回顾推导，解释规律。

师：（用课件演示，回顾圆柱体体积计算公式的推导过程）把圆柱体的底面分成许多相等的扇形（如图3.9.6)，再把圆柱体切开，接着像这样拼起来（如图3.9.7)，得到一个近似的长方体。这个长方体的底面积等于圆柱体的底面积，高等于圆柱体的高。根据长方体的体积等于底面积乘高，得到圆柱的体积=底面积×高。

图3.9.6

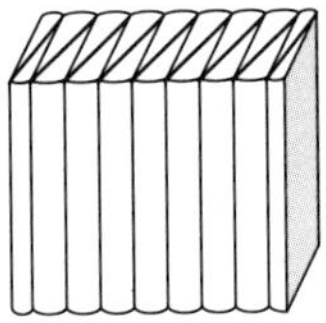

图3.9.7

师：（继续用课件演示）如果我们把这个长方体推倒放置（如图3.9.8)，你们还能发现什么吗?

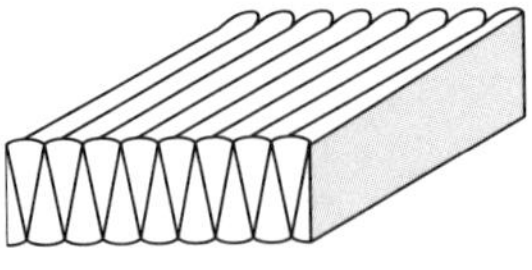

图3.9.8

生1：这个长方体的底面积等于圆柱体的侧面积的一半，高等于圆柱的底面半径。

生2：哦，我知道了！圆柱的体积$=\frac{1}{2}\times$侧面积×半径。

师：根据这个公式，你们能很好地解释刚才的规律吗?

生：因为用这两种方法围成的圆柱形粮仓，它们的侧面积是相等的，“$\frac{1}{2}\times$侧面积”也是相等的，因此，我们只要根据圆柱形粮仓的底面半径来判断它们的容积的大小就可以了，而且我们还能知道它们的容积之间的倍数关系。如用一张长18.84m、宽12.56m的长方形铁皮在地面上围成圆柱形粮仓A的容积是圆柱形粮仓B的容积的1.5倍，算式为：（18.84÷3.14÷2）÷（12.56÷3.14÷2）=1.5。

三、运用规律，挑战思维

1．师：我们用这张长方形铁皮能否再围一个容积更大的圆柱形粮仓呢？

生1：不能，因为以长边为底面周长围成的容积已经是最大的了。

生2：老师，能不能对铁皮进行切割再焊接呢？

师：如果可以，你打算怎么办？

生：如果我们把这张长方形的铁皮横着切开平均分成2块、4块小长方形，再将它们焊接成一张新的长方形铁皮（如图3.9.9、图3.9.10），再围成圆柱形粮仓，那么它们的容积会更大。

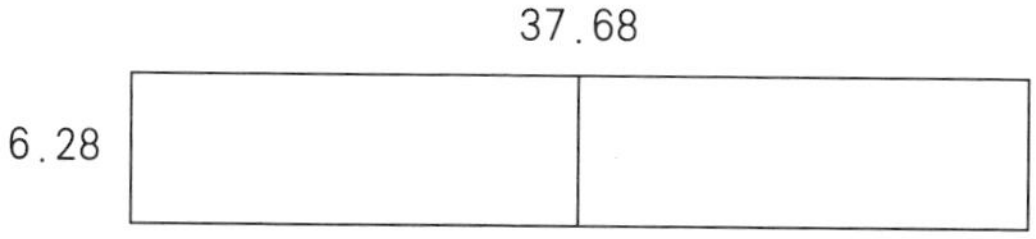

图3.9.9

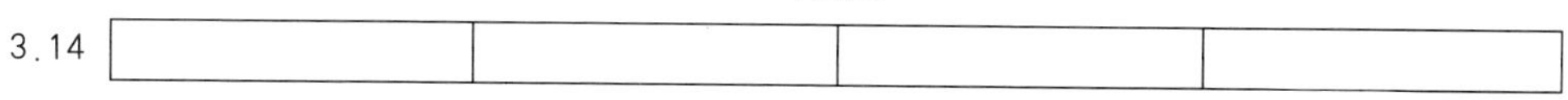

图3.9.10

师：为什么呢？同桌同学讨论、交流。

生1：因为它们的底面半径分别是原来圆柱形粮仓A的2倍、4倍，所以容积也是它的2倍、4倍。

生2：我把它们的容积算出来与原来的容积进行比较，发现确实大了很多。18.84×12.56÷2×（18.84×2÷3.14÷2）=709.8912（m^3）；

$18.84\times12.56\div2\times(18.84\times4\div3.14\div2)=1419.7824$（$m^3$）

师：如果继续用这样的方法，还可以围容积更大的圆柱形粮仓。我们还会发现这些圆柱形粮仓越来越“胖”、越来越“矮”，即底面积越来越大，高越来越小。同理，你们能否做一个比原来圆柱形粮仓B的容积更小的圆柱形粮仓呢？

生1：分别以6.28m、3.14m为底面周长围成圆柱形粮仓。

生2：有些“奸商”，就是利用这些知识把物品加工成长长的圆柱体赚钱。

…………

师：你真善于思考问题，能把数学知识与生活联系起来。

四、全课总结，提升认识

【课后体会】

本课是求圆柱体积知识的延伸，它始终以“怎样围，圆柱形粮仓的容积更大”为主线，引导学生对不同的围法进行探究。整节课步步为营，层层深入，学生烦琐计算圆柱体积的现象消失了，取而代之的是饶有兴趣地参与探索过程。

1．创设情境，让学生自主探究、创新。

苏霍姆林斯基说，儿童在遇到问题时，总爱把自己当成探索者、研究者、发现者。而富有挑战性的、开放的问题情境，能使这些角色得到充分发挥，促进他们创造性地解决问题。课一开始就创设了问题情境，当学生沉浸在解题成功的喜悦中时，教师又提出：“用这张长方形铁皮能否再围一个容积更大的圆柱形粮仓呢？”这又一次激发了学生探究的热情，这时学生的探究是积极、主动的。整节课学生始终在富有挑战性的问题情境中进行自主探索。

2．授之以渔，让学生受到学法的指点。

古人云：授之以鱼，不如授之以渔。本课开始，学生先利用“圆柱的体积＝底面积×高”来说明围成的圆柱容积的大小，但不具有很强的说服力，且不能说出它们之间的倍数关系。在这种情况下，要尝试另找其他解题途径，寻找解决问题的最佳策略。因此，我引导学生用“圆柱的体积$=\frac{1}{2}\times$侧面积$\times$半径”进行解释。抓住“$\frac{1}{2}\times$侧面积”这个不变量，只要判断半径或底面周长的大小即可，这让一个比较复杂的数学问题变得简单。

3．化繁为简，让学生品味数学之美。

本课学生用不同的围法得到的圆柱的容积大小不同，他们还能把长方形铁皮竖切、横切后焊接，再围成容积大小不同的圆柱，判断出圆柱容积的大小及关系，并想象圆柱形状的变化趋势。学生又联想到商人利用这一规律赚钱……学生从活动中感悟到数学真好玩、真有趣、真美。

案例10：借助动手操作，拓展思维空间
——“分一分”实践与反思

【适合年级】

二年级

【课前思考】

学校为了庆祝中秋佳节，开展了做月饼、分月饼活动。由此想到引导学生用数学的眼光来看待分月饼活动。但是，“把3块月饼平均分给4人”属于五年级下册“分数与除法”的内容，二年级学生怎样学习该内容呢？我在教学设计时，充分考虑并借助学生已有的生活经验，以他们最容易接受的方式引导他们学习，让他们在不断的挑战中体验成功的快乐。

【教学目标】

1．初步理解“同样多”“对折”等概念，按要求正确地分一分。

2．在动手操作、分析、比较、抽象、概括等活动中，培养空间想象、解决问题等能力。

3．体验解题策略的多样性，感受数学与生活之间的密切联系。

【教学实录】

一、创设情境，了解概念

师：小朋友们，为了庆祝中秋节，我们学校举行了做月饼、分月饼活动（出示活动照片）。老师做了4个月饼，如果要分给小明和小方，你们觉得老师会怎样分呢？

生1：每人可以分2个。

生2：小明1个，小方3个。

生3：小明3个，小方1个。

师：这几个方法，你们最喜欢哪种方法？为什么？

（学生异口同声地说“第一种方法”，因为每人分到的月饼个数同样多；教师板书：同样多）

师：如果老师只做了2个月饼，分给小明和小方，要使2人分的同样多，老师应该怎样分呢？

生：每人分1个月饼。

师：如果老师只做了1个月饼，分给小明和小方，要使2人分的同样多，老师应该怎样分呢？（提醒：可以拿出1个圆形纸片代替月饼折一折、分一分）

生：沿着中间的一条线折过去，两边正好重叠在一起。

师：这样的折法，我们给它取个名字叫“对折”。刚才我们只需要对折1次就可以把1个月饼分成同样多的2份。如果要把这个月饼分给4个小朋友，每个小朋友分到的月饼同样多，该怎么办呢？

生：只要对折2次就行了。

二、探索研究，突破认识

1．研究4人分3个月饼的问题。

师：如果老师做了3个月饼，分给小明、小方、小李、小王，要使4人分的同样多，老师应该怎样分呢？（提醒：可以拿出3个圆形纸片动手折一折、分一分）

（学生活动后汇报）

生：我拿出1个月饼，对折2次分成了同样多的4份，每人1份，剩下的2个月饼送给老师吃。

师：小朋友真懂事，但是老师不吃月饼，把3个月饼都分给同学们吃。

生：我拿出2个月饼，都对折1次，分成了4份，每个人半个月饼，剩下的1个月饼还是送给老师吃。

师：请小朋友们继续思考：怎样才能把3个月饼分给4个小朋友，又使每人分到的同样多呢？

(学生再次独立思考，同桌同学讨论交流)

生：我拿出1个月饼对折2次，分成同样多的4份，每人1小份，接着再拿出1个按同样的方法分给4个小朋友，最后再拿1个分掉（如图3.10.1）。

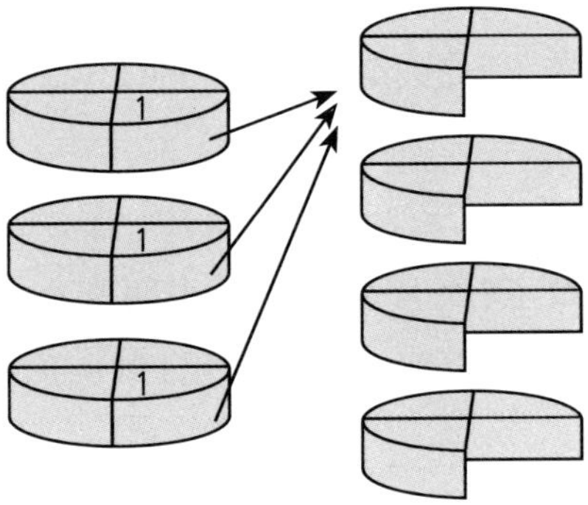

图3.10.1

师：按这样的方法，需要切几刀？一共分成几份？每人分到几份呢？

生1：一共切了6刀，分成了12份，每人分到3份。

生2：我先分2个月饼，每人半个，再把剩下的1个月饼分成同样多的4块，每人1块（如图3.10.2）。

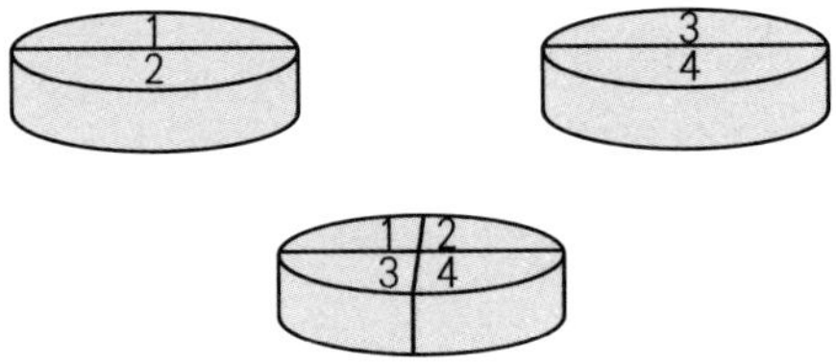

图3.10.2

师：这种分法，只切了几刀？（学生回答“4刀”）谁有办法少切1刀吗？

生1：可以，只要把其中2个月饼叠起来切1刀就分成了4份（如图3.10.3）。

图3.10.3

生2：我把3个月饼叠起来，只要切2刀就可以把这3个月饼分成同样多的4份，每个小朋友分到1份（3小份）（如图3.10.4）。

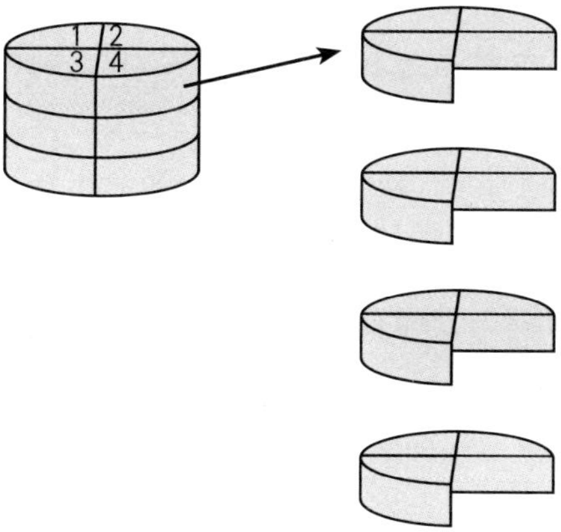

图3.10.4

师：这种方法切了几刀？（学生回答“2刀”）同样切2刀，还有更好的办法吗？

生：这2刀都只要切到一半的位置，把每个月饼切出一小块给1个小朋友，剩下的部分分别给3个小朋友（如图3.10.5）。

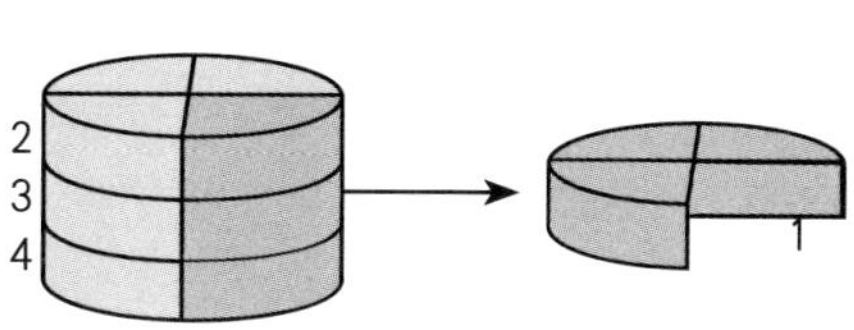

图3.10.5

（教师用课件演示，教室里响起了热烈的掌声）

师：小朋友们真棒，想出了这么多的方法，你们最喜欢哪种方法？

生1：我最喜欢第四种方法，因为它只要切2刀就可以分掉了。

生2：我最喜欢第五种方法，这种方法太巧妙了。

生3：我喜欢第一种方法，分了一个又分一个，不会乱，不会错。

…………

2．研究4人分3根香肠的问题。

师：如果把3根16厘米长的香肠，分给小明、小方、小李、小王，要使4人分的同样多，该怎样分呢？（提醒：如果有需要，也可以画一画）

生1：把每根切成同样长的4段，每人3小段。

生2：可以把3根合起来一起切，这样切刀数会比较少，只需要切4刀就行了。

生3：不对，只要切3刀就可以了。如果切4刀，就把每根香肠分成5段了。

师：如果要求只切1刀，你有办法吗？先独立思考，再同桌小朋友商量。

生：把3根香肠放在一起，每根切下4厘米，分给1个小朋友，剩下的每个小朋友分到一大根（如图3.10.6）。

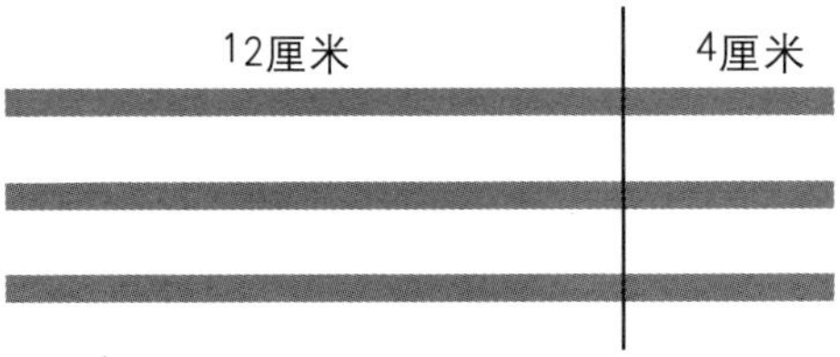

图3.10.6

3．小结：通过刚才的学习，我们发现3个月饼、3根香肠分给4个人，每个人分不到1个完整的月饼和香肠，但是小朋友们真棒，想出了很多办法。

三、继续研究，突破认识

师：请小朋友们继续思考，王伯伯请了4个工人帮助打扫院子。工作做完了，王伯伯给了他们6张10元钞票，如果让每个人分到同样多的钱，你们觉得应该怎样分？

生：每人先分1张10元钞票，剩下的2张每人分半张。

（教室里出现了反对的声音：半张10元怎么用啊！）

师：怎么办？

生：把剩下的2张10元钞票换成4张5元钞票，每人1张。这样每个工人就分到了15元。

四、全课总结，课外探索

1．课堂总结：这节课你们有什么启发？

2．课外探索：把3个月饼（或香肠）分给5个、6个小朋友，要使每人分到的同样多，怎么分？

【课后体会】

本节课学生在操作、分析、比较等活动中，思维不断拔节，充分体验到数学与生活之间的密切联系，以及成功的乐趣。

1．在操作中初步理解概念。

学生刚刚进入二年级，还没有接触过“平均分”的概念，但这并不等于他们不会对若干个物体进行平均分，他们已经具备了平均分的生活经验。因此教学时，让学生在分一分后思考。这样分得的结果是一样的，就是“同样多”。把1个圆形纸片沿着中间的一条线对折过去，两边正好叠在一起，说明两边完全重合，这样的折法叫作“对折”。学生在操作中就初步理解了“同样多”“对折”等概念。理解这些概念是学习本节课内容的基础。

2．在操作中体验解题策略的多样性。

当要求学生把3个月饼分给4个小朋友时，第一次汇报的两个学生只能分其中1个或2个月饼。虽然还不能分3个月饼，但是有了分1个、2个月饼的经验与基础，学生再次动手操作，自然会产生分3个月饼的方法，而且方法多样。有的需要切6刀，有的需要切4刀，有的需要切3刀，有的甚至只需要切2刀。特别是4人分3根香肠，把3根香肠放在一起，每根切下4厘米，分给1个小朋友，剩下的每个小朋友分到一大根，这是多么精彩的想法呀！这些精彩方法的产生都离不开学生的动手操作。

3．在操作中挑战数学思维。

二年级学生能把1个月饼平均分给2个人，也能把它平均分给4个人，有些学生甚至不需要老师指导就能做到，不需要动手操作就能说出分法。但是多数学生还是不能把3个月饼平均分给4个小朋友，主要原因在于分得的结果不是整数，这对学生来说富有挑战性。通过第二次动手操作，学生终于产生了许多精彩的想法。特别是要求学生只切1刀就能把3根香肠平均分给4个人，更有挑战性。本节课的最后一题——要求4人平均分60元钱的问题，由于受前面分一分思维定式的影响，学生自然产生了每人分到一张半的想法。再次激发学生思考，最终学生想到把2张10元钱换成4张5元钱。

案例11：画图中求解，操作中建模
——“蜗牛爬井问题”实践与反思

【适合年级】

二年级、三年级

【课前思考】

蜗牛是小学生非常喜爱的小动物，他们在日常生活中见过，在动画片或课外读物中见过，小学科学教材中也有关于蜗牛的章节。在低年级数学教学中，教师也经常利用蜗牛创设情境，激发学生的学习兴趣。

“蜗牛爬井问题”是一道数学名题，小学奥数培训教材、数学游戏书等书里都有类似的题目。解答蜗牛爬井问题很容易出现错误，主要原因有两个：一是学生对“爬上去一些，又滑下来一些”不太理解，二是对“最后一次爬上去就不会下滑了”不理解。我在教学设计时，首先考虑如何突破这一学习难点；其次根据低年级孩子的年龄特征，引导他们乐学。

【教学目标】

1．在分析、比较、抽象、概括等数学活动中，建立数学模型，正确解答蜗牛爬井问题。

2．在画图等操作活动中，初步体验数学研究的方法，提高解决问题的能力。

3．在数学情境、数学活动中体验数学学习的乐趣。

【教学实录】

一、创设情境，激发兴趣

1．师：（创设情境）一只蜗牛掉进了井里，癞蛤蟆安慰道："这井太深了，你就安心在这里生活吧。"蜗牛想："井外的世界多美呀，我决不能像癞蛤蟆这样生活在井底！"于是它问癞蛤蟆："癞大叔，请问：这口井有多深？"癞蛤蟆说："这口井有10m深，你小小年纪，又背着这么重的壳，怎么爬得上去呢？"蜗牛沉默不语，它要用实际行动来回答。于是，它顺着井壁往上爬，到傍晚终于爬了2m。蜗牛很高兴，就安心地睡着了。

第二天蜗牛继续往上爬，以这样的速度蜗牛几天才能爬出去？

生：（异口同声）5天。

师：你们是怎么想的？

生1：第一天爬到2m，第二天爬到4m，第三天爬到6m，第四天爬到8m，第五天爬到10m。

生2：2+2+2+2+2=10（m）。

（学生回答，教师用课件演示，如图3.11.1）

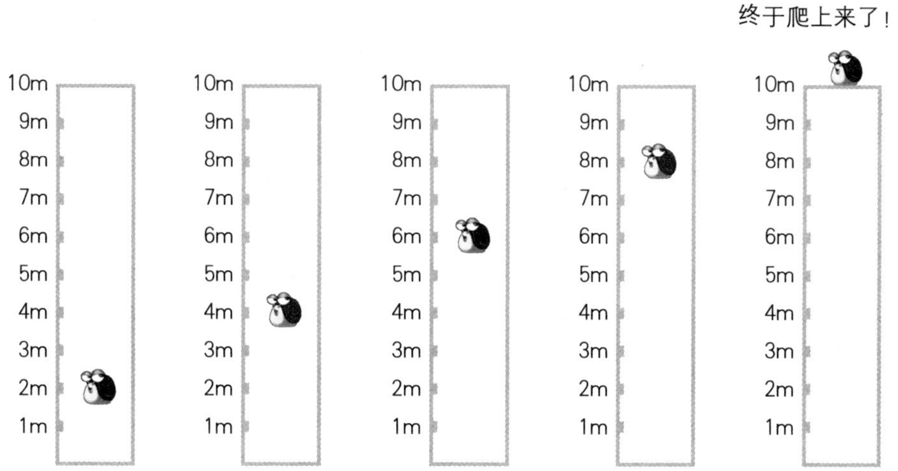

图3.11.1

师：（出示）过了几天，这只蜗牛又掉进了井里。它又顺着井壁往上爬，到傍晚竟然爬了 5 m。蜗牛特别高兴，便决定睡上一觉。早上醒来，蜗牛发现自己滑下了4m。它叹了一口气，又开始往上爬。

蜗牛按“白天爬5m，晚上滑下4m”的速度，几天才可以爬出这口井呢？

2．揭示课题，板书课题。

二、探索研究，建立模型

1．学生猜想。

生1：10天。

生2：10天。

生3：10天。

…………

师：有不同的答案吗？（学生都说“没有”）为什么？

生：蜗牛1天爬1m，10天正好爬10m。

2．动手验证。

师：下面，老师给每位小朋友发一颗小棋子代表这只蜗牛，在图上爬一爬，看一看是不是需要10天。当然，也可以用笔在图上画一画。

（学生活动，教师巡视指导）

师：研究的结果是几天？

生1：10天。

生2：6天。

师：怎么会出现两种答案呢？我们先来听一听答案是10天的小朋友的想法。

生：第一天爬到5m，滑到1m；第二天爬到6m，滑到2m；第三天爬到7m，滑到3m；第四天爬到8m，滑到4m；继续爬下去需要10天才能爬出来。

师：谁能把蜗牛爬的整个过程说一说？

生：第一天爬到5m，滑到1m；第二天爬到6m，滑到2m；第三天爬到7m，滑到3m；第四天爬到8m，滑到4m；第五天爬到9m，滑到5m；第六天爬到10m，滑到6m；第七天爬到10m，滑到7m；第八天爬到10m，滑到8m；第九天爬到10m，滑到9m；第十天爬到10m。

（学生纷纷举手，表示有不同的想法）

生：第六天已经爬到10m，爬出这口井了，不用再下滑了。

（教师再请答案是6天的小朋友汇报）

生：第一天爬到5m，滑到1m；第二天爬到6m，滑到2m；第三天爬到7m，滑到3m；第四天爬到8m，滑到4m；第五天爬到9m，滑到5m；第六天爬到10m，蜗牛终于爬出来了（如图3.11.2）。

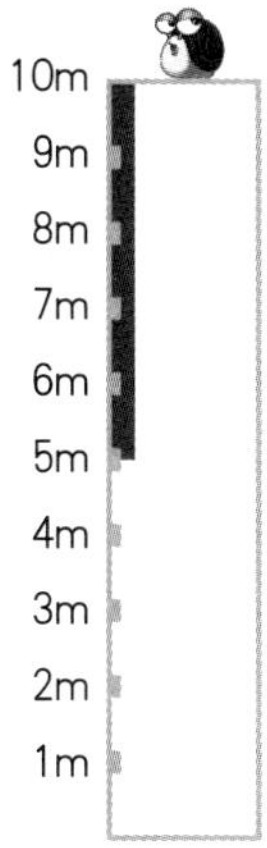

图3.11.2

师：请比较一下蜗牛两次爬井有什么不同。

生1：蜗牛第一次爬井没有下滑，第二次爬几米下滑几米。

生2：第一次爬井问题不容易做错，第二次爬井问题容易做错。

师：解决这样的问题，我们要注意什么呢？

生1：最后一天爬到了，就不会再下滑了。

生2：最后一天爬得特别多。

（教师板书：最后一天）

3．试一试：一只蜗牛爬竹竿，白天爬上3m，晚上下滑2m，它几天能爬上10m高的竿顶？（如有需要可用小棋子代替蜗牛，在练习纸上爬一爬）

生：第一天爬到3m，滑到1m；第二天爬到4m，滑到2m；第三天爬到5m，滑到3m；第四天爬到6m，滑到4m；第五天爬到7m，滑到5m；第六天爬到8m，滑到6m；第七天爬到9m，滑到7m；第八天爬到10m，终于爬到顶上了！（如图3.11.3）

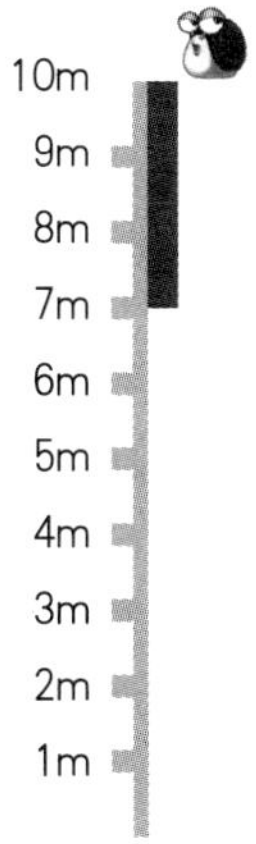

图3.11.3

师：请小朋友再次比较一下，蜗牛爬井问题与爬竹竿问题有什么共同的地方（如图3.11.2、图3.11.3）。

生1：每次都是爬几米，下滑几米。

生2：最后一天都不会下滑。

生3：这样的题目很容易做错。

…………

三、再次研究，建立模型

1．小猴子学爬竹竿，竹竿长11m，小猴子每次爬上3m，滑下1m，它要爬几次才能爬到竹竿顶上？

生：第一次爬到3m，滑到2m；第二次爬到5m，滑到4m；第三次爬到7m，滑到6m；第四次爬到9m，滑到8m；第五次爬到11m，终于爬到顶上了！

2．从0开始，按加6减4的运算顺序计算，请问：加几个6、减几个4后，结果为16？

生1：因为0+6−4+6−4+6−4+6−4+6−4+6=16，所以0加了6个6、减了5个4后等于16。

生2：最后一次加6不用再减4了，前面还要加5个6减5个4，一共需要加6个6、减5个4才等于16。

四、全课总结，课外探索

1．课堂总结：这节课你们有什么收获？

2．课外探索：阅读数学课外书，寻找类似的题目，选择其中一道题进行解答。

【课后体会】

在这节课上，小朋友们好像在听故事，并做助人为乐的“小雷锋”，帮助小蜗牛爬井。在动手操作、分析、比较等活动中不断地激发思维，提高思维能力和解决问题的能力。

1．蜗牛两次落井，让情境变得更有趣。

蜗牛两次落井，两次爬井，情境曲折、有趣，很吸引小朋友。特别是蜗牛第二次爬井，更有趣，充分激发了学生探究的欲望。每个小朋友拿着一只“蜗牛”（用棋子代替），帮助它在练习纸上从井底往上爬5米滑下4米，爬5米滑下4米……小朋友们汇报后，教师用课件演示，并在井口打上“终于爬上来了！”，让他们体验到了成功的快乐。本节课还安排了解决方法类似的猴子爬竿问题，这也是小朋友们非常喜欢的内容，因此，他们的探究欲望非常强烈。

2．在动手操作、分析、比较中建立数学模型。

整节课始终放手让小朋友们动手操作，他们以一颗小棋子代替蜗牛或者小猴子进行操作，不断地纠正自己原来错误的想法。在教学中还注重引导小朋友们进行分析、比较，比如，对“每天爬2m”与“白天爬5m，晚上滑下4m”进行比较，发现了两者的不同之处——前者非常简单，后者相对比较复杂且容易出错。又如，对“白天爬5米，晚上下滑4m”与“白天爬3m，晚上下滑2m”进行比较，发现了两者共同的地方，是最后一天爬到了，就不用再下滑了。再如，对“蜗牛爬井问题”与“猴子爬竿问题”进行比较，发现两者的解题方法是类似的，让学生建立了蜗牛爬井问题的数学模型。

3．引导小朋友们学习“蜗牛爬井”的精神。

本节课在蜗牛第一次落井时，特意安排了癞蛤蟆与蜗牛的对话。癞蛤蟆安于现状，与蜗牛沉默不语，用实际行动来回答形成了鲜明的对比。这是一个非常励志的故事，蜗牛锲而不舍的韧劲，可以让小朋友们受到潜移默化的影响与教育。

案例12：画图找对应，巧解古代名题
——“百和尚吃百馒头”实践与反思

【适合年级】

二年级、三年级

【课前思考】

“百和尚吃百馒头”是我国古代的一个著名数学问题：一百个和尚吃一百个馒头，大和尚一个人吃三个，小和尚三个人吃一个，问：大、小和尚各有多少人？它蕴含着丰富的数学思想与解题方法，与之类似的问题很多，但是都只出现在小学数学课外读物或者小学奥数培训教材中。解答“百和尚吃百馒头”这类问题的方法有很多，不同的年级段解答的方法也

是不同的。小学低年级、中年级一般用画图与分组等方法，高年级可以列方程（一元一次方程）解答，进入初中后还可以用二元一次方程解答。因此，针对低年级、中年级学生，主要引导他们用画图、分组的方法来解答。学有余力的孩子，也可以用多种方法解答。

【教学目标】

1．在画图、分析、比较等活动中，理解、掌握“百和尚吃百馒头”问题，并正确地解答。

2．在活动中体验解题策略的多样性，初步体验分组法的优越性。

3．体验数学与生活之间的联系，了解中国古代优秀的数学思想与文化。

【教学实录】

一、揭示课题，初步研究

1．师：“百和尚吃百馒头”问题是我国古代数学名题，它的解题方法多样，不同的年级有不同的解法，今天老师带领我们低年级小朋友也来挑战一下中国古代数学名题，有信心吗？

2．师：（出示信息）1个大和尚吃3个馒头，你能知道什么？

生1：2个大和尚吃6个馒头。

生2：3个大和尚吃9个馒头。

生3：6个大和尚吃18个馒头。

师：12个馒头可以分给几个大和尚吃呢？如果不会，我们可以画一画图（建议：用○表示馒头）。

生：我先画12个圆圈表示12个馒头，然后在3个馒头下面写1个“大”字，一共写了4个“大”（如图3.12.1），表示有4个大和尚。

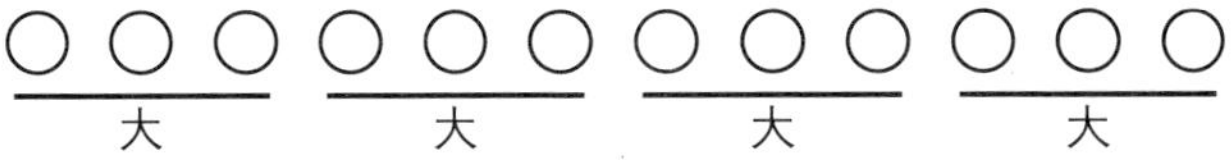

图3.12.1

3．师：（出示信息）3个小和尚吃1个馒头，你能知道什么？

生：6个小和尚吃2个馒头。

师：9个小和尚吃几个馒头呢？

生：3个小和尚吃1个馒头，3个小和尚吃1个馒头，3个小和尚吃1个馒头，所以9个小和尚吃3个馒头（如图3.12.2）。

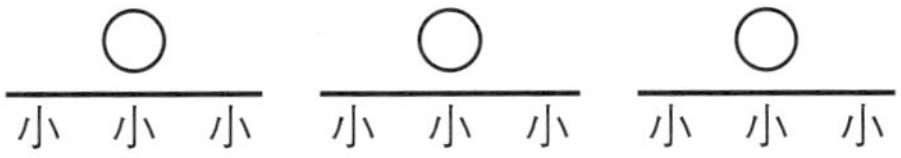

图3.12.2

师：5个馒头可以分给几个小和尚呢？

生：3+3+3+3+3=15（个）。

二、深入研究，掌握方法

1．师：（出示信息）1个大和尚吃3个馒头，3个小和尚吃1个馒头，3个大和尚和3个小和尚共吃几个馒头？

（学生独立思考，讨论交流）

生1：3个大和尚吃了9个馒头，3+3+3=9（个），3个小和尚吃了1个馒头，一共吃了10个馒头。

生2：我用画图的方法，先写3个“大”、3个“小”，然后在每个“大”上面画3个馒头，在3个“小”上面画1个馒头（如图3.12.3）。

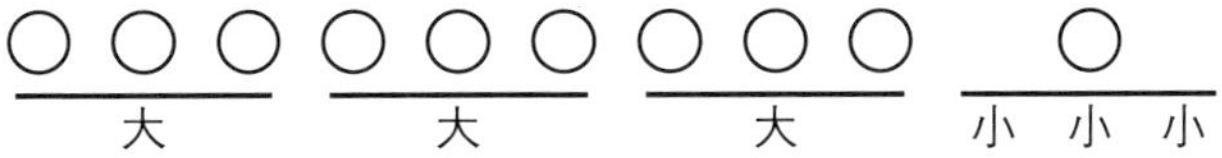

图3.12.3

2．师：（修改信息与问题）6个小和尚和几个大和尚共吃8个馒头，请问：大和尚有几个？

（学生继续讨论，汇报交流）

生1：我先画8个馒头，然后在1个馒头下面写上3个“小”，在另1个馒头下面再写上3个“小”，剩下的6个馒头可以分给2个大和尚吃（如图3.12.4）。

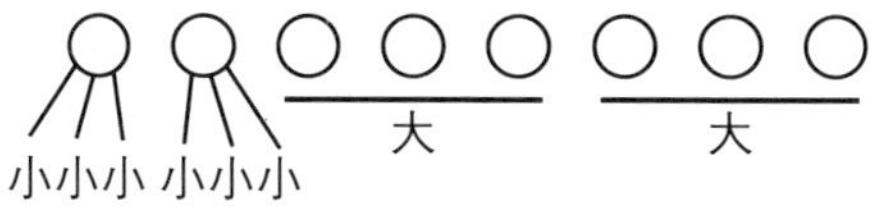

图3.12.4

生2：我从8个馒头中拿出2个馒头给6个小和尚，剩下的6个馒头还可以分给2个大和尚。

3．师：（继续修改信息与问题）大、小和尚共12人，共吃12个馒头，请问：有几个大和尚、几个小和尚？

师：请小朋友们先猜想一下。

生1：有6个大和尚，有6个小和尚。

生2：不对，6个大和尚会吃18个馒头。

生3：4个大和尚，8个小和尚。

生4：也不对。

…………

师：小朋友们不断地猜想，不断地否定，到底有几个大和尚、几个小和尚呢？如果有需要，请小朋友们先画一画，然后看一看能不能找到正确答案。

（学生活动，教师指导）

生1：我们试了6个大和尚、6个小和尚，4个大和尚、8个小和尚，3个大和尚、9个小和尚，发现3个大和尚、9个小和尚是对的。

生2：我是画图解答的，我先画12个馒头，然后写1个“大”看一看，然后再写1个“大”看一看，最后写了3个“大”，发现剩下的3个馒头正好可以分给9个小和尚，找到了答案。

生3：我也是画图解答的，我发现1个大和尚和3个小和尚合起来正好吃4个馒头，然后就这样又画了2次（如图3.12.5），发现有3个大和尚、9个小和尚。

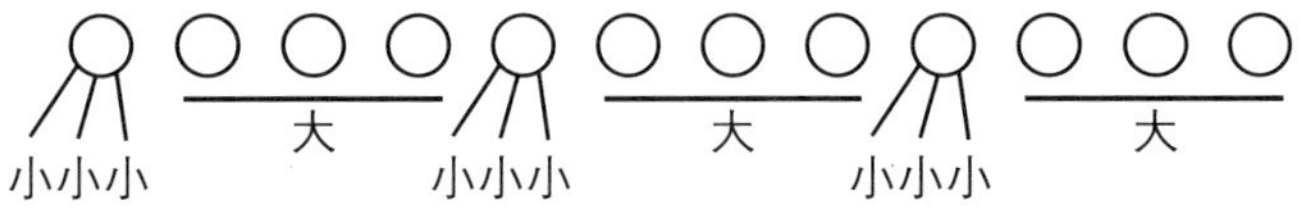

图3.12.5

师：这几种方法，你们最喜欢哪一种？为什么？

生1：我喜欢第三种方法，图画得比较清楚。

生2：这是一组一组地画，不用一个一个地试。

(根据学生的评价，教师把4个和尚吃4个馒头圈起来，如图3.12.6)

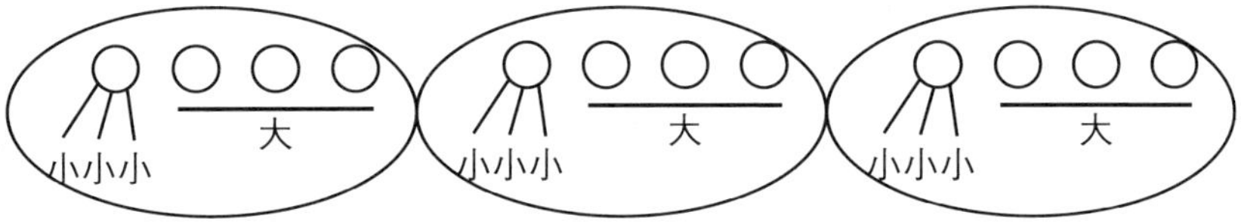

图3.12.6

师：如果大、小和尚共20人，共吃20个馒头，请问：有几个大和尚，有几个小和尚？(要求不画图解决问题)

(学生讨论后汇报交流)

生：4个和尚吃4个馒头，20个和尚和20个馒头一共可以分为5组，每组里有1个大和尚，因此，有5个大和尚，有15个小和尚。

4．研究“百和尚吃百馒头”问题：一百个和尚吃一百个馒头，大和尚一个人吃三个，小和尚三个人吃一个，问：大、小和尚各有多少人？

生1：100个和尚，4个人1小组，可以分成25组，因此，大和尚有25个，小和尚有75个。

生2：我知道1000个和尚吃1000个馒头，大和尚有250个，小和尚有750个。

(全班小朋友鼓掌)

师：小朋友们真棒！不画图就快速解决了“百和尚吃百馒头”问题，甚至有小朋友会做“千和尚吃千馒头”问题。

5．方法介绍：先把每个馒头分成3个小馒头，这时一共有300个小馒头。大和尚1个人吃9个，小和尚1个人吃1个，总管一声令下，每个和尚先吃1个馒头，这时小和尚都吃饱了，全部出去玩了，剩下的200个馒头让大和尚继续吃，每个大和尚还要吃8个，可以分给25个大和尚吃，因此，出去玩的小和尚有75个。

师：当我们进入五年级或者初中阶段时，还可以用其他方法解答。

三、巩固练习，拓展认识

师：在植树节活动中，大人和小孩儿共100人，大人每人植树4棵，小孩儿每4人植树1棵，请问：有几个大人，有几个小孩儿？

（学生完成后汇报）

生1：4人1组，100人可以分成25组，因此，大人有25个，小孩儿有75个。

生2：我有不同意见。“大人每人植树4棵，小孩儿每4人植树1棵”，合起来5个人正好植树5棵，所以，100人可以分成20组，大人有20个，小孩儿有80个。

师：你们赞同谁的意见？为什么？

生1：我赞同第二位同学的意见，刚才是4个和尚吃4个馒头，现在是5个人植树5棵，所以应该是20个大人、80个小孩儿。

生2：我也赞同第二位同学的意见。

师：小朋友们真棒！这道题目中信息已经发生了一点儿变化，但是难不倒我们，不过要提醒大家，读题目、分析题目一定要认真、仔细哦！

四、总结内化，课外探索

1．课堂总结：这节课你们有什么收获？

2．课外探索：有一口井，先将绳子三折去测量，井外绳长4米，然后将绳子四折去测量，井外绳长1米。问：这口井深几米？绳子长几米？

【课后体会】

低年级学生学习“百和尚吃百馒头”问题确实有点儿难度，主要原因是不容易找到解题的突破口。因此，本课教学要引导学生画图、分组，让他们充分体验到成功解决数学名题的乐趣。

1．在画图中逐步理解、掌握。

刚刚进入二年级的学生，还不会进行乘除法计算。因此，求几个几他们只会用加法计算；求一个数包含几个几，他们还不会用除法计算。因此，面对一些比较复杂的问题，就不能引导学生用加减乘除混合运算。那么，怎么解决计算带来的困难呢？只有采用画图的方法，化抽象为具体，化难为易，问题才会迎刃而解。这也提高了学生画图解决问题的能力。

2．借助分组解决问题。

数据较小时，让学生画图是完全可以的，但数据较大时，如“百和尚吃百馒头”，要求学生画图解决有点儿不现实。因此，找到一种多数学生容易理解的方法，是非常重要的。教学时，需深入研究、分析学生画的图，引导他们发现4个和尚正好吃4个馒头，从而找到分组的方法。再引导学生解决类似的问题，让他们进一步明确分组的优势。

3．在变换中理解问题的本质。

学习了“百和尚吃百馒头”问题，学生初步理解、掌握了解决方法，感受到了分组的优越性。于是，变换情境与数据引导学生再次解决问题，突破他们“4个人1组”的思维定式。让学生在分析、比较、讨论、交流活动中，进一步加深了对分组方法的理解和掌握，同时引导他们养成认真、仔细审题等良好的学习习惯。

案例13：赋予童趣，发展空间想象能力
——“蚂蚁分家”实践与反思

【适合年级】

二年级、三年级

【课前思考】

“蚂蚁分家”即图形的分割。学生对长方形、正方形、三角形、圆形等一些基本图形已有了初步认识，本课教学正是在此基础上进行的。引导学生按要求对长方形、正方形或不规则图形（由许多个小正方形组成的图形）进行分割，激发他们对图形分割的好奇心与积极性，培养他们科学探

究的精神。基于低年级学生的年龄特征，本课教学主要考虑两点：一是借助蚂蚁，把抽象、枯燥的图形分割问题转化为具体、有趣的“蚂蚁分家”问题；二是将图形分割成几块形状、大小都相同的图形，让学生感知面积守恒思想，培养他们思维的灵活性。

【教学目标】

1．按不同要求对由许多小正方形组成的大正方形或不规则图形进行正确的分割，感知面积守恒思想。

2．对一种图形用不同的方式进行分割，培养动手操作、空间想象能力以及思维的灵活性。

3．激发对图形分割的好奇心与积极性，体验数学学习的乐趣。

【教学实录】

一、谈话引入，明确目标

师：今天这节课我们来学习、研究“蚂蚁分家”问题。（板书课题）“分家”是什么意思？

生1：就是把一个家分成两个家。

生2：也可以把一个家分成三个或四个家。

师：说得非常好！这节课我们要从数学的角度去分析、研究，就是把几只蚂蚁所在的大家按要求分割成几个完全一样的小家。

二、动手操作，探索研究

1．对8个小正方形组成的长方形进行分割。

师：（出示图3.13.1）请把这幅图分成形状、大小相同的两个家，让每个家都有一只蚂蚁。

图3.13.1

师：形状、大小相同是什么意思呢？

生1：就是这两个家是一模一样的。

生2：如果一个家的形状是长方形的，另一个家的形状也应该是长方形的。

生3：这两个家放在一起正好重合。

师：真棒！请你们想象一下，应该怎样给它们分家。

生1：上面一行4个小正方形分为一家，下面4个小正方形分为一家，两个家都是长方形的，形状也是相同的（如图3.13.2）。

生2：可以把左边的4个小正方形分为一家，右边的4个小正方形分为一家（如图3.13.3）。

图3.13.2

图3.13.3

生3：还可以把第一行右边的3个小正方形和第二行最右边的1个小正方形分为一家，其他的分为一家（如图3.13.4）。

生4：也可以把第一行左边的3个小正方形和第二行最左边的1个小正方形分为一家，其他的分为一家（如图3.13.5）。

图3.13.4

图3.13.5

师：这两种分法得到的两个家分别是什么形状的?

生：两个家都是L形的。

师：这两种方法真巧妙!

2．对16个小正方形组成的正方形（如图3.13.6）进行分割。

图3.13.6

（1）请分成形状、大小相同的两个家，且要求每个家都有两只蚂蚁。

（学生动手操作，教师巡视指导）

生1：可以把左边两列8个小正方形分为一家，右边两列8个小正方形分为一家（如图3.13.7）。

生2：可以把左边一列4个小正方形、第二列下面3个小正方形、第三列最下面1个小正方形合起来分为一家，其他的分为一家（如图3.13.8）。

图3.13.7

图3.13.8

生3：可以把左边第一列4个小正方形、第二与第三列最下面4个小正方形合起来分为一家，其他的分为一家（如图3.13.9）。

生4：还可以把左边第一列4个小正方形、第二列上面3个小正方形、第三列上面1个小正方形合起来分为一家，其他的分为一家（如图3.13.10）。

图3.13.9

图3.13.10

（2）请分成形状、大小相同的四个家，每个家都有一只蚂蚁。

师：把它分成形状、大小相同的四个家，你们会吗？请小朋友们继续动手分一分，分好后与同桌小朋友说一说你是怎样分的。

（学生操作、汇报）

生1：把左边两列分成两个家，再把右边两列分成两个家，形状都是L

形（如图3.13.11）。

生2：我的方法跟刚才的同学差不多，形状也是L形（如图3.13.12）。

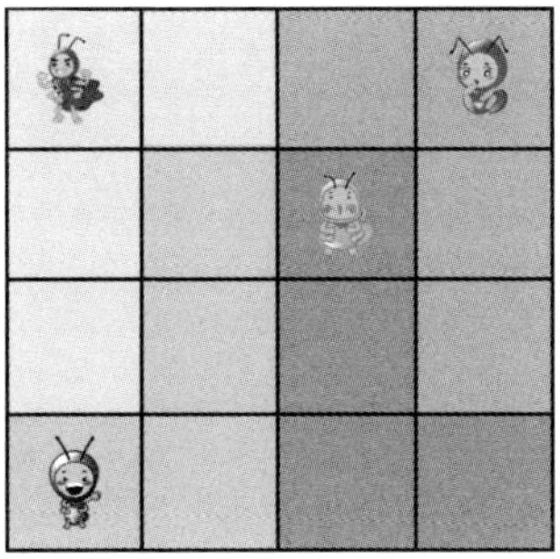

图3.13.11

图3.13.12

师：如果这四只蚂蚁所在的位置发生了变化（如图3.13.13），又应该怎样分家呢？

（学生再次动手操作，教师巡视指导）

生：我们不能把它分成四个L形的家，只能把它分成四个T形的家（如图3.13.14）。

图3.13.13

图3.13.14

师：用这两种分法分别得到四个L形的家与四个T形的家，这两种分法有什么相同的地方？

生1：每个家的大小是一样的，都是由4个小正方形组成的。

生2：每个家都有一只蚂蚁。

三、变式研究，深化认识

1．研究由四只蚂蚁、12个小正方形组成的图形的分割问题（如图3.13.15）。

师：请把它分成形状、大小相同的四个家，让每个家都有一只蚂蚁。

（学生动手操作，结果如图3.13.16）

图3.13.15

图3.13.16

2．研究由三只蚂蚁、12个小正方形组成的图形的分割问题（如图3.13.17）。

师：请把它分成形状、大小相同的三个家，让每个家都有一只蚂蚁。

（学生动手操作，结果如图3.13.18）

图3.13.17

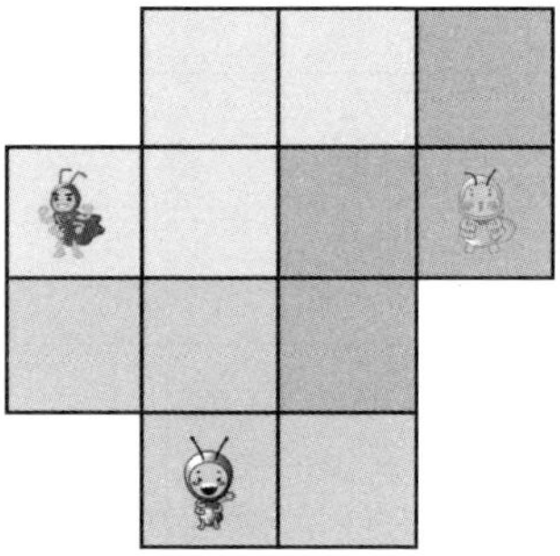
图3.13.18

四、总结内化，课外探索

1．课堂总结：这节课你们有什么收获？

2．课外探索：已知下图（图3.13.19）是由3个同样的正方形组成的，请把这个L形的图分成4个大小和形状完全相同的图形。

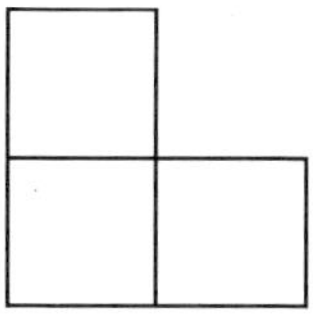

图3.13.19

【课后体会】

这是一节富有童趣且数学味儿很浓的课，学生在动手操作、分析、比较等活动中，初步积累了图形分割的数学活动经验，为今后深入学习图形知识打下了扎实的基础。

1．让数学学习的内容富有童趣。

低年级学生仍以具体形象思维为主，如果他们能在真实的数学情境中学习，效果就会更好。低年级学生喜欢小动物，如果小动物出现在他们的学习活动中，他们就会更感兴趣。“图形分割”对低年级学生来说，比较枯燥，怎样才能让它变得有童趣呢？于是，我们把被分割图形看成蚂蚁的家，让分割后的每个家大小、形状完全相同，且分别有一只或两只蚂蚁。这样的内容学生感兴趣，整节课他们好像真的在帮助蚂蚁分家。

2．让学生在操作活动中获得最直接的数学经验。

图形分割仅靠学生动脑想象是完全不够的，对二年级学生来说，它不是一个简单的内容，而是富有挑战性。学生在学习过程中要不断地试误，不断地调整想法，找到解决问题的方案。因此，让学生动手分割是相当重要的，也是非常有必要的。特别是“把一个正方形分成四个形状、大小都完全相同的图形”这一教学环节，第一次，学生把它分成了四个L形；第二次，学生把它分成了四个T形。学生在第二次研究时，先试着把它分成四个L形，发现行不通，再转变思路，最终找到了正确答案，从而获得了直接的数学活动经验。

3．体验解决策略的多样性与唯一性。

学生在给蚂蚁分家时，会展示不同的解决策略，这会激发他们养成从不同的角度思考问题的良好学习习惯与思维方式。即使面对只有一种解题策略的问题，也要引导学生去思考、去挑战：“有没有第二种方法？为什么没有？”这可以培养学生思维的灵活性，提高他们的思辨能力与解决问题能力。

案例14：化静为动，变枯燥抽象为形象生动
——“蚂蚁爬的路线”实践与反思

【适合年级】

二年级、三年级

【课前思考】

“蚂蚁爬的路线”实质上就是数学家欧拉的“一笔画”问题或“七桥”问题。“一笔画”问题被安排在人教版六年级下册总复习的“你知道吗？”中，在小学奥数培训教材中也能找到该内容。因此，“一笔画”问题对小学生来说是有学习难度的。笔者曾多次听过“一笔画”问题公开课，它们都面向小学高年级段，但学习效果一般，很多学生对“一笔画”问题不太理解，搞不清楚为什么一个图形中只有有2个“奇结点”或者0个“奇结点”才能“一笔画”。那么，如何引导低年级学生学习“一笔画”问题呢？笔者试图通过“蚂蚁爬”的形式，既让学生快乐地学习，又让学生初步理解、掌握，为今后的进一步学习积累丰富的数学活动经验。

【教学目标】

1．初步了解“一笔画”的条件，能判断一个图形是否能“一笔画”。

2．经历观察、判断、推理等探究过程，以培养观察、判断、推理等能力，提高探究能力。

3．感受数学与生活的联系，积累相关的数学活动经验。

【教学实录】

一、创设情境，揭示课题

1．师：（出示图3.14.1）蚂蚁有2个家，通往这2个家分别有1条路线和2条路线，现在要求蚂蚁爬进去又爬出来，但又不能走重复的路线，请问：它应该选哪个家？

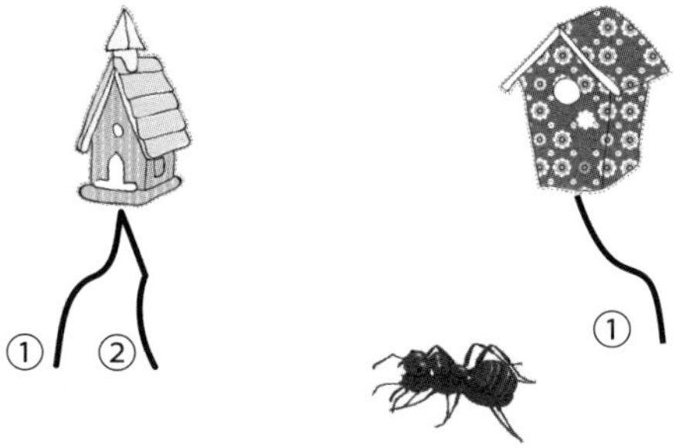

图3.14.1

生1：选第1个家，从①号路爬进去，从②号路爬出来。

生2：蚂蚁也可以从②号路爬进去，从①号路爬出来。

图3.14.2

师：为什么不选第2个家呢？

生1：通往第2个家只有1条路，蚂蚁爬进去就爬不出来了。

生2：如果选第2个家，蚂蚁爬进去爬出来就会走重复的路。

（教师板书：爬进去，爬出来）

师：如果蚂蚁爬进去爬出来不能走重复的路，这个家至少要有2条路。如果有3条路（如图3.14.2）呢？

图3.14.3

生：不行，从①号路爬进去，从②号路爬出来，从③号路爬进去，就爬不出来了。

师：如果这个家有4条路（如图3.14.3），行吗？

生1：可以，蚂蚁从①号路爬进去，从②号路爬出来，从③号路爬进去，从④号路爬出来。

生2：蚂蚁也可以从④号路爬进去，从③号路爬出来，从②号路爬进去，从①号路爬出来。

师：看来要想爬进去爬出来不能走重复的路，蚂蚁的家就不能只有1条、3条路，必须有2条或4条路，还可以是几条路呢？

生1：6条、8条、10条都可以。

生2：只要是双数条路都可以。

2．揭示课题，板书课题。

二、动手操作，建立模型

1．研究蚂蚁有4个家的问题。

师：（出示图3.14.4）如果蚂蚁有4个家，要求蚂蚁经过每个家，爬过每条路，但又不能走重复的路，蚂蚁该怎么爬呢？

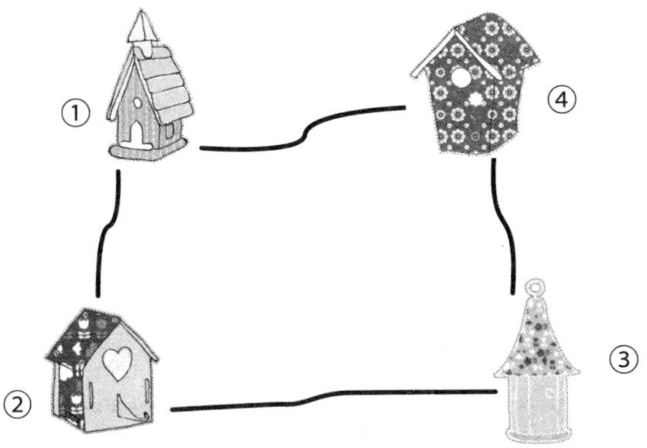

图3.14.4

（学生独立思考后同桌交流）

生1：①→②→③→④→①。

生2：②→③→④→①→②。

生3：③→④→①→②→③。

生4：④→①→②→③→④。

生5：①→④→③→②→①。

…………

师：观察蚂蚁爬的路线，你发现有什么共同的特点？

生1：蚂蚁都是从几号家出发又回到这个家。

生2：蚂蚁从一个地方出发，最后又回到这里。

生3：蚂蚁从起点出发，最后又回到起点。

师：起点和终点都是同一个家（板书：起点、终点）。

师：蚂蚁为什么从几号家出发，又要回到这个家呢？

生1：正好走一圈。

生2：每个家都有2条路，如果不回到这里，就还有1条路没有经过。

2．研究蚂蚁有5个家的问题。

师：如果蚂蚁有5个家呢？它还能不能经过每个家，爬过每条路呢？（出示图3.14.5，请小朋友们把铅笔头当作蚂蚁在练习纸上爬一爬）

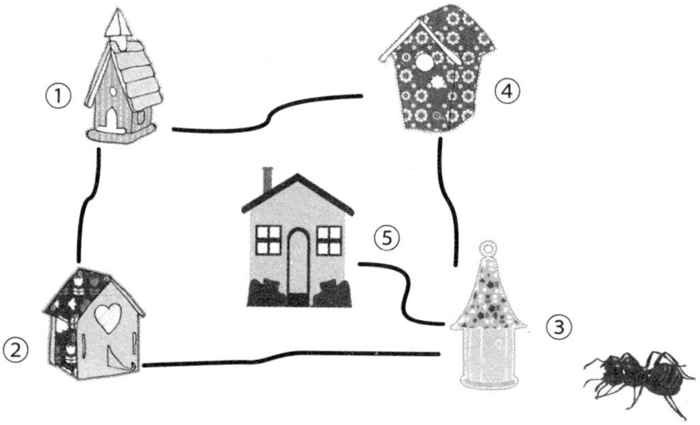

图3.14.5

师：（组织汇报）谁认为蚂蚁没办法做到？

生1：①→②→③→⑤，爬不出来了。

生2：②→③→④→①→②，没有经过⑤号。

生3：④→①→②→③→⑤，也爬不出来了。

师：谁觉得蚂蚁有办法做到？

生1：⑤→③→④→①→②→③。

生2：⑤→③→②→①→④→③。

生3：③→④→①→②→③→⑤。

生4：③→②→①→④→③→⑤。

师：请小朋友们认真、仔细观察一下，为什么从①号家、②号家、④号家出发就不行呢?

生：因为⑤号家是个死角。

师："死角"是什么意思？为什么会有死角？

生1：因为到⑤号家只有1条路，进去了就出不来了。

生2：我补充一下，如果从⑤号家出来了也就不能进去了。

师：那么，除了⑤号家是个死角外，还有其他死角吗?

生：③号家也可以看作死角，因为它只有3条路。

师：通过刚才的分析、讨论，你们明白其中的道理了吗?

生1：⑤号家是死角，我们就不能把⑤号家放在中途了。

生2：⑤号家只能当作起点或者终点。

师：真棒！为什么从⑤号家出发要回到③号家，或者从③号家出发要回到⑤号家呢?

生1：因为有2个死角，只能1个当起点，1个当终点。

生2：⑤号家只有1条路，③号家有3条路，只能从其中一个家出来，从另一个家进去。

3．研究蚂蚁有6个家的问题。

师：如果蚂蚁有6个家（如图3.14.6）呢？它能不能经过每个家，爬过每条路呢?

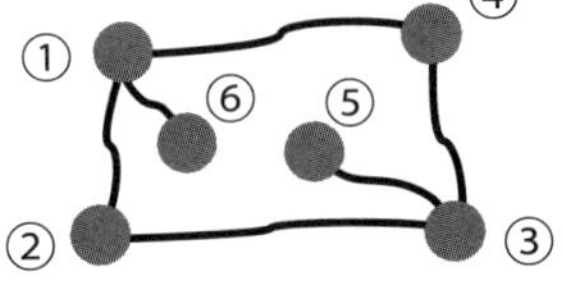

图3.14.6

（请小朋友们继续用铅笔头当作蚂蚁在练习纸上爬一爬）

师：小朋友们，蚂蚁能做到吗？（全班小朋友都认为不能）为什么呢？

生1：因为死角太多了。

生2：把⑤号家当起点，回到③号家；把⑥号家当起点，回到①号家，出现了2个起点、2个终点。

生3：如果有两只蚂蚁就行了。

生4：一个图形里最多只能有2个死角。

生5：如果没有死角也是可以的。

师：有什么办法改变一下这个图，让蚂蚁能按要求做到？

生：我们可以把⑤号家与⑥号家连起来。

师：蚂蚁怎么爬呢？

生1：①→②→③→④→①→⑥→⑤→③。

生2：③→⑤→⑥→①→②→③→④→①。

师：（小结）如果蚂蚁的家都有2条路，随便从几号家出发，回到几号家；如果蚂蚁有的家只有1条或3条路，就要从只有1条或3条路的家出发。

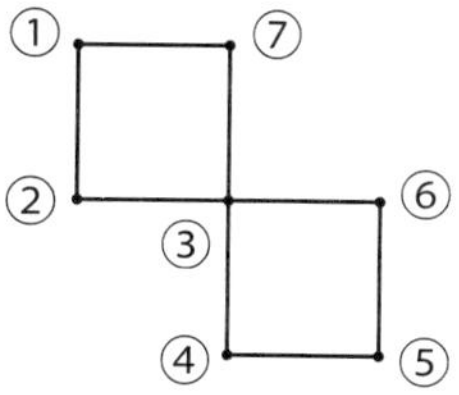

图3.14.7

三、巩固练习，加深认识

师：蚂蚁能不能经过每个家，爬过每条路（如图3.14.7、图3.14.8），但又不走重复的路？

（活动后反馈：图3.14.7，全班小朋友都认为是可以的，不管从几号家出发都可以回到这个家。图3.14.8，只有个别小朋友认为不可以，在讨论、交流中他们明白了要从④→…→⑧，或者从⑧→…→④。）

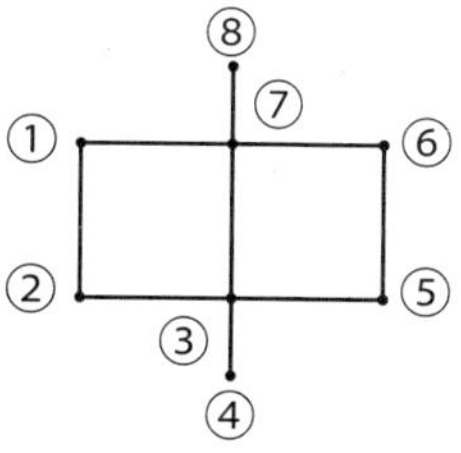

图3.14.8

四、总结内化，课外探索

1．课堂总结：这节课你们最大的收获有哪些？

2．课外探索：蚂蚁能不能经过每个家，爬过每条路（如图3.14.9），但又不走重复的路？如果能，请你写出蚂蚁爬的路线；如果不能，请你把这幅图

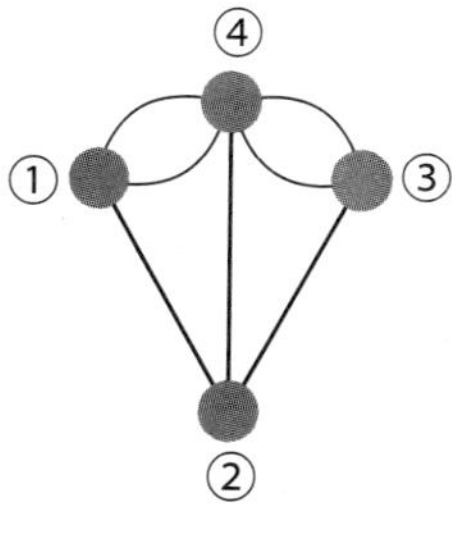

图3.14.9

修改一下，让蚂蚁不重复地经过每个家、爬过每条路。

【课后体会】

这节课小朋友们非常感兴趣，他们把铅笔头当作蚂蚁，在练习纸上不断地爬呀爬呀，帮助蚂蚁经过每个家，爬过每条路。他们在活动中初步理解、掌握了“一笔画”图形应该具备的条件，充分体验了数学与生活之间的密切联系。

1．借助“蚂蚁爬”让“一笔画”问题更简单。

让低年级学生学习“一笔画”问题，是很抽象、很枯燥的。教师要向他们解释什么样的图形才能够一笔画出来，也是很难的。而借助“蚂蚁爬”就能直观、形象、巧妙地解释“一笔画”的概念，即“经过每个家，爬过每条路”。这充分利用了学生已有的生活经验，符合低年级学生的年龄特征。他们特别喜欢小动物蚂蚁，因此，他们对本节课很感兴趣，学习效果非常好。

2．紧紧抓住“爬进去，爬出来”。

低年级学生对“爬进去，爬出来”是很容易理解的。这节课正是利用这六个字帮助学生理解“一笔画”的概念。如果每个家都有2条路，那么蚂蚁是可以做到经过每个家，爬过每条路的；如果有的家只有1条或3条路，就只能把其中1个当起点，另1个当终点。要特别引导学生理解只有1条路的家是不能够放在中途的。当出现4个家有单数条路时，小朋友们立即意识到了有2个起点、2个终点，蚂蚁就不知道从哪个起点出发，到哪个终点了。

3．充分利用“死角”“两只蚂蚁爬”等生成性材料。

当蚂蚁从①号、②号、④号家出发都不能经过5个家，爬过每条路时，出现了“⑤号家是个死角”的精彩发言。教学时，教师紧紧抓住并充分地利用这个死角，引导小朋友们分析：“死角”是什么意思？为什么会有死角？让学生在分析、比较、讨论、交流中明白只有1条路的家就会成为死角，同时引导学生认识有3条路的家也会成为死角。在这节课中，小朋友们对死角的理解十分深刻。当研究蚂蚁有6个家的问题时，小朋友们就知道了一幅图中如果有4个死角，就会出现2个起点、2个终点。这时又出现了“如果有两只蚂蚁就行了”的精彩发言。从而帮助学生深刻理解了“一笔画”问题只能有2个奇结点或者1个都没有，为今后深入学习“一笔画”知识打下了扎实的基础，积累了丰富的数学活动经验。

案例15：突破思维定式，发展无限潜能
——“分蛋糕”实践与反思

【适合年级】

二年级、三年级

【课前思考】

“分蛋糕”原型：平面内的1条直线可以把一个平面分成2部分，2条直线最多可以把一个平面分成4部分，3条直线最多可将一个平面分成几部分？10条直线呢？n条直线呢？解答如下：1条直线将一个平面分为2部分，再加1条，又将这2部分隔开，于是多了2部分。再画第3条，要想让平面分成的部分多一些，那么这条直线需与另2条直线都相交，且交点与之前的交点不重叠，这样就会多出3部分。以此类推，画第n条直线，就会比之前最多多出n部分。于是10条直线最多能将平面分成1+1+2+3+…+10=56部分。n条直线，分成的平面最多有m个，$m=1+1+2+\cdots+(n-1)+n=n(n+1)\div 2+1$。

“分蛋糕”原型对二年级学生来说，肯定太难。不过，他们在日常生活中已有分东西的经验，但多数分法属于平均分。因此，我们可以利用学生已有的生活经验，把原题转化为“分蛋糕”，让学生从数学的角度去分析、研究，要求分的块数尽量多（每块大小可以不同）。由于学生有一刀两断的思维定式，他们往往认为切3刀只能分成6块，因此，教学的关键在于切3刀最多能分成几块。此处教学时应该舍得花时间让学生动手多画几

次，从不同的角度画，突破原有的认识，从而发现最多可以切7块，然后让学生对分成6块与7块两种情况进行比较分析，加深认识。此后，学生便能顺利地完成本节课的学习任务。

【教学目标】

1．在画图、分析、比较等活动中，克服思维定式，理解、掌握“分蛋糕”问题。

2．经历从简单到复杂的研究过程，体会化繁为简的数学思想，培养归纳推理能力。

3．渗透数形结合思想，使抽象问题具体化，达到抽象思维与形象思维的结合。

【教学实录】

一、谈话引入，激发兴趣

师：小朋友们，你们做过分蛋糕的事情吗？一般在什么时候？

生1：我和爸爸、妈妈生日时都要分蛋糕。

生2：除了我们家人生日时分蛋糕，亲戚、朋友生日时也分蛋糕。

生3：过节时，我们家也分蛋糕。

师：你们分过蛋糕吗？（学生回答“分过”）

师：如果把一个很薄的蛋糕切10刀，最多可以分成多少块呢？

生：20块。

师：为什么？

生：切1刀分成2块，切2刀分成4块，切10刀就可以分成20块。

师：还可以分成更多块数吗？

生1：30块。

生2：40块。

师：到底可以分成多少块呢？我们怎样研究呢？

生：我们可以1刀1刀地切下去，看一看有什么规律。

师：这就是今天这节课我们要研究的问题。

二、探索研究，掌握方法

1．研究只切1刀的情况。

师：（出示一个很薄的蛋糕，如图3.15.1）如果沿着直线切开（不能拦腰切断），而且只能切1刀，可以把蛋糕分成几块？

图3.15.1

生1：如果切1刀，只能把这个蛋糕分成大小相同的2块（如图3.15.2）。

生2：我也切了1刀，把这个蛋糕分成了大小不同的2块（如图3.15.3）。

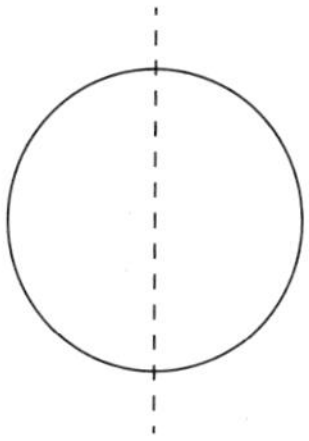

图3.15.2

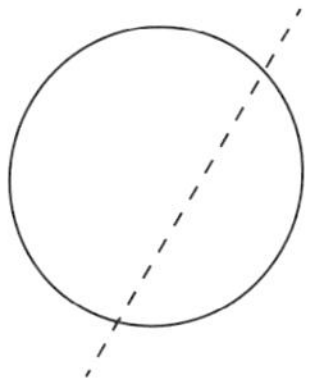

图3.15.3

2．研究切2刀的情况。

师：如果切2刀，可以把这个蛋糕分成几块呢？

生1：我切了2刀，把这个蛋糕分成了大小相同的4块（如图3.15.4）。

生2：我也切了2刀，把这个蛋糕分成了大小不同的4块（如图3.15.5）。

生3：我也切了2刀，把这个蛋糕分成了3块（如图3.15.6）。

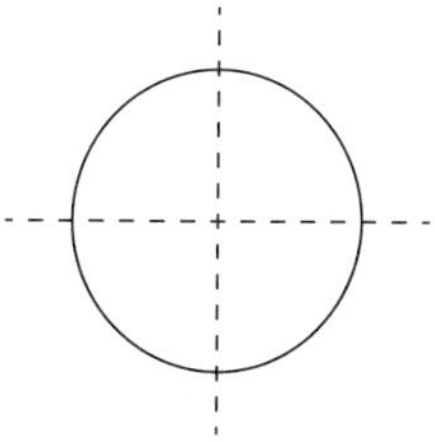

图3.15.4

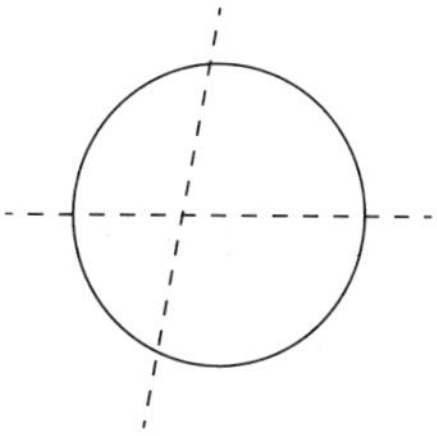

图3.15.5

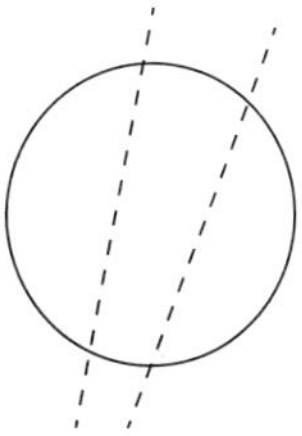

图3.15.6

师：请小朋友们比较一下：为什么同样切了2刀，却只分成了3块？

生：第2刀切下去没有与第1刀交叉。

3．研究切3刀的情况。

师：如果切3刀，最多可以把这个蛋糕分成几块呢？请同学们猜想一下。

生：6块。

师：还有不同的猜想吗？（学生回答“没有了”）请同学们动手画一画，看能不能让块数多一些。

（学生动手操作，教师指导，组织汇报）

生1：切1刀分成了2块，切2刀分成了4块，切3刀分成了6块（如图3.15.7）。

（多数学生与刚才的学生的想法是一样的）

生2：切 1 刀分成了 2 块，切 2 刀分成了 4 块，而切3刀可以分成7块（如图3.15.8）。

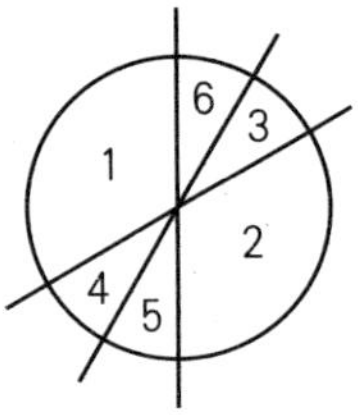

图3.15.7

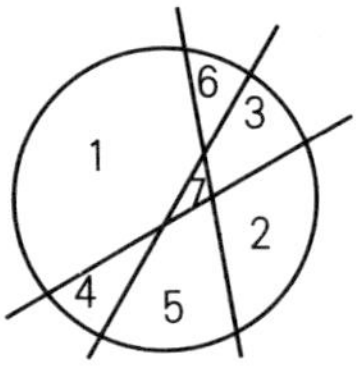

图3.15.8

师：真棒，切3刀居然把这个蛋糕分成了7块，它与分成6块的切法的不同之处在哪里？

生1：第3刀切法不同。

生2：如果第3刀切下去经过刚才2刀的交点的位置，就只能分成6块。

生3：第3刀经过交点，把原来的第1块与第2块一分为二，所以只分成了6块；第3刀不经过交点，就把原来的第1块、第2块、第3块一分为二，所以一共分成了7块。

师：真棒！

(学生回答后，教师用课件演示)

4．研究切4刀的情况。

师：如果切4刀，最多可以把这个蛋糕分成几块呢？

生1：9块。

生2：10块。

…………

师：到底分成几块呢？请同学们动手画一画。

(学生操作后反馈)

生1：再切1刀，把原来的第1、2、4、5块分成2块，又增加了4块，一共分成了11块（如图3.15.9)。

生2：再切1刀，把原来的第1、2、3、6块分成2块，也增加了4块，一共分成了11块（如图3.15.10)。

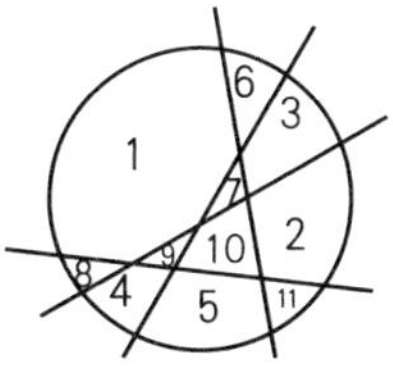

图3.15.9

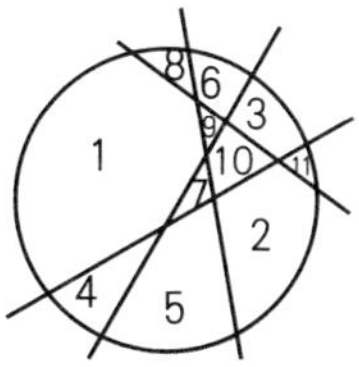

图3.15.10

师：要想使分成的块数尽可能多，切第4刀有什么窍门？

生1：第4刀不能经过原来的交点。

生2：第4刀与原来3刀（线）都要相交。

师：真厉害！第4刀切下去的这条直线被原来的3条直线分成了4份，每一份都把原来的那一块一分为二，因此，增加了4块。

5．研究切5刀、6刀、7刀等情况。

师：如果切5刀，最多可以把这个蛋糕分成多少块呢？如果不动手画，你们能解决这个问题吗？

(同桌同学讨论交流)

生1：切第5刀，又增加了5块。

生2：第5刀与原来的4刀都要相交，这一刀被分成了5份，增加了5块，因此，一共分成了16块。

师：如果切6刀呢？

生：切第6刀，增加了6块。

师：如果切7刀呢？

生1：增加了7块。

生2：接下去，切几刀就会增加几块。

师：太了不起了！真棒！

（将研究结果记录在表3.15.1中）

表3.15.1

次数	1	2	3	4	5	6	7	…
块数	2	4	7	11	16	22	29	…

师：如果切10刀，最多能把这个蛋糕分成多少块呢？

生：1+1+2+3+4+5+6+7+8+9+10=56（块）。

三、知识运用，类比迁移

师：刚才我们遇到了比较难的问题，从简单的情况开始研究，发现了规律，从而解决了问题。请大家思考一下：还有哪些地方可以用这种方法呢？

［出示：边长是20的格子图（如图3.15.11)，画1条直线最多能穿过几个小方格呢？可以怎么研究呢？］

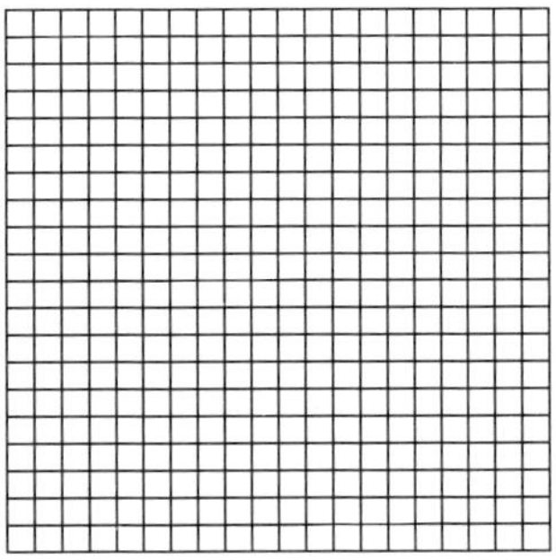

图3.15.11

（提示：引导学生化繁为简，从边长是2的正方形开始研究，在比较分析中逐步发现规律，从而最终解决问题，如图3.15.12)

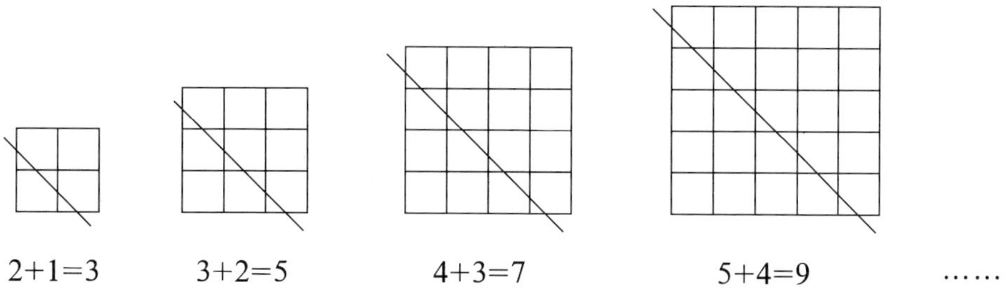

图3.15.12

生：边长是20的格子图，画1条直线最多能穿过39个小方格，算式为：20+19=39（个）。

四、总结内化，课外探索

1．课堂总结：这节课你们有什么收获？

2．课外探索：一块豆腐，只切3刀，最多能把这块豆腐分成多少块？

【课后体会】

看似普通的分蛋糕也蕴含着丰富的数学知识，通过本课的学习，让学生充分体验到数学就在我们身边，生活中处处有数学。

1．让学生在动手操作中理解、掌握知识。

分蛋糕虽然是常见的生活现象，但它蕴含着数学知识与方法，又是培养学生空间想象能力的好素材。因此，在教学中要引导学生在切每一刀之前，都先展开充分的想象，再动手画一画（代替刀切）。如果没有让学生动手操作，学习就会变得很抽象、很枯燥，也很难深入进行下去，尤其是研究切4刀、5刀，甚至6刀等情况，学生没有亲身体验，将很难进行归纳推理。

2．在比较分析中突破了学生的思维定式。

对切3刀分成6块与7块两种情况，充分进行比较分析，从而发现第3刀切在前2刀的交点位置，只能把这个蛋糕分成6块；如果不是切在这个位置，而与原来的2刀都相交，则会分成7块，从而突破了分蛋糕每切1刀都分成2块的思维定式。在知识的运用阶段，如果这条直线经过大正方形的两个顶点，则穿过的正方形的个数就是正方形的边长数；如果把它稍微移动一下，就会增加比边长数少1的个数。在不断的比较分析中，突破了学生的原有认识与思维定式。

3．在化繁为简中解决了问题。

教师提出“如果把一个很薄的蛋糕切10刀，最多可以分成多少块呢”这一问题时，学生的猜想都不相同。学生没有办法验证，也发现不了其中蕴藏的方法与规律。因此，需要化难为易，化繁为简，从简单的情况开始研究。学生从切1刀开始，逐步研究，比较分析，感悟方法，从而顺利地发现了规律，解决了问题。同理，研究“边长是20的格子图，画1条直线最多能穿过几个小方格呢”时，再次引导学生化繁为简，从简单的情况入手，从边长是2的正方形开始研究，最终解决了问题。

案例16：列表找规律，点亮智慧之灯
——“百人拉百灯”实践与反思

【适合年级】

三年级、四年级

【课前思考】

“百人拉百灯”问题：有100盏灯都关着，有100个同学去拉这100盏灯，1—100个同学都去拉自己的倍数的灯，当第100个同学拉完灯时还有几盏灯亮着？此题在小学数学课外读物以及小学奥数培训教材中经常出现。它是一道有趣的、富有挑战性的数学名题，答案很简单：如果这盏灯被拉了奇数次，就会亮着；如果被拉了偶数次，就是关着的。它蕴含着一个数的因数个数问题，如果这盏灯号的因数个数是奇数，那么它就被拉了奇数次；如果这盏灯号的因数个数是偶数，那么它就被拉了偶数次。那么，哪些数的因数个数是奇数呢？当然是完全平方数：1，4，9，16，25，

36，49，64，81，100，…其他数的因数个数都是偶数。然而，学生要到五年级才开始学习因数和倍数等相关知识，所以教学时先要借助“倍”的知识，帮助学生初步理解因数和倍数等知识。接着，我们要考虑怎样引导学生去研究。如果直接拿100盏灯研究，会比较麻烦，而且容易出错。因此，还是要从简单的情况入手，先研究6盏灯，再研究18盏灯，然后发现规律，再进行归纳推理。根据三、四年级学生的年龄特征，引导他们运用列表法能更顺利地解决问题。

【教学目标】

1．正确运用因数和倍数、数的奇偶性解决“百人拉百灯”问题，初步了解完全平方数。

2．经历探索、研究活动的全过程，培养动手操作、比较分析、归纳推理等能力。

3．体验数学的趣味性，激发探究数学的兴趣，养成认真、仔细的良好学习习惯。

【教学实录】

一、谈话引入，了解常识

1．揭题：今天这节课我们来学习“百人拉百灯”问题（板书课题）。

2．谈话：请同学们抬头看天花板，教室里有几盏灯是关着的？如果想让这几盏灯亮起来，你们有什么办法？（学生回答“按1次开关”）如果再按1次开关呢？（学生回答“灯又关掉了”）

3．师：由此，你们发现了什么？

生1：如果灯关着，按1次开了，再按1次又关了，再按1次又开了，再按1次又关了。

生2：按单数次，原来关着的变开了，原来开着的变关了；按双数次，按了等于没按。

师：讲得真好！

二、探索研究，发现规律

1．研究6盏灯的拉灯问题。

（出示信息：教室里有6盏关着的灯，每盏灯都有一个开关）

（出示问题1：凡是2的倍数的灯都拉1次，请问：哪几盏灯亮着？）

生：2号、4号、6号灯亮着（如图3.16.1）。

图3.16.1

（出示问题2：如果3的倍数的灯都拉1次，请问：哪几盏灯亮着）

生：3号、6号灯亮着（如图3.16.2）。

图3.16.2

（出示问题3：如果老师把2的倍数的灯都拉1次，再把3的倍数的灯也都拉1次，请问：哪几盏灯亮着？）

生1：我认为2号、4号、6号，还有3号灯亮着。

生2：我认为只有2号、3号、4号灯亮着。

生3：因为6号灯拉了2次，原来关着，现在还是关着。

（出示表3.16.1，共同验证）

表3.16.1

灯 / 倍数	1	2	3	4	5	6
2的倍数		✓		✓		✓
3的倍数			✓			×

师：通过表格我们一目了然地看出2号、3号、4号灯都亮着，6号灯拉了2次还是关着的。

（出示问题4：第一次拉一下1的倍数的灯，第二次拉一下2的倍数的灯，第三次拉一下3的倍数的灯，如此下去，到最后哪几盏灯是亮着的？）

（在学生答不出来的情况下，教师让他们拿出表格，在表格上标出自己的想法）

生：第一次每盏灯都拉了1次，都亮了；第二次拉了2号、4号、6号，这三盏灯关了；第三次拉了3号、6号，3号灯不亮了，6号灯又亮了；第四次拉了4号灯，它又亮了；第五次拉了5号灯，它又关了；第六次拉了6号灯，它又不亮了。最后我们发现1号、4号两盏灯亮着（如表3.16.2）。

表3.16.2

灯 / 人	1	2	3	4	5	6
1	✓	✓	✓	✓	✓	✓
2		×		×		×
3			×			✓
4				✓		
5					×	
6						×

师：为什么只有1号、4号灯亮着，而其他灯是关着的？

（学生继续观察刚才研究的表格）

生：1号灯只拉了1次，所以亮着；4号灯拉了3次，所以也亮着。

师：4号灯分别是谁拉的？

生1：1的倍数拉了1次，2的倍数又拉了1次，4的倍数又拉了1次，一共拉了3次。

生2：2号、3号、5号灯拉了2次，所以是关着的；6号灯拉了4次，所以也是关着的。

2．研究18盏灯的拉灯问题。

师：教室扩建了，灯也变多了，一共有18盏，要是也按照刚刚那个规则去拉，最后会有几盏灯亮着？

（学生列表分析，教师巡视指导）

生：我们小组研究的结果是1号、4号、9号、16号灯是亮着的，其他灯都是关着的（如表3.16.3）。

表3.16.3

人＼灯	1	2	3	4	5	6	7	8	9	10	11	12	13	14	15	16	17	18
1	✓	✓	✓	✓	✓	✓	✓	✓	✓	✓	✓	✓	✓	✓	✓	✓	✓	✓
2		×		×		×		×		×		×		×		×		×
3			×			✓			×			✓			×			✓
4				✓				✓				×				✓		
5					×					✓					✓			
6						×						✓						×
7							×							✓				
8								×								×		
9									✓									✓
10										×								
11											×							
12												×						
13													×					
14														×				
15															×			
16																✓		
17																	×	
18																		×

师：为什么这几盏灯是亮着的？

生：1是1的倍数，1号灯只拉了1次；4是1、2、4的倍数，4号灯拉了3次；9是1、3、9的倍数，9号灯也拉了3次；16是1、2、4、8、16的倍数，16号灯拉了5次。因此，这几盏灯都是亮着的。

师：其他灯为什么都关着呢？

生：2是1和2的倍数，3是1和3的倍数，5是1和5的倍数，6是1、2、3、6的倍数，7是1和7的倍数，8是1、2、4、8的倍数，10是1、2、5、10的倍数，11是1和11的倍数，12是1、2、3、4、6、12的倍数，13是1和13的倍数，14是1、2、7、14的倍数，15是1、3、5、15的倍数，17是1和17的倍数，18是1、2、3、6、9、18的倍数，这些数分别是2个数、4个数、6个数的倍数，它们对应的灯都拉了双数次，因此都是关着的。

3．归纳推理100盏灯的拉灯问题。

师：如果有100盏灯，用同样的方法拉灯，你觉得还有哪几盏灯是亮着的？

（学生独立思考，讨论汇报）

生：还有25号、36号、49号、64号、81号、100号灯是亮着的。

师：理由是什么？

生1：这些数都是3个数、5个数、7个数、9个数的倍数。

生2：25是1、5、25的倍数，36是1、2、3、4、6、9、12、18、36的倍数，49是1、7、49的倍数，64是1、2、4、8、16、32、64的倍数，81是1、3、9、27、81的倍数，100是1、2、4、5、10、20、25、50、100的倍数。因此，这几盏灯都是拉了单数次，都是亮着的。

师：为什么？

（学生思考、讨论，如有问题，建议他们把这些数写成两个数相乘的积的形式，再观察、思考）

生1：这些数都可以写成两个相同的数相乘，$1=1\times1$，$4=2\times2$，$9=3\times3$，$16=4\times4$，$25=5\times5$，$36=6\times6$，$49=7\times7$，$64=8\times8$，$81=9\times9$，$100=10\times10$，其他数只能写成两个不同的数相乘。

生2：我补充一下，可以写成两个相同的数相乘的，同一个数只拉了一次，因此，拉灯的总次数为单数；只能写成两个不同的数相乘的，拉灯的次数肯定是双数。

师：像1，4，9，16，25，36，49，64，81，100，…这样的数，能写成同一个整数相乘，这些数就叫作完全平方数，进入初中时，我们还会深入学习。

三、介绍“百人拉百灯”数学题等知识

1．“百人拉百灯”数学题：有100盏灯都关着，有100个同学去拉这

100盏灯，1—100个同学都去拉自己的倍数的灯，当第100个同学拉完灯时还有几盏灯亮着？

（由于开始100盏灯全关着，一盏灯开关拉动2次电灯仍然关着，也就是说拉动双数次电灯仍关着，只有拉动单数次才会使灯亮着。研究发现只有1号、4号、9号、16号、25号、36号、49号、64号、81号、100号灯拉动的次数是单数次，因此这些灯是亮着的。）

2．刚才得到的数都是完全平方数，对完全平方数深入研究的是一位古希腊著名数学家毕达哥拉斯，有兴趣的同学可以去查一查有关他的资料。

四、总结内化，课外探索

1．课堂总结：这节课你们有什么收获？

2．课外探索：100人排成一排，先从左往右按1—100号编号，然后从左到右按1、2，1、2报数，报1的同学出去，剩下的同学再1、2，1、2报数，如此继续下去，最后剩下的是第几个同学？

【课后体会】

“百人拉百灯”问题与日常生活联系紧密，它蕴藏着许多数学知识与秘密。学生在猜想、验证等活动中充分体验了数学与生活的密切联系。

1．重视列表法解题。

“百人拉百灯”问题虽然与生活联系紧密，但是解决起来很不容易。不过，通过列表的方法还是一目了然的，不但可以知道哪几盏灯是亮着的，还能知道有谁拉了这盏灯。尤其是研究18盏灯的拉灯问题时，列表法更显得重要与必要。学生在观察表格时，会初步发现哪几盏灯被拉了双数次、哪几盏灯被拉了单数次，还能找到其原因。

2．重视剖析原因。

在研究了18盏灯的拉灯问题后，发现只有1号、4号、9号、16号灯是亮着的，而其他灯却不亮。教师引导学生初步发现这些灯分别被拉了1次、3次、5次，以此为基础，让学生归纳推理，得到了还有25号、36号、49号、64号、81号、100号灯是亮着的。最后引导学生把这些数写成两个数相乘的形式，发现只有这些数可以写成两个相同的数相乘的形式，因此，出现了相同的两个数，只需要拉1次，而其他数只能写成两个不同的数相乘的形式，拉灯的总次数肯定为双数。这让学生知其然，又知其所以然。

3．重视良好学习习惯的培养。

用列表法研究18盏灯的拉灯问题时，表格比较复杂，而且学生得快速找出1—18各数的因数。学生在表格上记录时，要先横着看，然后又要竖着看上面已经拉了几次灯了，最后确定这盏灯是亮着的还是关了。因此，学生要认真、仔细，否则一旦出现了一点点错误，就会导致研究出错甚至失败。在教学中要善于抓住这个良好的育人契机，让学生养成认真、仔细的良好学习习惯。

案例17：化难为易，优化学习的思考方法

——“小蜜蜂爬蜂房”实践与反思

【适合年级】

三年级、四年级

【课前思考】

“斐波那契数列”是意大利数学家列昂纳多·斐波那契发明的，它又叫兔子数列。如一对小兔子到第二个月长成大兔子，到第三个月生下一对小兔子；每对小兔子到第二个月都长成大兔子，并且到第三个月都生下一对小兔子。假设这些兔子都没有死亡，且总能生育后代，那么，兔子的对数就构成了斐波那契数列。

在自然界中，一些植物的花瓣、果实的数目以及排列方式，都是非常符合斐波那契数列的。比如树木的生长，一棵树苗一年以后长出一条新枝；第二年新枝“休息”，老枝依旧萌发。此后，老枝与“休息”过一年的枝同时萌发，当年长出的新枝在次年“休息”。这样，一棵树各个年份的枝数，便构成斐波那契数列。

像这样的例子还有很多，在此不一一列举。本节课学习的“小蜜蜂爬蜂房”的不同路线也是符合斐波那契数列的。而且对低年级学生来说，它非常简洁、有趣。学生只要从简单的情况入手研究，先把小蜜蜂爬的路线记录下来，然后在分析、比较、推理、概括等数学活动中，就能得到斐波那契数列。

【教学目标】

1. 在分析、比较、推理等数学活动中，发现蜜蜂爬不同蜂房的不同路径的总数。

2. 初步渗透从简单的情况入手的数学研究方法，培养归纳推理的能力。

3. 在活动中引导学生有序地思考，体验数学与生活之间的密切联系。

【教学实录】

一、创设情境，激发兴趣

1. 师：小朋友们，你们喜欢小动物吗？看，这是什么小动物？（学生回答“蜜蜂”）这只蜜蜂非常特殊，它不会飞，只会爬，而且只能往右爬。

师：（出示图3.17.1）小蜜蜂要从自己所在的位置爬到10号蜂房，请同学们猜想一下，一共有多少条不同的路线。

生1：10条。

生2：20条。

生3：25条。

生4：5条。

…………

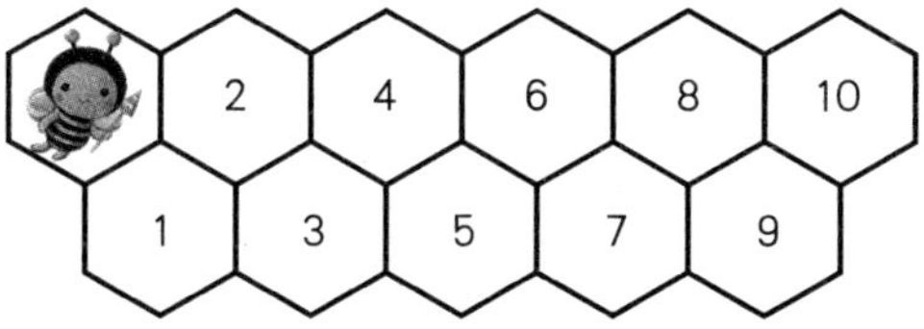

图3.17.1

师：刚才只是我们的猜想，到底谁猜想的结果最接近正确答案呢？

生：让我们研究一下。

师：怎么研究呢？

生：让我们把所有路线都写下来。

师：这么多的路线写下来方便吗？有没有更好的办法呢？

生：先研究简单的情况，再看一看有什么规律。

2．揭示课题，板书课题。

二、探索研究，发现规律

1．活动一：研究小蜜蜂（以“M”代表它）到1号、2号蜂房各有几条不同的路线。

师：小蜜蜂爬到1号蜂房有几条不同的路线？

生：只有1条，直接到1号蜂房（板书：M→1号）。

师：小蜜蜂爬到2号蜂房有几条不同的路线？

生：有2条。第1条，先到1号蜂房，再到2号蜂房；第2条，直接到2号蜂房（板书：M→1号→2号；M→2号）。

2．活动二：请写出小蜜蜂到3号蜂房的不同路线（只能向右爬，即序号由小到大，如图3.17.2）。

图3.17.2

生1：小蜜蜂有2条路可爬：M→2号→3号；M→1号→3号。

生2：我认为还有1条路：M→1号→2号→3号。

师：请猜想一下：小蜜蜂爬到4号蜂房有几条不同的路线？

生1：4条。

生2：4条。

…………

3．活动三：请写出小蜜蜂到4号蜂房的不同路线（如图3.17.3）。

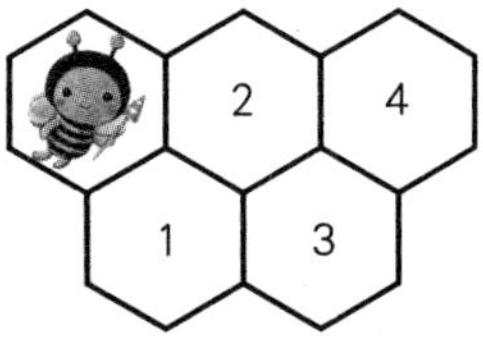

图3.17.3

生1：我认为也有3条路可爬：M→2号→4号；M→1号→3号→4号；M→1号→2号→4号。

生2：我认为有5条路：M→1号→2号→3号→4号；M→2号→3号→4号；M→1号→3号→4号；M→1号→2号→4号；

M→2号→4号。

师：你是怎么想的？

生：我先写出小蜜蜂按蜂房顺序去爬，也就是小蜜蜂爬遍每个蜂房；然后考虑省略1个蜂房，分别是1号、2号、3号蜂房，又有3条路；最后考虑省略2个蜂房，只能同时省略1号与3号，又有1条路。因此，一共有5条路。

师：对刚才这种方法，你们怎样评价？

生1：有序思考，不容易出错。

生2：可以做到既不重复也不遗漏。

师：为什么小蜜蜂爬4号蜂房只有5条路，而不是6条路呢？

生1：小蜜蜂可以从2号爬到4号，也可以从3号爬到4号。前面我们已经知道了小蜜蜂爬到2号有2条路，爬到3号有3条路，因此，爬到4号就只有5条路（如图3.17.4）。

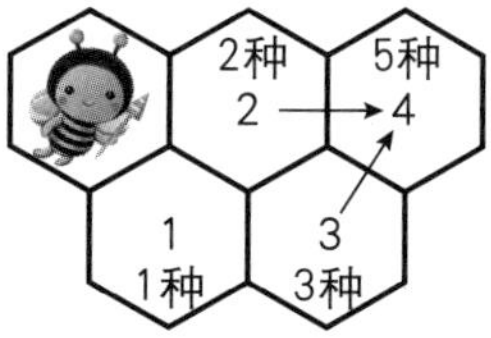

图3.17.4

生2：我们只要在原来爬到2号蜂房与3号蜂房的5条路后面增加4号蜂房即可。M→1号→2号→4号；M→2号→4号；M→1号→2号→3号→4号；M→2号→3号→4号；M→1号→3号→4号。

4．活动四：猜测、验证小蜜蜂到5号蜂房的路线条数（如图3.17.5）。

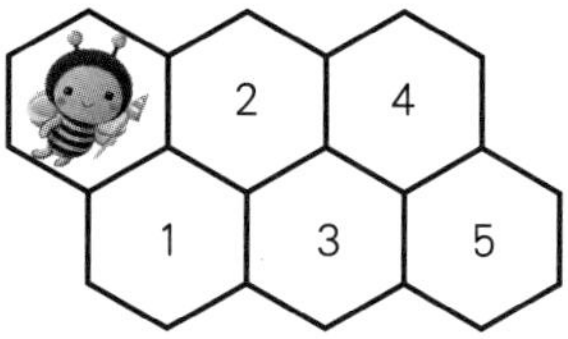

图3.17.5

师：猜猜看小蜜蜂到5号蜂房有几条线路。

生：8条。

师：请你快速地不重复不遗漏地把这8条线路写下来。

生1：M→1号→2号→3号→4号→5号；M→2号→3号→4号→5号；M→1号→3号→4号→5号；M→1号→2号→4号→5号；M→1号→2号→3号→5号；M→2号→4号→5号；M→2号→3号→5号；M→1号→3号→5号。

生2：M→1号→2号→3号→5号；M→2号→3号→5号；M→1号→3号→5号；M→1号→2号→3号→4号→5号；M→2号→3号→4号→5号；M→1号→3号→4号→5号；M→1号→2号→4号→5号；M→2号→4号→5号。

师：看来我们的猜想是对的。为什么是8条线路呢？

生：因为小蜜蜂到4号蜂房有5条路，到3号蜂房有3条路，那么到5号蜂房一共就有8条路。

5．活动五：小蜜蜂爬到6号、7号、8号、9号、10号蜂房，分别有多少条不同的路线呢？

（学生独立思考后讨论、交流并汇报）

生：小蜜蜂爬到6号蜂房的路线：5+8=13（条）；小蜜蜂爬到7号蜂房的路线：8+13=21（条）；小蜜蜂爬到8号蜂房的路线：13+21=34（条）；小蜜蜂爬到9号蜂房的路线：21+34=55（条）；小蜜蜂爬到10号蜂房的路线：34+55=89（条）。

（随着学生的回答，教师把小蜜蜂到各个蜂房所爬的不同路线的条数，写成一个数列：1，2，3，5，8，13，21，34，55，89，…）

师：观察这个数列，你们有什么新的发现？

生1：前面两个数的和等于第三个数。

生2：小蜜蜂爬到11号蜂房的路线：55+89=144（条）。

师：如果我们四个数四个数地观察，你们又会发现什么？

生：两端两个数的积与当中两个数的积都相差1。

师：这个数列在数学上是很有名的数列，叫作斐波那契数列。

三、介绍斐波那契数列

（文字和视频相结合介绍）

四、总结内化，课外探索

1．课堂总结：通过这节课的学习，你们有什么收获？

2．课外探索：一个楼梯有10级台阶，每次只能上1级或者2级，走完这10级台阶共有多少种走法？

【课后体会】

本节课引导学生在“小蜜蜂爬蜂房”的情境中学习斐波那契数列，学生的学习积极性很高，学习效果较好，以下几点感触颇深。

1．从简单的情况入手，化难为易。

随着学生年级的升高，他们在数学学习中经常会遇到一些信息复杂或数据较大的问题。解决这些问题并不容易，学生常常束手无策，不知从哪里入手，有些学生甚至瞎蒙，任凭感觉写答案。主要原因在于，他们没有很好地掌握“从简单的情况入手，化难为易”的数学研究方法，不知道把复杂的问题转化为简单的问题、把新知转化为旧知。因此，在课的开始环节，巧妙地引导学生面对“大数据”，从小蜜蜂分别到1号、2号、3号、4号、5号蜂房逐步研究，由简单到复杂，由易到难，循序渐进，最终发现规律，解决问题。

2．先找联系，再归纳推理。

在学生研究了小蜜蜂到5号蜂房所爬的不同路径总数的基础上，进行归纳推理，得到了小蜜蜂到6号、7号、8号、9号、10号蜂房分别有13条、21条、34条、55条、89条路径。但是仅仅停留在让学生得到正确答案上是不够的。我们不但要让学生知其然，还要让学生知其所以然，即为什么会存在这样的规律。在教学中，教师紧紧抓住了小蜜蜂到4号蜂房为什么只有5条不同的路，将学生的思考引向深处。他们经过观察、思考得到小蜜蜂爬到2号、3号蜂房分别有2条与3条不同的路，因此，从2号蜂房爬到4号蜂房有2条路，从3号蜂房爬到4号蜂房有3条路，所以，小蜜蜂爬到4号蜂房一共有5条路。同理得到小蜜蜂爬到5号蜂房有8条不同的路。

3．在比较中，引导学生有序思考。

小蜜蜂爬到4号、5号蜂房分别有5条、8条不同的路，要让学生完整地写出来，做到既不重复又不遗漏是有困难的。因此在教学中，我紧紧地抓住“小蜜蜂爬到4号蜂房”这一教学环节，让学生在不同答案的比较中思考：如何既不重复又不遗漏地写出小蜜蜂爬的所有不同的路径？在讨论中得到两种方法：方法一：先写出完整的路径，M→1号→2号→3号→4号；再写少爬一个蜂房的路径（分别少爬了1号、2号、3号蜂房），M→2号→3号→4号，M→1号→3号→4号，M→1号→2号→4号；最后写少爬两个蜂房的路径（少爬了1号与3号蜂房），M→2号→4号。方法二：分别在到2号、3号蜂房所爬路径的后面加上4号蜂房，很快就得到了5条不同的路径。因此，引导学生有序思考，问题就会迎刃而解。

案例18：巧解名题，感悟数学的智慧之美
——“巧取银环”实践与反思

【适合年级】

三年级、四年级

【课前思考】

这是一道有趣的古代名题，它蕴含着古人的解题智慧。如何引导学生积极、主动地参与学习，并体验到解题的巧妙，这是教学的关键。直接引导学生解答“工作7天，取7个环”的情况，肯定会很难，对全班多数学生来说，太富有挑战性了。因此，要引导学生从简单的情况入手，逐步研究、分析，由易到难，由浅入深，循序渐进，找到巧妙的方法。然后引导学生对巧取7个环与7块小金条进行比较分析，找到异同点，进一步加深认识，提高学生分析问题、解决问题的能力。

【教学目标】

1．从简单的情况入手研究，发现规律，感受用若干个已有的数组合出新的数，掌握解决问题的方法。

2．在活动中体验解题策略的多样性，培养比较分析、归纳推理等能力。

3．激发学习数学的兴趣，体验数学在生活中的应用，养成良好的数学思维习惯。

【教学实录】

一、创设情境，激发兴趣

1．师：阿凡提是新疆维吾尔族的传奇人物、智慧的化身。有一个关于阿凡提巧取银环的故事，在新疆几乎家喻户晓。一天，财主对雇工说：“我有一串银环，共有7个，你给我做7天的工，我每天付给你1个银环，你

愿意吗？”雇工半信半疑，财主接着说：“不过有一个条件，这串银环是一环扣着一环的，你最多只能断开其中1个环。如果你无法做到每天取走1个环，那么你将得不到这7天的工钱。”雇工答应试试，但他立即发现有点儿难。同学们，你们有办法吗？

2．师：（出示7个环）断开第1个环，雇工工作了1天，取走了这个环，第 2 天又得取走1个环，怎么办呢？

师：7个环，我们暂时没有办法，有点儿难，那么，我们能不能从简单的情况开始研究呢？

3．揭示课题，板书课题。

二、探索研究，发现规律

1．研究工作3天，取走3个环的情况（如图3.18.1）。

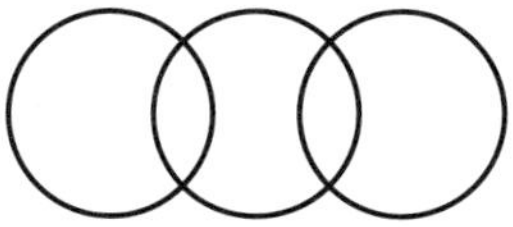

图3.18.1

生：可以断开第2个环，工作3天，每天取走1个环。

师：也就是把这3个环分成1、1、1的形式，每天各取走1个环。

生：可以断开第1个环，工作1天，取走1个环；工作2天还回第1个环，取走2个环；工作3天，取走3个环。

师：真棒！我们把这3个环分成了1、2的形式，也能做到每天各取走1个环，但是要注意工作2天，取走2个环，还得还回1个。

生：可以断开第3个环，方法与断开第1个环的方法是相同的。

2．研究工作4天，取走4个环的情况（如图3.18.2）。

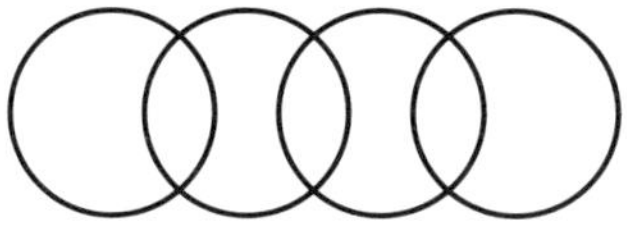

图3.18.2

生1：断开第2个环，把这4个环分成1、1、2的形式，工作1天取走1个环；工作2天又取走1个环；工作3天取走2个环，还回1个环；工作4天又取走1个环。

生2：断开第3个环，取的方法与刚才的同学一样。

师：能断开第1个或第4个环吗？

生：断开第1个环，就变成单独的1个环和相连的3个环，工作1天取走

1个，工作2天就不能取了。

3．研究工作5天，取走5个环的情况（如图3.18.3）。

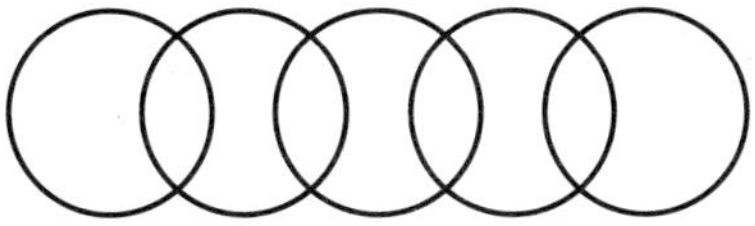

图3.18.3

生1：断开第2个环，把这5个环分成1、1、3的形式，工作1天取走1个；工作2天取走2个；工作3天取走3个，还回2个；工作4天再取走1个；工作5天又取走1个。

生2：可以断开第3个，把这5个环分成1、2、2的形式，工作1天取走1个；工作2天取走2个，还回1个；工作3天，再取走1个；工作4天，还回1个再取走2个；工作5天再取走1个。

生3：可以断开第4个，方法与断开第2个的方法是一样的。

4．研究工作6天，取走6个环的情况（如图3.18.4）。

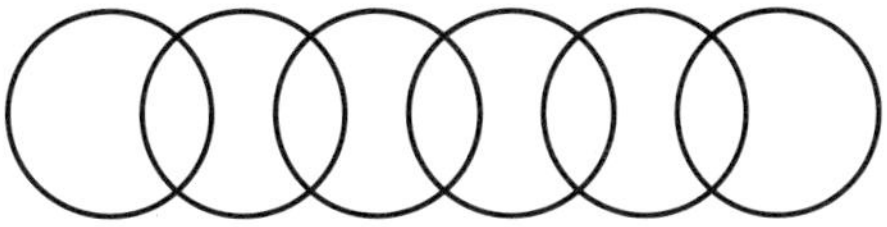

图3.18.4

生1：断开第3个环，把这6个环分成1、2、3的形式，工作1天取走1个；工作2天取走2个，还回1个；工作3天取走3个，还回2个；工作4天再取走1个；工作5天取走2个，还回1个；工作6天再取走1个。

生2：断开第4个也是可以的，方法与刚才是一样的。

师：能断开第2个与第5个吗？

生：不行，把这6个环分成1、1、4的形式，工作1天取走1个，工作2天取走2个，工作3天就没办法取了。

5．研究工作7天，取走7个环的情况（如图3.18.5）。

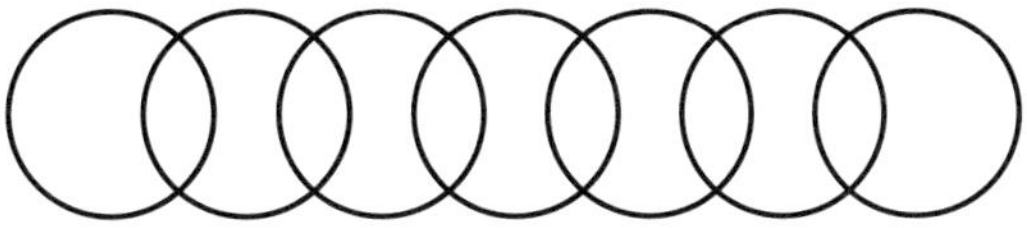

图3.18.5

生1：断开第3个环，把这7个环分成1、2、4的形式，工作1天取走1个环；工作2天取走2个环，还回1个；工作3天再取走1个环；工作4天取走4个环，还回原来取走的3个环；工作5天再取走1个环；工作6天又取走2个环，还回1个环；工作7天再取走1个环。

生2：可以断开第5个环，取的方法与刚才一样。

师：断开第4个或第2个行吗？

生1：断开第4个，工作2天就没有办法取了。

生2：断开第2个或第6个，工作3天就没办法取了。

师：其实，财主的这道题并不难，无须借助于阿凡提的超人智慧，就是在座的同学们，也完全能够做到，即把第3个环断开，使它分离为3部分，这3部分的环数分别是1、2、4。但是雇工没有办法解开，于是去找阿凡提，请阿凡提替他出主意。果然阿凡提想出了一种巧妙的办法，这种办法就是我们刚才研究出来的方法。财主眼睁睁地看着雇工把一个个银环取走。贪心的财主终于自食其果，搬起石头砸了自己的脚。

三、练习巩固，比较异同

1．过了一段时间，财主又让雇工为他工作7个月，给雇工的回报是1根金条。这根金条是由相连的7块小金条组成的（如图3.18.6），也只许雇工把金条弄断1次，在每个月结束时取走1段小金条，你觉得雇工能做到吗？为什么？

图3.18.6

生：断1次是没有办法做到的。

师：刚才是7个环，现在是7块小金条，怎么就不行了？

生1：第3个环断开后分成了1、2、4，而7块金条1次断开后只能分成1与6、2与5或3与4。

生2：我觉得至少需要断开2次才行。

2．列表分析：8—15个环分别需要断开的次数（如表3.18.1）。

表3.18.1

<table>
<tr><th>总环数</th><th>情况1</th><th>情况2</th><th>至少断开次数</th></tr>
<tr><td>3环</td><td>1，1，1</td><td>1，2</td><td rowspan="2">1次</td></tr>
<tr><td>4环</td><td>1，1，2</td><td>1，2，1</td></tr>
</table>

（续表）

总环数	情况1	情况2	至少断开次数
5环	1，1，3	1，2，2	
6环		1，2，3	
7环		1，2，4	
8环		1、2、4、1	2次
9环		1、2、4、2	
10环		1、2、4、3	
11环		1、2、4、4	
12环		1、2、4、5	
13环		1、2、4、6	
14环		1、2、4、7	
15环		1、2、4、8	

四、总结内化，课外探索

1．课堂总结：这节课你们有什么收获？

2．课外探索：一次阿凡提给巴依老爷做工，时间为23天。好刁难人的巴依老爷拿出一串银环，对阿凡提说："这连着的23个银环将作为你23天的工钱，你每天必须取走1个。但这串银环只准砸断其中2个环，不许多砸。如果办不到，那就别怪我不付给你工钱了。"如果你是阿凡提，你怎么解决这个问题？

【课后体会】

课刚开始，学生认为不可能做到只断开1个环，就能保证7天内每天取走1个环。但是随着研究的慢慢深入，学生的学习兴趣越来越浓厚，他们最终巧妙地解决了问题。学生充分体验到古人的智慧，体验到成功解决问题的乐趣。

1．从简单的情况入手让不可能变成可能。

如果断开银环的次数没有限制，那么工作7天，断开6次就能解决问题。然而要求只断开1次，这就需要大智慧了，不能简单地判断行与不行。其中蕴含着复杂的分析推理过程，比如，断开第1个环不行，断开第2个环不行，断开第3个环行吗？如果行，断开其他几个环行吗？每断开1个都需要好几步推理。因此，引导学生从简单的情况入手，掌握了比较分析、归纳推理等方法后，就可以将之迁移到稍难一些的问题上来，最终学生轻松地解决了问题，体验到了成功的乐趣。

2．在动手操作等活动中全面地思考问题。

比较分析、归纳推理的过程是比较抽象、枯燥的，学生对它是不感兴趣的。尤其是学习能力稍弱一些的学生，更是没有办法跟上学习的步伐。因此在学习过程中，我们要为学生准备学具，让学生在动手操作的过程中，借助断开的学具进行比较分析。这样他们思考问题就更加全面，体验就更加深刻，理解、掌握就更加到位。

3．在比较分析、归纳推理中发现规律。

巧取银环不能直接进行列式计算，它需要对不同的假设进行比较分析，然后发现规律。因此，要引导学生不断地思考：断开第1个环行吗？为什么？断开第2个环呢？……在多次的比较分析中，学生会逐步明白多拿要还的规则，这是整个取环游戏的基本规则。用“数”表示分成的环的数量，将游戏问题数学化。如研究工作4天，取走4个环的情况时，让学生在比较分析中认识到断开第2个环和第3个环只是断法不同，而断开后的情形是相同的，都将环分成了1、1、2的形式；同时还让学生认识到断开第1个环和第4个环是不行的，因为它们将环分成了1、3的形式，没办法做到工作2天取走2个环。以此类推，当研究工作7天，取走7个环的情况时，学生水到渠成地发现了7个环分成1、2、4的形式，其中任意一个或几个数可以组成1至7中的任何一个数，从而顺利地解决了问题，突破了原有的认识，积累了丰富的数学活动经验。

案例19：借“题”发挥，拓展数学学习空间

——“硬币的滚动圈数”实践与反思

【适合年级】

六年级

【课前思考】

美国著名数学家G.波利亚认为，一个专心、认真备课的教师能够拿一道有意义而又不太复杂的题目，去帮助学生发掘问题的各个方面，通过一道题，就好像通过一道门户，把学生引入一个完整的理论领域。

习题：有甲、乙两枚大小相等的硬币。现将硬币甲固定，让硬币乙沿硬币甲的周围滚动。当硬币乙滚动一周，回到原来的位置时，硬币乙滚动了几圈？

因为硬币乙只在硬币甲边上滚动一周，所以，学生往往认为硬币乙也只滚动了一圈。他们用硬币检验后，发现结果与自己原来的想法不同，从而产生了疑惑，激发了研究的兴趣。因此，本课教学着重考虑以下几个问题。

1．寻找错误答案的原因。物体在直线上滚动的规律与在圆周上滚动的情形有重大区别。物体在直线上运动，滚过的实际路程与圆心经过的路径长度是相等的，所求问题可用圆滚过的路程除以圆的周长；而物体在圆周上滚动，圆心经过的路径与实际滚过的路程是不相等的，只能用圆心经过的路径长度除以圆的周长，求出圆滚动的圈数。学生非常熟悉物体在直线上滚动的规律，从而错误地运用它解决圆在圆周上滚动的圈数问题。

2．探索圆滚动圈数的规律。圆滚动的圈数是否有规律可循？除了习题研究的规律外，还隐含着其他规律吗？如果能引导学生深入研究，将会激发学生更大的学习兴趣、更高的探究热情。因此，在教学中还应进行拓展，让学生研究以下问题：把其中一个圆的半径扩大或缩小，圆滚动圈

数的规律又是怎样的？沿着圆的内壁与外沿滚动，圆滚动的圈数是否一样呢？

3．充分预设，准备学具。学生对硬币滚动圈数问题较难理解，如何引导他们更好地学习、探究呢？首先在课件制作上花点儿功夫，让课件发挥最大的辅助作用，变抽象为具体、形象，变静态的知识为动态的探索对象；其次，帮助学生准备2个硬币或2个同样的圆片，还要准备半径或直径存在倍数关系的圆片若干个，让学生在动手操作中，更好地理解、掌握相关内容。

【教学目标】

1．理解、掌握硬币滚动圈数的规律，并正确地计算硬币滚动的圈数。

2．在分析、比较、抽象、概括等活动中，培养空间想象能力。

3．用数学的眼光分析生活中的现象，体验数学与生活之间的联系。

【课堂实录】

一、创设情境，激发兴趣

1．出示问题：有甲、乙两枚大小相等的硬币。现将硬币甲固定，让硬币乙沿硬币甲的周围滚动。当硬币乙滚动一周，回到原来的位置时，硬币乙滚动了几圈？

师：请同学们先猜想一下硬币乙滚动了几圈。

生：（异口同声）1圈。

师：谁有不同的想法？

（学生坚持原来的观点，没有异议）

师：理由是什么？

生：甲、乙两个硬币的周长是相等的，它们相除所得商是1，因此乙硬币只滚动了1圈。

师：同学们讲得似乎很有道理，确定吗？

（学生点头表示确定）

师：请同学们拿出两个硬币验证。

（学生在操作活动中不断地发出质疑声：为什么会滚动2圈呢？）

2．揭示课题，板书课题。

二、探究规律，解决问题

1．活动一：研究圆在直线上滚动的圈数问题。

（1）一个半径为1厘米的圆在直线上滚动12.56厘米，滚动了几圈？

生：先求出圆的周长，再去除它滚动的长度，求出滚动的圈数。算式：12.56÷（3.14×1×2）=2（圈）。

（2）一个半径为1厘米的圆在直线上滚动，圆心经过了18.84厘米，滚动了几圈？

生：圆心经过了18.84厘米，这个圆滚动了18.84厘米，因此，可以用它除以这个圆的周长，求出滚动的圈数。算式：18.84÷（3.14×1×2）=3（圈）。

（3）一个半径为1.5厘米的圆在直线上滚动，圆心经过了18.84厘米，滚动了几圈？

生：18.84÷（3.14×1.5×2）=2（圈）。

师：通过以上几题的解答，你们发现了什么？

生1：用圆滚动经过的路程除以圆的周长，可以求出圆滚动的圈数。

生2：用圆心经过路径的长度除以圆的周长，也可以求出圆滚动的圈数。

2．活动二：研究圆在圆周上滚动的圈数问题。

师：如果一个圆在圆周上运动，情况会怎样呢？让我们回顾一下刚才我们验证的过程。（用课件演示圆A滚动到圆A'，如图3.19.1，学生观察并思考）

师：你们有什么发现？

生1：圆A沿着固定圆O的外沿滚动到圆A'，圆A正好旋转了1圈，而实际在圆O上滚动的路程只有周长的一半，圆心经过的距离正好与圆周长的距离相等。

生2：如果圆A的半径是1cm，周长是6.28cm，圆A在圆O的圆周上滚动的路程是3.14cm，圆心经过的路径长度为6.28cm，因此，不能用滚动经过的路程除以圆的周长。

师：如果继续滚动，又回到圆A原来的位置（用课件继续演示，如图3.19.2)，你们又发现了什么？

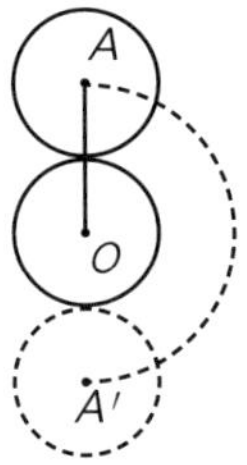

图3.19.1

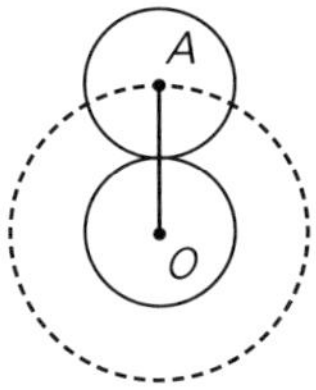

图3.19.2

生1：圆A半径为1cm，周长为6.28cm，圆心经过的路径为12.56cm，因此，圆A滚动了2圈。

生2：圆心经过的路径也是一个圆，这个圆的半径是圆A半径的2倍，周长也是圆A周长的2倍，因此，圆A滚动了2圈。

生3：圆A的周长为$2\pi r$，圆心经过的路径的长度为$2\pi \times 2r=4\pi r$，所以，圆A滚动了2圈。

师：现在你们能解释硬币滚动2圈的原因了吗？

生：一个硬币绕着另一个硬币滚动一周，圆心经过的路径长度是这个硬币周长的2倍，因此，这个硬币自己滚动了2圈。

3．活动三：改变其中一个圆的半径，在圆周上滚动。

师：如果圆A的半径为1cm，圆O的半径分别改为2cm、3cm、4cm（如图3.19.3、图3.19.4、图3.19.5）……还用以上方法滚动，圆A滚动的圈数还是2圈吗？如果不是，你们认为圆A可能会滚动几圈？

（如有必要，学生可以拿出学具操作验证）

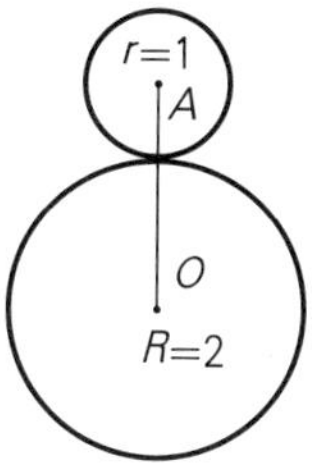

图3.19.3

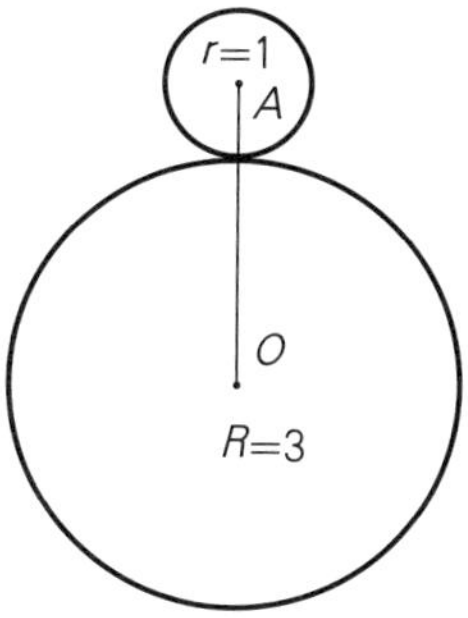

图3.19.4

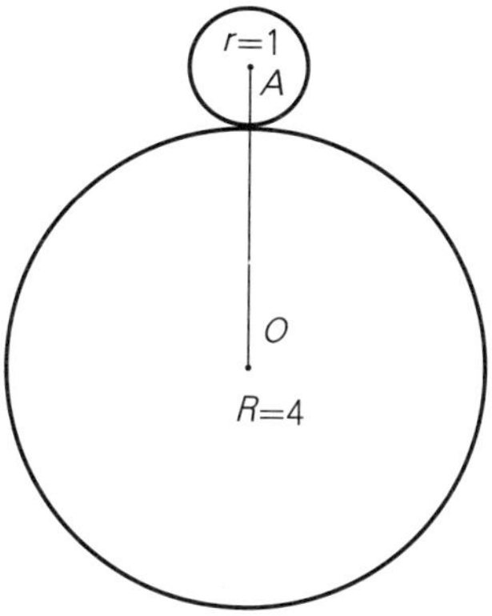

图3.19.5

生1：如果圆O的半径是2cm，圆A会滚动3圈。

生2：如果圆O的半径是3cm，圆A会滚动4圈。

…………

师：通过刚才的研究，你们又有什么发现？

生：硬币滚动的圈数等于这两个圆的半径的和。

师：如果圆A的半径为2cm，圆O的半径为3cm（如图3.19.6），圆A会滚动几圈呢？

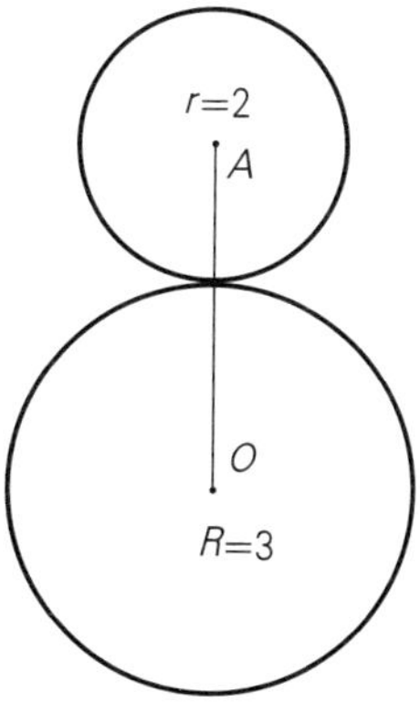

图3.19.6

生1：5圈。

生2：2.5圈。

生3：圆心经过的路径的长度为$3.14\times5\times2=31.4$（cm），圆A的周长为$3.14\times2\times2=12.56$（cm），滚动的圈数为$31.4\div12.56=2.5$（圈）。

师：这时你们又有什么发现呢？

生：两圆半径之和除以滚动圆的半径就等于旋转的圈数。

师：你们能解释原因吗？

生：滚动圆的半径用r表示，固定圆的半径用R表示，滚动圆的圆心经过的路径的长度为$2\pi(r+R)$，滚动圆的周长为$2\pi r$，因此，滚动的圈数就是$2\pi(r+R)\div2\pi r=(r+R)\div r$。

4．活动四：研究在另一个圆的内沿滚动的圈数问题。

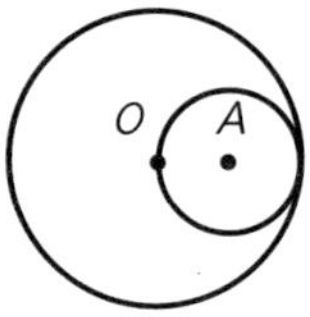

图3.19.7

师：如果圆A在圆O的内沿滚动（如图3.19.7），它又分别旋转了几圈呢？

（学生猜想并验证得出：当圆O的半径为2cm，圆A的半径为1cm时，圆A滚动了1圈；当圆O的半径为3cm，圆A的半径为1cm时，圆A滚动了2圈；当圆O的半径为5cm，圆A的半径为2cm时，圆A滚动了1.5圈……）

师：你们又发现了什么规律呢？

（此时学生的探究热情高涨）

生：两圆半径之差除以滚动圆的半径就等于滚动的圈数。

三、深入探究，综合运用

1．如下图（图3.19.8）（a）所示，桌面上放着一块木块，内有一个圆形的孔，孔内有一个小圆板，小圆的直径正好等于大圆的半径。将小圆板贴着圆形的孔滚动。

（1）小圆板边缘上有一点A，开始滚动时，点A恰好与大圆接触，那么点A第二次和大圆接触时，小圆滚动到了什么位置？在图（b）中画出来。

（2）小圆板上画着一个箭头，开始滚动时，箭头指向右方，那么箭头朝上时，小圆在什么位置？在图（c）中画出来。

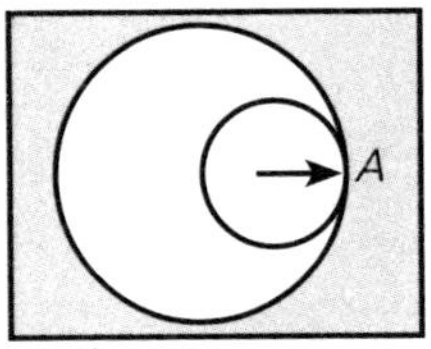

(a)

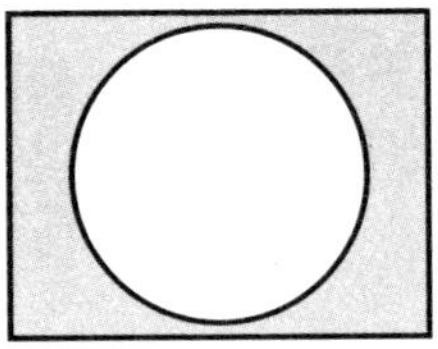
(b)

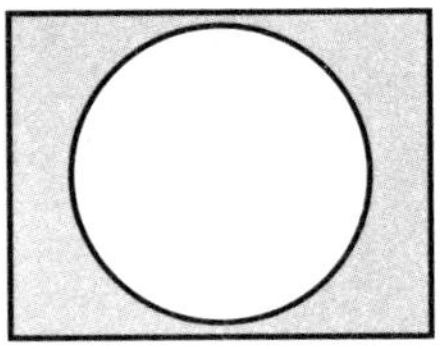
(c)

图3.19.8

2．大圆的半径为5cm，小圆的半径为1cm，小圆分别沿着大圆的内外壁滚动到原来的位置（如图3.19.9），两个小圆分别滚动了几圈？

3．在一块边长为8.28cm的正方形内有一个半径为1cm的小圆，小圆紧贴正方形内壁滚动一周（如图3.19.10），小圆自己转了几圈？

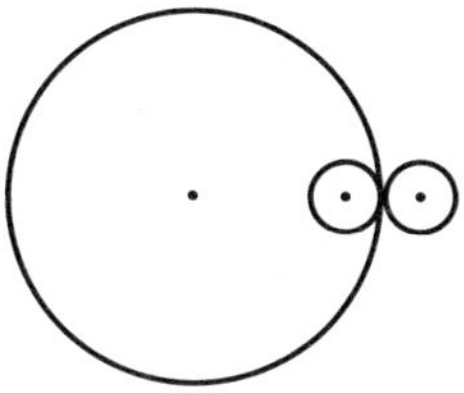

图3.19.9

图3.19.10

四、总结内化，知识链接

1．课堂总结：这节课你们有什么收获？

2．知识链接：硬币旋转问题最早刊登在1867年的《科学美国人》月刊上。当时读者对2圈这一结果也同样难以理解。由于争论的信件实在太多，以至于编辑部不得不于1868年4月宣布不再讨论这一问题。这个问题为什么会引起人们那么多的争论呢？这是因为人们已经非常熟悉物体在直线上滚动的规律，并且很自然地把这一规律运用到物体在圆周上滚动的情形中，而实际上这两者却有重大区别。

【课后体会】

本课引导学生探究书本外既有趣又富有挑战性的硬币滚动圈数问题，打破了学生原有的认识，激发了他们数学学习的兴趣。

1．让不可能成为可能。

学生已经非常熟悉物体在直线上滚动的规律，当遇到此习题时，就错误地、简单地将之运用到物体在圆周上滚动的情形中，认为硬币只滚动了1圈，而且深信不疑。此时，我抓住问题的症结所在，给学生制造认知冲突，在学生心求通而不能，口欲言而未得时，因势利导，让学生动手实践探究：圆滚动的圈数是否有规律可循？如果改变其中一个圆的半径，它滚动的圈数是否又有规律可循？如果沿着固定圆的内壁与外沿滚动，它滚动的圈数是否一样？学生大胆实践、想象，让一些他们认为不可能的事情成为可能。

2．提高了学生的数学鉴赏能力。

硬币滚动圈数问题是圆知识的延伸，也涉及以后要学的知识，在学生的头脑中留下了一幅幅生动的画面。学生在“山重水复疑无路，柳暗花明又一村”中迸发了探究、创新的热情，感悟到数学的无穷魅力，体验到数学的神秘美。这样的数学活动不仅提高了学生的数学鉴赏力，更让学生感受到数学是五彩缤纷的、数学是好玩的。正如学生自己所说的：“很好玩，很新鲜，让我发现了那么多奇怪的事情，出人意料。”

3．斟酌学生的需要，给他们提供学习材料。

学生求知的触角已经伸向力所能及的各个领域，但我们的教学常常局限于教材，对生活中值得关注和学生能够解决的问题却视而不见。因此，教师要走进学生的心里，站在他们的角度，品味他们的需要，为他们提供有趣、有意义的数学学习材料，以拓宽他们的学习空间。正如学生所说：“数学课不再仅仅学书本上的知识，还引进了许多新鲜的内容。”“老师引导我们自己去实践、发现、总结，让我们很有成就感。”我想，只要给学生一个机会，学生就会给大家一个惊喜。

案例20：巧设游戏，赋予学生理性思维
——“骰子游戏”实践与反思

【适合年级】

三年级、四年级

【课前思考】

骰子是我国古代汉族民间用来投掷的博具，相传为三国时期魏国的曹植所造。它通常作为桌上游戏的小道具，是许多娱乐必不可少的工具之一。最常见的骰子是一个正方体，面上分别有一到六个孔（或数字），其相对两面的数字和必为七（如图3.20.1）。

图3.20.1

在日常生活中，学生经常可以见到骰子，如在家长的麻将桌上、在飞行棋中、在大富翁游戏中，等等。骰子的功能比较简单，它一般用来决定谁先出牌或谁先走第一步。人教版小学数学教材中安排了“掷一掷”实践活动，从另一个角度利用骰子引导学生学习“可能性的大小”。三年级学生学习了万以内数的加减法后，将面临枯燥、单调的计算练习。为此，我积极思考，努力寻找有意义、富有挑战性的学习材料，让学生喜欢计算。

【教学目标】

1．经历掷骰子游戏活动及探索规律的过程，进一步掌握万以内数的

加法，并正确、快速地计算。

2．初步体验数学研究的方法以及数学与生活之间的密切联系。

3．遵守游戏规则，体验成功的快乐，激发学习数学的兴趣。

【教学实录】

一、创设情境，激发兴趣

1．师：（出示骰子）同学们，你们在哪里见到过骰子？

生1：在大富翁游戏中见过。

生2：在飞行棋中看到过。

生3：在爸爸妈妈的麻将桌上看到过。

…………

师：可见骰子是游戏的玩具。今天老师也设计了一种骰子游戏，你们想不想与老师一起玩一玩呢？

2．揭示课题，板书课题。

二、活动体验，探索规律

1．活动材料与规则：有四个骰子，每个骰子的六个面上分别贴上了一个不同的三位数（如图3.20.2），掷一掷，列竖式算出这几个骰子上面的数的和，看谁算得又对又快。

832	943	364	970

图3.20.2

师：同学们，平时都是你们之间比赛，看谁算得又对又快，而这节课是老师与同学们之间比赛，你们敢挑战吗？（学生回答“敢”）

2．玩两个骰子游戏。

师：为了公平，我们请一位同学掷骰子。先从两个骰子开始玩，老师在黑板上列竖式计算，你们在自己的本子上算，算好立刻看黑板，如果比老师快，就举手。

（一名学生从中任选两个骰子掷一掷，师生同时开始计算，结果玩了三次，大多数学生的计算速度都比老师快，他们感到非常高兴。这时，老师故意问："还想继续玩吗？"学生回答"想"。）

3．玩三个骰子游戏。

师：接着我们加大难度，玩三个骰子，规则还是一样。还有信心能赢老师吗？

生：有！

师：不过，三个三位数相加，怎样列竖式计算呢？

生1：先算出两个数的和，再加上第三个数。

生2：可以把三个加数写在一起列一道加法竖式计算，这样会更快一些。

师：请同学们选择自己认为快的方法进行计算。

（师生又玩了三次，结果大多数学生又赢了老师，学生玩游戏的热情高涨）

4．玩四个骰子游戏。

（骰子刚掷出一会儿，老师就写出了四个三位数的和；又玩了三次，结果全班没有学生比老师算得快。虽然学生计算的速度与正确率远远落后于老师，但是比赛的积极性与热情丝毫不减。）

师：同学们，此时你们有什么感想？

生1：老师刚才是让着我们，故意让我们赢了几次。

生2：老师是大人，我们是小孩子，当然老师算得快。

生3：老师肯定把这几个数的和背下来了。

生4：（反驳）掷骰子是随机的，不可能背下来的。

生5：老师肯定要赖了。

…………

师：同学们真会思考，想出了很多种原因。不过，老师的计算速度还是那个速度，究竟是为什么呢？

生：骰子里肯定有秘密！

师：是啊！骰子里确实藏着秘密。刚才的游戏让我突然想起了一个故事，想听吗？（学生回答“想”）这个故事说，宫本和柳生是日本近代的剑客，宫本是柳生的师父。柳生拜师学艺时，曾经急切地问宫本：“师父，你看凭我的条件，需要练多久才能成为一流剑客？”宫本答道：“至少要10年吧！”柳生又问：“10年太久了，如果我加倍苦练，需要多久呢？”宫本说：“那就得20年了！”听了师父的话，柳生一脸疑惑，又接着问：“假如我夜以继日地苦练，需要多久呢？”宫本答道：“那你一辈子都成不了一流剑客。”柳生继续追问：“师父，为什么我越努力反而时间越长呢？”宫本说：“要当一流剑客，就必须不断地反省。”听了师父的话，柳生忽然开窍了。

师：同学们，这个故事对你们有启发吗？

生1：要边练剑边思考，不能傻练。

生2：要想成为一流剑客，思考很重要。

师：那么，这个故事对我们今天的学习有什么启发吗？

生1：它告诉我们要边玩游戏边思考，才能变得越来越聪明。

生2：我们除了玩之外，还要找到骰子中的秘密。

…………

师：同学们，这四个骰子是老师专门设计的，而你们不知道其中的秘密就跟老师玩，结果肯定会怎样？（学生回答“会输”）想不想揭示这个秘密？（学生回答“想”）

（全班学生静静地思考，但找不到秘密）

师：我把这几个骰子的六个面展开，请同学们仔细观察骰子上面的这些三位数（如图3.20.3），你能发现这些数有什么特点？

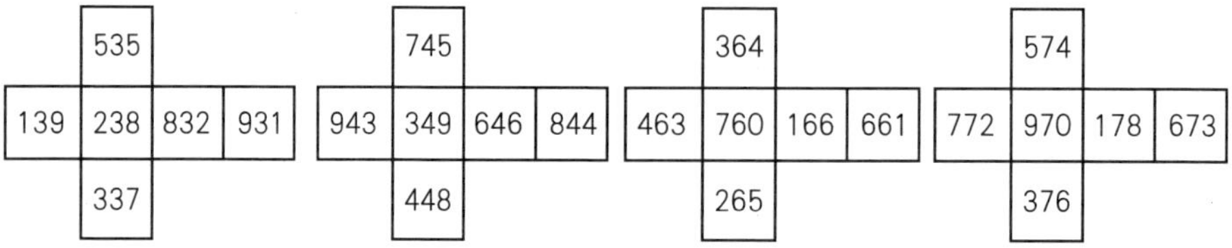

图3.20.3

生1：它们十位上的数分别是3、4、6、7。

生2：它们个位上的数与百位上的数的和分别是10、12、7、9。

师：同学们真了不起，继续观察，你们还能发现什么秘密？

生1：所有加数的十位上的四个数的和是20，因此，和的十位上写0，向百位进2。

生2：所有的个位与百位上数的和是38，再加上十位进上来的2，它们的和等于40（如图3.20.4）。

师：有了这样的发现，揭开其中的秘密就不难了。我们可以分别从每个骰子中任选一个数相加，如选535、745、364、574，它们的和是多少呢？

生1：先算出个位上的数的和5+5+4+4=18，则和的个位写8，十位写1；百位上的数的和40−18=22，则千位与百位分别写2。

生2：它们的个位上的数的和是18，就直接写上18；十位不用算了；百位直接用40减18，得到22。因此，在18的左边写上22，得到2218（如图3.20.5）。

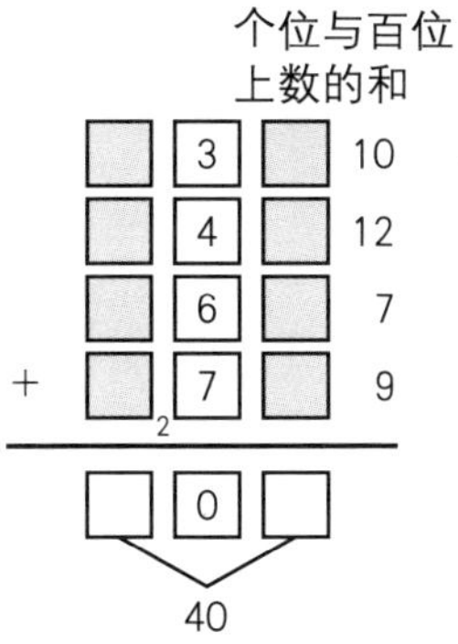

图3.20.4

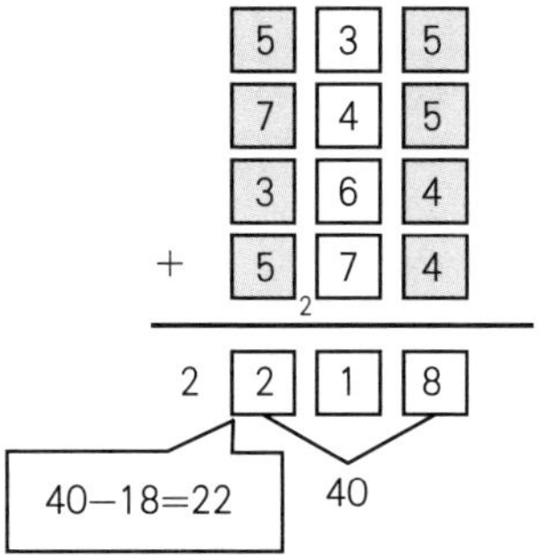

图3.20.5

师：如选337、448、265、376，它们的和又是多少呢？

生：个位上的数的和是26，百位上的数的和是40−26=14，它们的和是1426（如图3.20.6）。

师：如选931、844、661、673，它们的和是多少呢？

生：个位上的数的和是9，百位上的数的和是40−9=31，它们的和不是319，而是3109（如图3.20.7）。

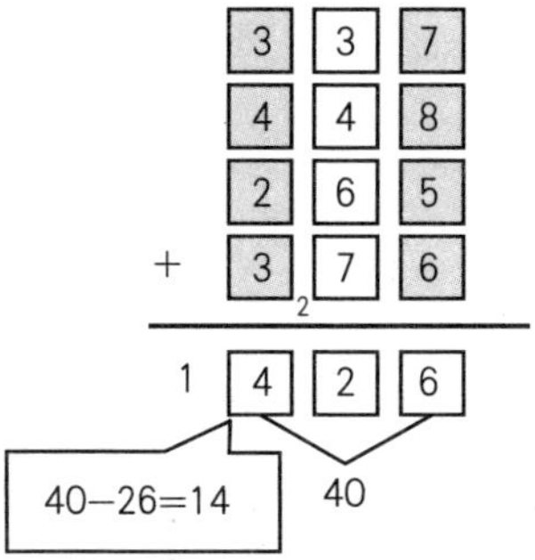

图3.20.6

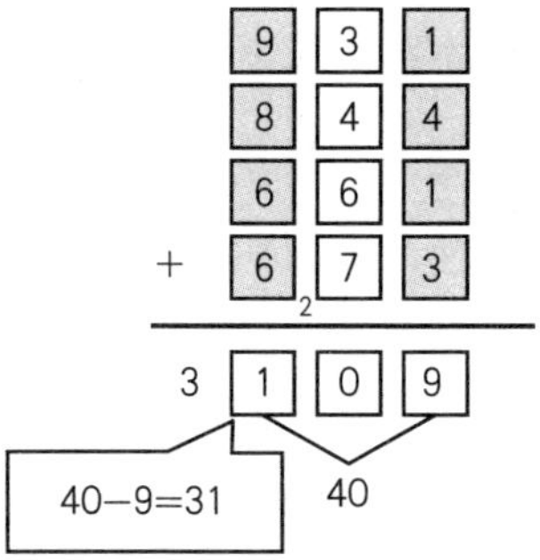

图3.20.7

师：通过刚才的研究，相信同学们已经发现骰子的秘密了，谁来说一说？

生：计算四个三位数的和，只需算出个位上的数的和（即和的十位、个位上的数），再用40减去这个和，差为和的千位与百位上的数。

5．分组游戏活动。四人一小组，每组四个骰子，先掷骰子，然后快速算出它们的得数，看谁算得又快又对。

6．玩五个骰子的游戏。

师：老师还设计了一个骰子，它的六个面上的数分别是703、604、901、505、406、109。现在一共有五个骰子，接着我们分别从这五个骰子中任意选一个三位数，如832、943、265、178、703，请同学们快速算出它们的和是多少。

生1：因为2+3+5+8+3=21，40−21=19，所以，正确答案应该为1921。

生2：不对，正确答案应该是2921，因为增加了一个骰子，和的十位不变，但个位与百位的数的和增加了10，因此，应该是50−21=29（如图3.20.8）。

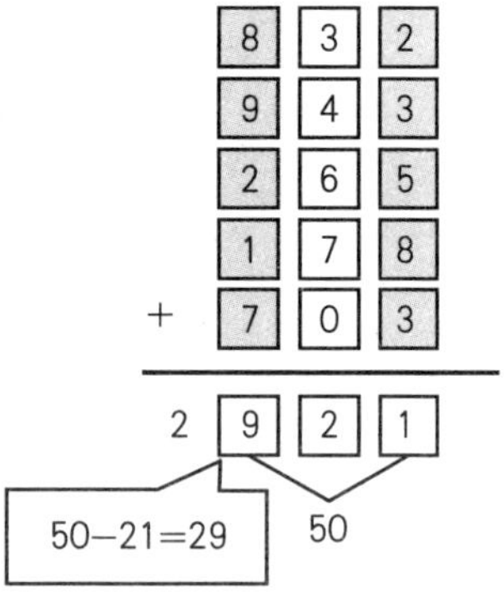

图3.20.8

师：经过分析、比较，相信同学们心中已有答案。

四、全课总结，课外探索

1．课堂总结：这节课你们有什么收获？

（学生回答后，教师特别指出：如果第一次就用四个或五个骰子跟老师玩，同学们肯定会输。因为老师知道秘密，而你们不知道。其实，赌博的道理也是一样的，一不小心就会上当受骗。俗话说十赌九输，就是这个道理。）

2．课外探索：试着设计几个骰子，然后与同学、老师或父母等一起玩一玩。

【课后体会】

这节课，学生在游戏中不断地挑战自我，既尝到了失败的滋味，也体验到了成功的乐趣，不知不觉一节课就结束了。

1．先赢后输，更能激发学习欲望。

在平时的课堂教学中，一般都是学生与学生之间比计算速度与正确率。而这节课是师生之间比赛，学生虽小，但充满挑战的信心与乐趣。与老师比，输了也正常，赢了他们会更高兴。基于这样的想法，与学生玩两个、三个骰子时，我故意放慢一点儿速度，又不让学生察觉。学生在玩的过程中，计算了三道两个三位数相加、三道三个三位数相加，而且计算速度比老师都快，从而激发了挑战“四个三位数相加”的比赛热情。这时，学生尝到了失败的滋味，激发了探寻骰子秘密的兴趣。

2．穿插故事，让课堂更有趣。

大家都知道小学生特别喜欢听故事，但在数学课上老师一般不会讲故事，更不会讲剑客的故事。这个故事从表面上看与本节课的学习内容联系得似乎不紧密，实则不然，讲它的目的是引导孩子们静心思考。数学课上不是为了游戏而游戏，而是通过游戏来学习数学知识。因此，游戏之后必须寻找其蕴藏着的数学知识。数学课上讲故事，让学生特别开心，觉得数学有趣、好玩。

3．与生活实际相联系，指向学科核心素养。

骰子是游戏的工具，也是赌博的工具。本节课上的骰子游戏中蕴藏着的秘密与赌博中隐藏着的骗术有相似的地方，因此，有必要对学生进行引导、教育，提高他们的思辨能力，让他们逐步养成用数学的眼光看待生活世界的习惯。

案例21：在变与不变中，体验数学的无穷魅力
——“神奇的数阵”实践与反思

【适合年级】

三年级、四年级

【课前思考】

学生对数阵并不陌生，最常见的数阵有九宫格（三阶幻方）、十六宫格（四阶幻方）等。这些数阵的共同点是每行、每列、对角线上的各个数的和都是相等的。最难的还是数独游戏，它是一种运用纸、笔进行演算的逻辑游戏。玩家需要根据9×9盘面上的已知数字，推理出所有剩余空格的数字，并满足每一行、每一列、每一个粗线宫内均含数字1—9，不重复。数阵游戏深深吸引着孩子们去探索、研究。于是，我产生了设计另一种数阵引导学生去探索、研究的想法。

【教学目标】

1．在分析、比较、概括、推理等活动中，发现数阵蕴含的规律。

2．激发主动探究和合作交流的意识，进一步提高解决问题的能力。

3．渗透变与不变的数学思想方法，体验数学游戏带来的乐趣。

【教学实录】

一、创设情境，激发兴趣

1．师：（出示数阵，如图3.21.1）今天这节课我们一起来学习、研究课外数学知识，课题叫“神奇的数阵”。这个数阵的设计者就是旁边这位充满智慧的国王。这位国王非常喜欢设计一些数学题来考验大臣的智慧。

2．师：（引入新知）有一天，这位国王选了八个数设计了一个简单的数阵（如图3.21.2），来考验小王子的智慧。

图3.21.1

	2	7	4	3
1				
25				
10				
16				

图3.21.2

（1）师：请同学们猜一猜：国王可能会怎样设计这个数阵呢？

生1：把横着的四个数与竖着的四个数分别相加，得到16个数。

生2：如果难一些的话，可能会把它们分别相乘。

生3：也有可能会把它们相减，用大数减小数，也得到16个数。

生4：也有可能会把它们分别相除。

师：同学们说得非常好，这位国王的目的是考验小王子的智慧，因此他设计得比较简单，选择把横着的四个数与竖着的四个数分别相加，得到16个数。

（学生按要求说出这16个数，教师出示完整的数阵，如图3.21.3）

3	8	5	4
27	32	29	28
12	17	14	13
18	23	20	19

图3.21.3

（2）师：仔细观察这个数阵，它神奇在哪里呢？

生1：第一行的四个数最小，第二行的四个数最大。

生2：第二列的四个数分别比第一列的四个数都大了5，分别比第三列的四个数都大了3，分别比第四列的四个数都大了4。

生3：第二行的四个数分别比第一行的四个数都大了24，分别比第三行的四个数都大了15，分别比第四行的四个数都大了9。

…………

师：刚才同学们说的还不算神奇，那么这个数阵到底神奇在哪里呢？想不想一起来研究？（学生回答“想”）

二、探索研究，发现秘密

1．研究要求：从中任选一个数，然后把它所在的行和列上的其他数都删去，接着再选一个没有被删去的数，经过同样的几次操作后留下四个数，最后算出这四个数的和。

师：这个要求能看懂吗？请一位同学选数，同学们一起说去掉的数，老师示范一次。

（1）请完成练习纸上第1题，要求同桌合作，认真、仔细、快速地完成。

师：请汇报一下：留下的四个数分别是几？和是多少？

生1：我们这一组留下的四个数分别是8、27、13、20（如图3.21.4），它们的和等于68。

生2：我们这一组留下的四个数分别是5、32、12、19（如图3.21.5），它们的和也等于68。

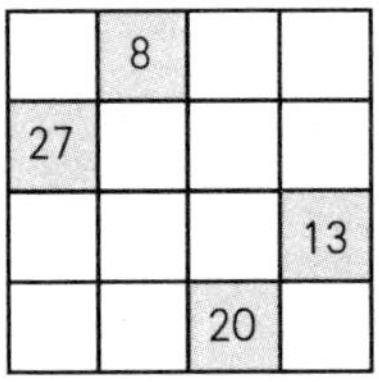

图3.21.4

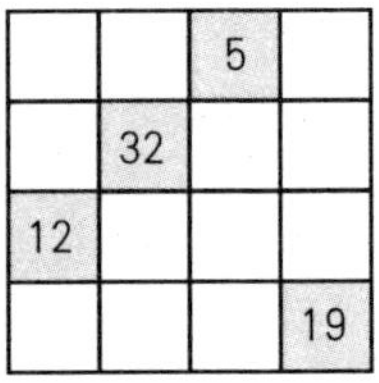

图3.21.5

生3：我们这一组留下的四个数分别是4、27、14、23（如图3.21.6），它们的和也等于68。

生4：我们这一组留下的四个数分别是3、32、14、19（如图3.21.7），它们的和还是等于68。

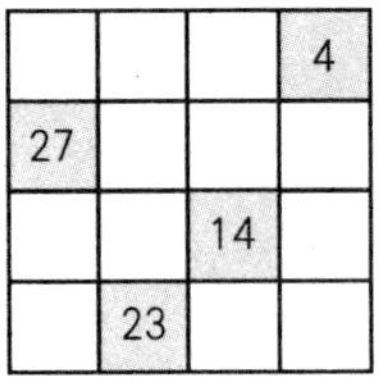

图3.21.6

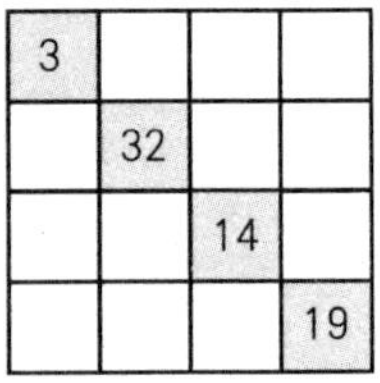

图3.21.7

师：通过刚才的研究，你们发现这个数阵神奇在哪里？

生：不管怎样选数，它们的和都是68。

（2）寻找秘密：我们所选的四个数有所不同，为什么它们的和都是

68呢？

生：这个数阵里藏着秘密。

师：到底藏着什么秘密？

生：不管怎么选数，最后得到的四个数都是不同行、不同列的。

师：你发现了四个数的位置关系，非常好！（板书：不同行、不同列）

生1：留下的四个数可能与外面的八个数有联系。

生2：我算过了，这个数阵外面的八个数的和也是68。

师：外面八个数的和是68，它们与数阵里面留下的四个数有什么关系？

生：留下的四个数中的每一个数都等于外面不同的两个数的和，因此，四个数的和就等于外面八个数的和。

（出示外面的八个数，如图3.21.8—3.21.11）

	2	7	4	3
1		8		
25	27			
10				13
16			20	

图3.21.8

	2	7	4	3
1			5	
25		32		
10	12			
16				19

图3.21.9

	2	7	4	3
1				4
25	27			
10			14	
16		23		

图3.21.10

	2	7	4	3
1	3			
25		32		
10			14	
16				19

图3.21.11

（通过课件展示，学生一目了然，终于找到了其中的秘密所在）

师：同学们非常棒，终于找到了数阵的秘密。老师也选了四个数（如图3.21.12），为什么它们的和不是68呢？

	2	7	4	3
1	3	8		
25	27	32		
10				
16				

图3.21.12

生1：这四个数不是不同行、不同列的，它们的和就不是68了。

生2：这四个数并不是每个数都等于外面不同的两个数的和，因此，这四个数的和不等于外面八个数的和。

2．再次研究。

师：过了一段时间，这个秘密被小王子发现了，于是国王调换了外面八个数的位置，又重新设计了一个数阵（如图3.21.13）。那么留下的四个数的和会不会发生变化呢？

（1）请认真完成练习纸上的第2题。

（2）思考：为什么它们的和不变？（外面的八个数没有变，剩下的四个数的和就是这八个数的和）

	2	16	4	3
25	27	41	29	28
1	3	17	5	4
10	12	26	14	13
7	9	23	11	10

图3.21.13

3．继续探索。

师：要使它们的和发生变化，你们觉得应该怎么办？

生1：改变其中的一个数，重新设计数阵。

生2：可以改变其中的几个数，重新设计数阵。

师：老师按照同学们的想法，改变其中的一个数或两个数，分别设计了这三个数阵（如图3.21.14—3.21.16），猜一猜：它们的和会变吗？为什么？

3	8	5	4
23	28	25	24
12	17	14	13
18	23	20	19

图3.21.14

3	9	5	4
27	33	29	28
12	18	14	13
19	25	21	20

图3.21.15

3	8	6	4
26	31	29	27
12	17	15	13
18	23	21	19

图3.21.16

（备注：第1个数阵是把八个数中的25改为21设计而成的，第2个数阵是把八个数中的7、16分别改成8、17设计而成的，第3个数阵是把八个数中的4、25分别改成5、24设计而成的）

（1）学生活动，教师巡视指导。

生：第1个数阵留下的四个数的和是64，第2个数阵留下的四个数的和是70，第3个数阵留下的四个数的和还是68。

（2）思考：为什么第1、2两个数阵留下的四个数的和分别发生了变化，而第3个数阵留下的四个数的和则不变？

师：如果让留下的四个数的和达到80，只改变一个数，你会吗？

生：只要把其中任意一个数加上12，另外七个数不变就行。

三、运用知识，解决问题

师：同学们，这些问题都难不倒聪明的小王子，于是国王把考验大臣的数阵拿出来考验小王子，同学们有没有信心去挑战？

要求：（1）它（如图3.21.17）是由哪些数设计出来的？（2）这个数阵有什么秘密？

生：我看到这个数阵第四行第三个数为0，就知道与它对应的外面的两个数分别都是0，从而知道了横着的五个数分别为3、4、0、1、2，竖着的五个数分别为8、5、9、0、7（如图3.21.18）。留下的五个数的和为39。

11	12	8	9	10
8	9	5	6	7
12	13	9	10	11
3	4	0	1	2
10	11	7	8	9

图3.21.17

			0		
	11	12	8	9	10
	8	9	5	6	7
	12	13	9	10	11
0	3	4	0	1	2
	10	11	7	8	9

图3.21.18

（学生汇报后，全班同学鼓掌。接着教师点拨：同学们，这位同学最高明的地方就在于抓住了解题的题眼，也就是突破口，从而很快地解决了这个问题。）

四、总结内化，继续探索

1．课堂总结：这节课你们有什么收获？

2．课外探索：设计一个数阵，从中任选一个数，然后把它所在的行和列上的其他数都删去，接着再取一个没有被删去的数，经过同样的几次操作后，让留下的四个数（五个数甚至六个数）的和等于100。

【课后体会】

本节课让学生在探究的过程中体验到数阵的神奇，体验到数学的无穷魅力。学生思维的火花在探究的过程中得到了激发，学生的思维在不断的挑战中得到发展。

1．创设情境，激发探究欲望。

数阵知识很抽象，它虽然蕴含着有趣的规律，但往往成为少数优秀学生或者个别对它感兴趣的学生的学习专利，多数学生没有走进数阵知识。那么，如何让数阵知识面向全体学生，让大家都能参与其中，并有所得呢？我想办法创设情境，用故事贯穿整节课，学生不知不觉地接受了国王的考验，且获得了成功的乐趣。最后在破解国王考验大臣的数阵的秘密时，学生的学习积极性达到了高潮，思维火花得到了激发。虽然有个别学生没有抓住解题的突破口，但这节课对他们今后的学习肯定有足够的启发。

2．材料简洁，一材多用。

本节课的学习材料比较简洁，我精心挑选了八个数设计了一个数阵，然后又调换位置重新设计了一个数阵，接着改变其中的一个数、两个数又分别设计了三个数阵。小小的改变，使得学生学得积极、主动，他们思维的火花不断迸发出来。课后让学生也设计一个数阵，课虽结束，余味犹存。

3．抓住“变与不变”，巧妙渗透数学思想与方法。

在学生第一次找到数阵的秘密后，我变换外面八个数的位置重新设计了一个数阵，再引导学生在变中找到不变量，抓住了事物的本质。然后又提出：“要使它们的和发生变化，你们觉得应该怎么办？”学生提出改变其中一个数或几个数。这时，我按学生的要求改变其中一个数、两个数重新设计了三个数阵，结果两个数阵留下的四个数的和变了，有一个没变。这再次激发学生思考，他们得出：要使留下的四个数的和发生变化，就要想办法使外面八个数的和发生变化。如果长期这样教学，学生的思辨能力就会得到提高。

案例22：善用错误思维，生成精彩课堂
——“纸的‘撕’界”实践与反思

【适合年级】

三年级、四年级

【课前思考】

在学习中我们常常会遇到一些看似非常简单的问题，但是学生一做就

错。这是由于受到思维定式的影响，解题时没有进行理性分析与思考，被题目的表象所误导。本节课研究的撕纸问题，就是一个典型的错例。“一张纸条，先撕成6块，再从中取出1块撕成6块，接着再从中取出1块撕成6块，如此进行下去，撕完某一块后停止。”学生往往错误地认为最后得到的块数是6的倍数。教学此题时，如果只靠教师演示与讲解，是完全不够的，学生的理解也是肤浅的。因此，要引导学生经历动手操作、比较分析、归纳推理等数学活动的全过程，透过现象看本质，突破自己原有的认知与思维习惯。

【教学目标】

1．在猜想、验证、推理等数学活动中，培养全面地思考问题、分析问题、解决问题的能力。

2．在探索、研究等活动过程中，感受化繁为简的数学思想，培养动手操作、空间想象和归纳推理的能力。

3．体会数学与生活之间的密切联系，体验探索、研究的乐趣。

【教学实录】

一、谈话导入，暴露思维

师：同学们，看到这个课题，你们猜这节课我们要干什么。

生1：撕纸。

生2：可能研究撕纸有哪些方法和规律。

（出示问题：一张纸条，先撕成6块，再从中取出1块撕成6块，接着再从中取出1块撕成6块，如此进行下去，撕完某1块后停止）

师：这是怎么撕的呢？

生：就是把一张纸撕成6块，再把其中1块撕成6块，再把其中1块撕成6块。

（按照学生的说明，教师演示撕的过程）

师：就这样一直撕下去，直到撕完其中1块后停止，这时可能会撕成几块呢？下面三个答案，你们觉得哪个最有可能？

A．360块　　B．361块　　C．362块

生：360块最有可能，361、362块不可能。

师：为什么？

生：每次都撕成6块，所以总块数肯定是6的倍数，因此，我选360块。

（全班学生都赞同这样的观点）

师：360块肯定对吗？你们有什么好办法来验证吗？

生1：我们可以拿一张纸撕一撕。

生2：块数太多了，可能会数错的。

生3：我可以拿一张纸先撕几次，然后找一找规律。

师：真棒！遇到研究的数据比较大时，我们可以从简单的情况开始研究，看看能不能先发现规律，再解决问题。

二、动手操作，打破定式

1．研究撕成6块的情况。

（学生操作，教师巡视，组织反馈）

生1：我撕一次得到了6块，再撕一次得到了11块，再撕一次得到了16块，我发现最后得到的块数不是6的倍数。

生2：原来一张变成6块，接着其中1块变成6块，每次都增加了5块。

师：撕一次得到6块，再撕一次怎么不是12块呢？

生：第二次是从第一次撕得的6块当中拿出1块再撕成6块，5+6=11（块）。

（出示撕两次的结果，如图3.22.1）

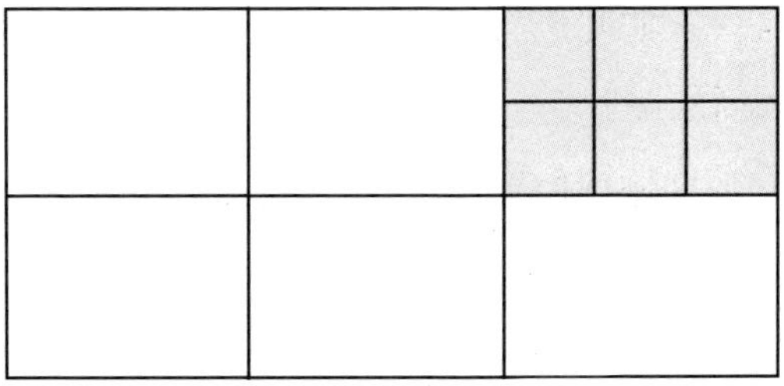

图3.22.1

师：撕三次又会有怎样的情况呢？

生：从第二次撕得的11块里面拿出1块再撕成6块，因此一共是11－1+6=16（块）。

（用课件验证撕三次的结果，如图3.22.2）

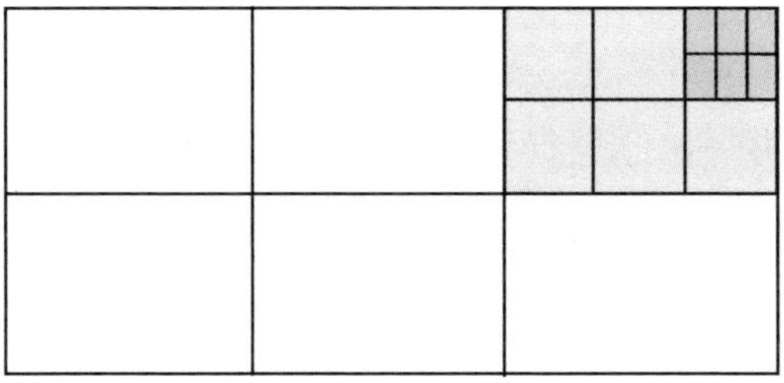

图3.22.2

师：再撕一次呢？

生：5＋5＋5＋6＝21（块）。

师：撕五次共得到几块？

生：26块。

（根据学生的回答，整理成表3.22.1）

表3.22.1

撕的次数	原来	1	2	3	4	5
增加的块数		5	5	5	5	5
总块数	1	6	11	16	21	26

师：从表格中你们有什么发现？

生1：得到的块数的个位不是6就是1。

生2：总块数都是5的倍数多1。

师：如果撕10次，一共会有多少块？

生：5×10+1=51（块）。

师：如果再往下撕呢？

生：只要列式计算就可以了，不用再撕了。

师：是的，撕着撕着我们就发现了规律。接下来我们再看刚才的三个答案，现在你们觉得哪个答案最有可能？为什么？

生：361。

师：思考一下：一共撕了多少次？

生：先把361减1，然后除以5就可以了，一共撕了72次。

2．研究撕成5块的情况。

师：如果一张纸条，先撕成5块，再从中取出1块撕成5块，接着再从中取出1块撕成5块，如此进行下去，到撕完某1块后停止。得到的块数又有什么规律呢？

生1：每次都加4。

生2：1、5、9、13……

师：每次都撕成5块，为什么每次都加4？

生：“取出1块撕成5块”，就是先减1，再加5，等于只多了4块。

师：那么撕的结果怎样呢？

生：等于4的倍数再加1。

3．研究撕成11块的情况。

师：一张纸条，先撕成11块，再从中取出1块撕成11块，接着再从中取出1块撕成11块，如此进行下去，到撕完某1块后停止。思考一下：如果在撕完某1块后停下来，99、101、110哪一个是可能撕出来的块数？

生：101。

师：为什么？

生1：原来有1块，每次增加了10块，所以是101块。

生2：总块数是10的倍数加1，因此，是101块。

师：如果撕100次的话，可以撕成多少块？

生：$10 \times 100+1=1001$（块）。

4．小结：回顾刚才的研究过程，当我们遇到较大的数据时，就从简单的情况入手，化繁为简，发现规律，解决问题。这是一种非常好的数学研究方法。

三、拓展延伸，方法提炼

1．分割三角形：1个三角形，取各条边上的中点并连线，把它切割成

4个小三角形，然后再将中间的1个三角形继续用这种方法切割成4个小三角形（如图3.22.3），照这样一直切割下去，10次后一共能切割出多少个小三角形呢？

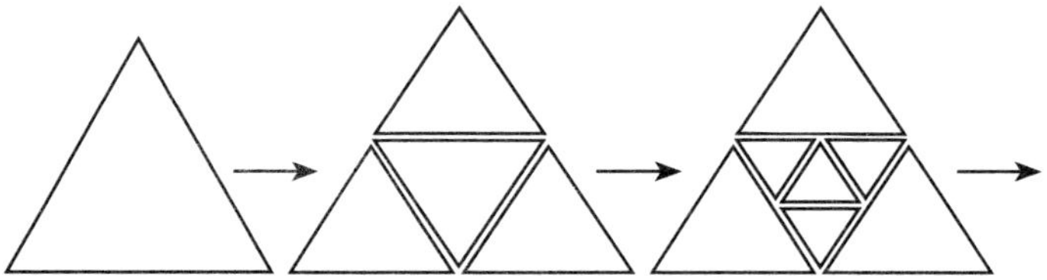

图3.22.3

（学生研究后汇报）

生：31个。

师：你是怎么想的？

生：1个、4个、7个……相当于每次都增加3个小三角形。

（板书：1，4，7，…）

生：因为每次增加3个小三角形，所以一共有31个小三角形，算式：$1+3\times10=31$（个）。

2．画正方形：1个正方形，连接每边的中点就能得到第2个正方形，再连接每边的中点就能得到第3个正方形，按照这样的方法一直画下去，添上10个这样的正方形（如图3.22.4），一共能得到多少个三角形？

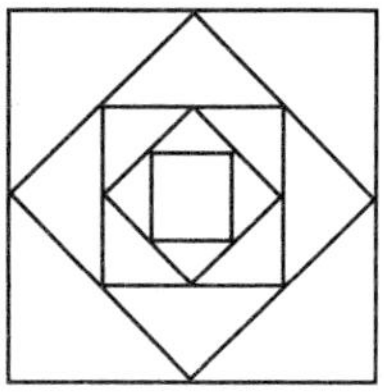

图3.22.4

生：$4\times10=40$（个）。

师：4是什么意思？

生：每次增加4个，10次就是40个。

师：刚才的三角形是平均分成4份，我们用“$1+3\times10$”计算，为什么这道题却用“4×10”计算呢？

生：刚才分成4份，有1份拿来继续分，所以每次增加3个；现在每次增加1个正方形，就增加4个三角形，所以用“4×10”计算。

师：分割三角形要加1，为什么这道题不用加1？

生：每次添上1个正方形，就会增加4个小三角形，最后求小三角形的个数，因此原来的1个正方形不能加上去。

3．研究数列。

师：我们把刚才的三角形图去掉，这条数列的第100个数是几？

生：我们发现剩下的数可以组成一条数列，每次都加3，所以第100个数就是1+100 × 3=301。

（其他学生点头表示赞同）

师：谁听明白了？

生：每次都加3，第100个数就加了100个3，再加上原来就有的1，所以是301。

师：是这样的吗？我们来看看刚才的图（图3.22.5）。

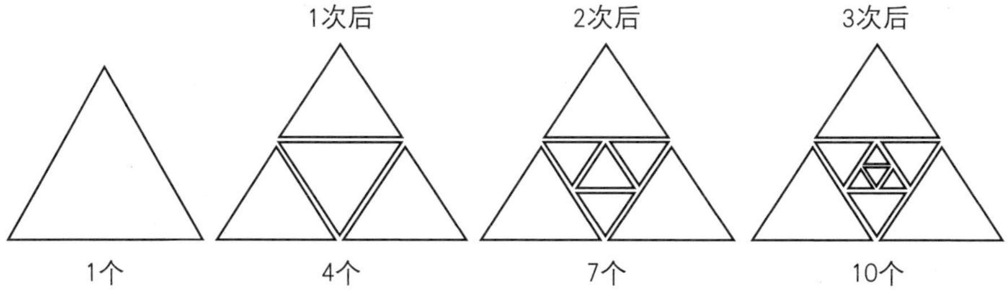

图3.22.5

生：不对，应该是加99个3，是1+99 × 3。

师：为什么又改成加99个3了呢？

生：第100个数，其实只分割了99次，第1个图形没分割。

师：为什么还要加1？

生：在1的基础上每次都增加3。

师：（继续出示数列：1，6，11，16，…）第100个数是几？你们想到了哪幅图？

生：长方形纸，每次增加5，所以第100个数是1+5 × 99。

师：你能解释一下吗？

生：每次增加5，第100个数需要撕99次，再加上原有的1。

师：如果第1个数不是1，是3，数列为3，7，11，15，…那么第100个数是哪个？你们是怎么想的？

生：相当于拿出1张撕纸，2张不动，所以是3+99 × 4。

四、总结内化，课外探索

1．课堂总结：这节课你们有什么收获？

2．课外探索：求下列算式的和：①1+4+7+10+…+298；②3+7+11+15+…+399。

【课后体会】

本课教学遵循学生的认知规律，善于利用学生的错误资源，创设认知冲突，让学生在撕纸中悟理，并解决问题。

1．充分暴露学生的思维，有效组织教学。

学生读题，了解撕法，受每次撕成6块的情况的影响、干扰，他们往往认为撕成的块数应该是6的倍数。这正暴露了学生错误的思维方法，为接下去的思维冲突埋下伏笔。知道了学生的问题所在，于是我巧设疑问："360块肯定对吗？你们有什么好办法来验证吗？"学生在这一疑问的驱使下考虑动手验证、探索、研究。这样，课堂效率才会更高。最后从形回到数，研究数列：第100个数是几？"1+100×3"？渗透数形结合的方法，给学生留足时间，学生恍然大悟，发现分割了99次，第100个数是"1+99×3"。

2．给足学生时间动手操作，有效突破思维定式。

在了解了怎么操作之后，学生动手撕一撕，并记录每次撕完后的块数。"撕一次得到6块，再撕一次怎么不是12块呢？"让学生充分感受其中1块被拿来撕成新的6块，即先减1再加6，增加了5块。用课件演示，让学生再次观察直观图，充分体会"$1+5\times n$"的方法，理解1的意义。在动手操作之后，回归数的研究：1，4，7，10，…第100个数是几？回顾操作过程，引发思维冲突，有效地打破了学生的思维定式。

3．巧设数据，让学生感受化繁为简的重要性。

按照每次撕6块的方法一直撕下去，能得到多少块？360块？361块？还是362块？数据如此大，要一直撕下去吗？纠结之后，学生选择了化繁为简解决问题的办法。学生撕着撕着，发现了规律。当问题解决时，他们就会深切地感悟到化繁为简的重要性。因此，对化繁为简的数学思想与方法的运用一直贯穿着整节课的始终。

案例23：变幻莫测的棋盘玄机
——“棋盘游戏”实践与反思

【适合年级】

三年级、四年级

【课前思考】

跳棋是一种可以由二至六人同时玩的棋，它的棋盘为六角星形，棋子分为六种颜色，每种颜色有6、10或15枚棋子，每一个玩家各占一个角，拥有一种颜色的棋子，谁先将自己的棋子全部跳到对面的相应位置就赢了。跳棋是一项老少皆宜、流传广泛的益智型棋类游戏。

很多人喜欢玩跳棋游戏，却不知道棋盘上有多少个小圆洞。小圆洞的个数较多且计算方法多样。那么，如何引导学生在观察、操作、分析、比较等数学活动中理解、掌握计算方法呢？我认为教师应向学生提供棋盘图片，让学生充分地探索、研究，体验数学与生活之间的联系，感受身边处处有数学。

【教学目标】

1．认识棋盘，将棋盘分割成不同形状的几何图形；理解、掌握棋盘上小圆洞个数的计算方法，并正确地进行计算。

2．在观察、操作、分析、比较等数学活动中，体验解题策略的多样性。

3．渗透棋类知识，体会数学与棋类游戏之间的密切联系。

【教学实录】

一、创设情境，激发兴趣

1．师：同学们，你们玩过跳棋吗？（部分学生举手）你们见过跳棋棋盘吗？（全班学生都举手）

（出示各种各样的小棋盘，如图3.23.1）

图3.23.1

师：谁来介绍一下棋盘？

生1：棋盘中间是1个六边形，旁边有6个小三角形。

生2：棋盘是由1个大三角形和3个小三角形组成的。

生3：棋盘是由1个平行四边形和4个小三角形组成的。

生4：棋盘是由6个平行四边形组成的。

…………

师：请仔细观察棋盘，你还能发现什么呢？

生：棋盘上有许多小圆洞。

师：你们知道有多少个小圆洞吗？（学生摇头表示不知道）

2．揭示课题，明确研究内容。

师：今天这节课我们不研究跳棋的玩法，而是研究棋盘上有多少个小圆洞。

二、探索研究，掌握方法

1．自主探索、研究。

师：温馨提示：（1）先仔细观察棋盘（一边有10枚棋子的棋盘），再动手圈一圈、画一画，列出算式，算出小圆洞的总个数；（2）如果有时间，还可以再想一想有没有更好的办法。

2．先同桌同学交流，再向全班同学汇报。

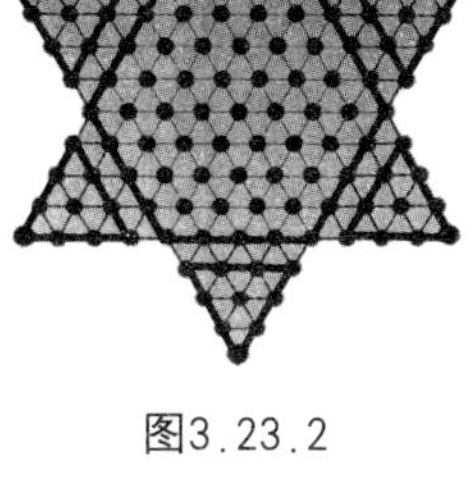

图3.23.2

生1：（如图3.23.2）棋盘旁边每个小三角形上都有10个小圆洞，6个小三角形一共有60个小圆洞，再把中间六边形内每行的小圆洞个数加起来：

5+6+7+8+9+8+7+6+5=61（个）。所以小圆洞的总个数是60+61=121（个）。

生2：我们组的方法跟他们差不多，不过计算方法有点儿不同，中间六边形的小圆洞个数是这样算的：(5+6+7+8) ×2+9=61（个）。

师：结果是一样的，方法更简洁。

生1：我们组的计算方法也不同，六边形最外边一圈每边有5个，一圈有30个；第二圈每边有4个，一圈有24个；那么，第三圈就有18个；第四圈有12个；最中间有1个。

生2：我们组有不同意见，六边形最外边一圈每边有5个，一圈没有30个，应该减去顶点重复的6个，只有24个，第二圈只有18个，第三圈只有12个，第四圈只有6个，最中间只有1个，一共有61个(如图3.23.3)。

图3.23.3

师：他们这一组观察得特别仔细，最外边一圈每边有5个，但是求一圈的总个数，不能简单地用5乘6得到30个，还要减去顶点位置6个重复计算的小圆洞。同样的道理，第二圈、第三圈、第四圈也要这样计算。

生1：(如图3.23.4）我们先算出中间1个大三角形上小圆洞的个数1+2+3+4+5+6+7+8+9+10+11+12+13=91（个），再加上旁边3个小三角形上的30个小圆洞，一共有121个。

生2：(如图3.23.5）我们先算出6个平行四边形上小圆洞的总个数：16×6=96（个）；再加上中间3条线上3×8+1=25（个），一共有121个。

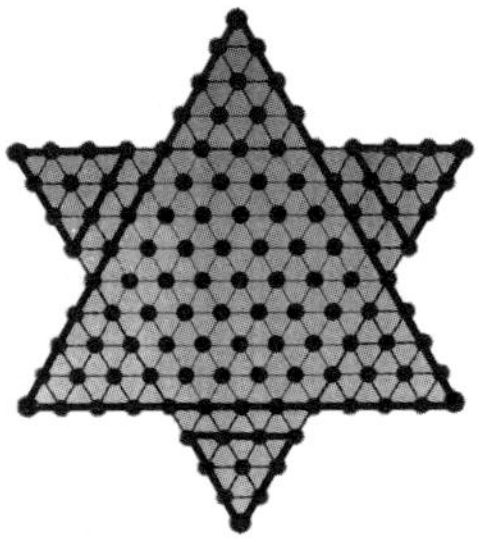
图3.23.4

图3.23.5

师：为什么3乘8再加1呢？

生1：中间的1个小圆洞不算的话，每条线上应该都有8个，因此，3条线上一共有24个，最后加上最中间的1个。

生2：（如图3.23.6）我们先算出其中1个大平行四边形上的小圆洞个数：9×9=81（个）；再加上4个小三角形上的40个小圆洞，合起来一共是121个。

生3：（如图3.23.7）除了最中间1个小圆洞外，棋盘正好可以分割成6个完全一样的平行四边形，每个平行四边形上都有20个小圆洞，因此，一共有20×6+1=121（个）。

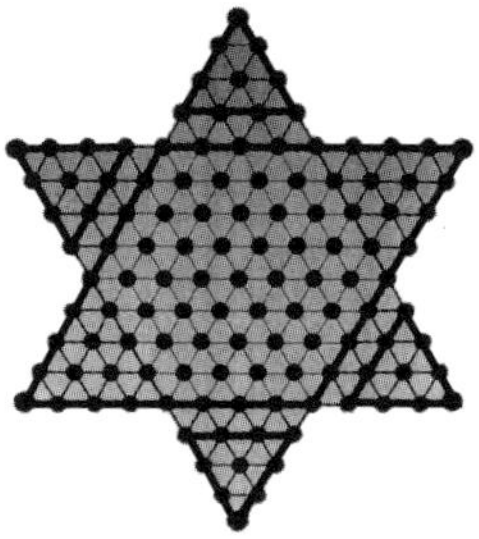

图3.23.6

图3.23.7

师：同学们真会思考，想出了这么多好方法！你们觉得哪种方法最简洁呢？

生1：我觉得把棋盘分成1个平行四边形与4个小三角形计算总个数比较简洁。

生2：我最喜欢把棋盘分成6个平行四边形，算出上面小圆洞的总数，再加上最中间的1个。

生3：我认为先算出1个三角形上的小圆洞个数，再加上3个小三角形上的小圆洞个数这种方法比较容易理解。

…………

3．再次研究。

师：（如图3.23.8）这个棋盘上小圆洞的个数少一些，请你先猜想一下大概有多少个小圆洞。

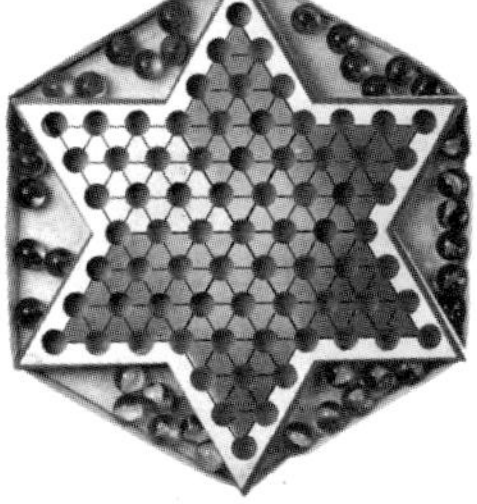

图3.23.8

生1：大概有80个。

生2：大概有70个。

生3：大概有81个。

生4：可能只有72个。

…………

师：请你快速地计算一下，看看这个棋盘上的小圆洞到底有多少个。

(学生动手操作、同桌同学交流后，再向全班同学汇报)

生1：我们把棋盘分成了1个大三角形与3个小三角形进行计算。算式：1+2+3+4+5+6+7+8+9+10=55（个）；(1+2+3) ×3=18（个）；55+18=73（个）。

生2：我们把棋盘分成了1个六边形与6个小三角形进行计算。算式：(1+2+3) ×6=36（个）；4+5+6+7+6+5+4=37（个）；36+37=73（个）。

生3：我们把棋盘分成了1个平行四边形与4个小三角形进行计算。算式：7×7=49（个）；(1+2+3) ×4=24（个）；49+24=73（个）。

生4：我们把棋盘分成了6个平行四边形，算出上面小圆洞的总和，再加上最中间的1个。算式：3×4×6=72（个）；72+1=73（个）。

生5：我们也把棋盘分成了6个平行四边形，算出上面小圆洞的总和，再加上3条线上的。算式：3×3×6=54（个）；6×3+1=19（个）；54+19=73（个）。

4．比较：请同学们再次仔细观察这两个棋盘，想一想它们的计算方法有什么相同点。

生1：都可以用同样的方法计算。

生2：都可以把棋盘分成相同形状的图形进行计算。

师：如果把它们分成6个平行四边形与最中间1个小圆洞的话，这些平行四边形上的小圆洞有什么不同？

生：刚才每个小平行四边形上的小圆洞有4×5=20（个），现在每个小平行四边形上的小圆洞有3×4=12（个）。

师：（出示图3.23.9）请你猜想一下：如果用同样的方法分割棋盘，每个小平行四边形上的小圆洞的个数是多少呢？

图3.23.9

生：可能是$5\times6=30$（个）。

师：那么总数有多少个呢？

生：181个。

师：同学们的猜想是否正确呢？请大家动手验证。

（学生研究后汇报）

生：我们把棋盘分成了6个同样的平行四边形，发现每个平行四边形上的小圆洞个数确实是$5\times6=30$（个），棋盘上小圆洞的总个数就是$30\times6+1=181$（个）。

三、全课总结，课外延伸

1．课堂总结：今天这节课你们有什么收获？

2．课外探索：请你计算一下，飞行棋的棋盘（如图3.23.10）上有多少个小圆圈。如果有条件，你还可以再找一些棋盘进行研究。

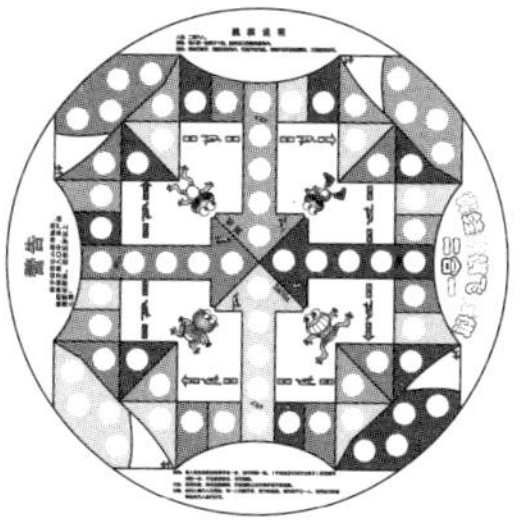

图3.23.10

【课后体会】

本节课学生在圈一圈、画一画、算一算等操作活动中，充分认识到了棋盘的变幻莫测，充分体验了解题策略的多样性。以下几点让我感受颇深。

1．重视对棋盘的观察与分析。

小小的棋盘蕴含着丰富的数学知识，它可以分成许多个基本图形。分割方法不同，计算小圆洞个数的方法也是不同的。教学时，我们首先要引导学生仔细观察、认真分析棋盘，并思考它分别可以分成哪些基本图形，然后再算一算这些基本图形上的小圆洞的个数，最后算出棋盘上小圆洞的总个数。因此，仔细观察、认真分析棋盘是本节课学习的基础与前提。

2．在动手操作中加深理解。

由于棋盘上小圆洞的个数比较多，棋盘也比较复杂，因此，只通过肉眼观察、分析、比较等数学活动是完全不够的。我们应给学生提供棋盘图片，让学生在圈一圈、画一画等动手操作活动中学习。如把棋盘分成1个大平行四边形与4个小三角形、把棋盘分成6个平行四边形与最中间1个小圆洞等方法，就需要学生动手操作。学生在动手操作活动中，会不断地产生一些新的想法。在教学过程中，一些不容易发现的方法更需要学生动手操作。动手操作不仅加深了学生对棋盘的认识，也有利于学生理解小圆洞总个数的计算方法。

3．注重解题策略的多样性。

由于棋盘可以分割成许多种不同的图形，因此，计算小圆洞总个数的方法也是不同的。教学时，我们不能只满足于用一种方法求得答案，而要引导学生不断地思考是否还有其他方法，把学生的思维从舒适区引向挑战区，让学生能够想得更深入、更全面一些。因此，本节课学生创新的想法不断地涌现，思维不断地得到激发。如把棋盘分成6个小三角形与1个六边形、把棋盘分成1个大三角形与3个小三角形、把棋盘分成1个平行四边形与4个小三角形、把棋盘分成6个平行四边形与最中间1个小圆洞等。

案例24：动手操作，开发空间想象能力
——“至少移动几个圆片”实践与反思

【适合年级】

三年级、四年级

【课前思考】

圆形的物体在生活中随处可见，应用非常广泛。从小学五、六年级开始，学生将学习有关圆的知识。因此，本节课并非引导学生去探索圆的特征、周长和面积等知识，而是用若干个圆片摆成一个三角形（水平位置摆放，尖角朝上），要求至少移动几个圆片，让这个三角形的尖角朝下。该内容是培养学生空间想象能力的好素材，但有一定的难度。最大的学习难点在于要求学生移动圆片的个数尽量少，当然，如果没有这样的要求，就

失去了研究的意义和价值。因此，教学时要帮助学生准备学具，让他们在操作活动中学习，在比较中达到“至少”的要求。

【教学目标】

1．能用若干个相同的圆片摆出一个三角形，并尽量少移动圆片，使这个三角形的尖角方向改变。

2．在分析、比较、操作等活动中体验解题策略的多样性，并进行方法的优化。

3．在活动中体验游戏成功的乐趣，初步渗透数学建模思想。

【教学实录】

一、动手操作，导入新课

1．师：为了研究方便，老师给每位同学发了15个圆片，但是今天我们不是研究圆有什么特征，而是用圆片来研究与三角形有关的知识。请同学们先用这些圆片摆一个三角形，等会儿向全班同学介绍你摆的三角形用了几个圆片。

（学生活动，教师巡视）

生：所需圆片的个数分别是3个、6个、10个、15个、21个（如图3.24.1—3.24.5所示）

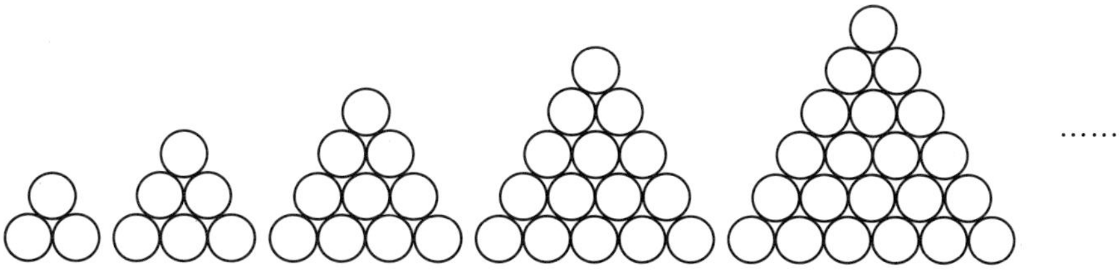

图3.24.1 图3.24.2 图3.24.3 图3.24.4 图3.24.5

2．师：请认真观察这些三角形，想一想：至少移动其中的几个圆片，才能分别让它们上下颠倒呢？这就是今天这节课我们要研究的问题。（板书课题：至少移动几个圆片）

二、探索研究，发现规律

1．研究3个圆片摆成的三角形。

师：如果只需要让它们上下颠倒过来，就比较简单，让最下面一行的圆片不动，把上面几行的圆片统统移到下面就行。但是要求至少移动几个圆片，就需要对多种移动方法进行比较分析。接下去，我们从简单的情况入手，由易到难逐步研究，探索规律。

先研究由3个圆片摆成的三角形（如图3.24.1），至少移动几个圆片，才能让它上下颠倒呢？

生1：把第二行的2个圆片都移到第一行的上面（如图3.24.6）。

生2：把第二行中的1个圆片移到第一行（如图3.24.7）。

生3：把第一行的1个圆片移到第二行的下面（如图3.24.8）。

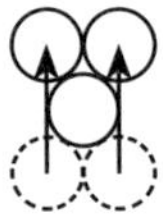
图3.24.6

图3.24.7

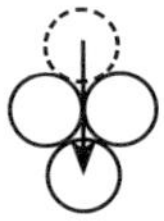
图3.24.8

（通过比较，发现至少需要移动1个圆片）

2．研究6个圆片摆成的三角形。

师：由6个圆片摆成的三角形（如图3.24.2），至少移动几个圆片，才能让它上下颠倒呢？请同学们用圆片摆一摆、移一移。

生1：我们可以把最上面两行的3个圆片一起移到第三行的下面。

生2：把第三行两边的2个圆片分别移到第一行的两边（如图3.24.9）。

生3：把第三行中的1个圆片移到第二行，把第一行的圆片移到第三行的下面（如图3.24.10）。

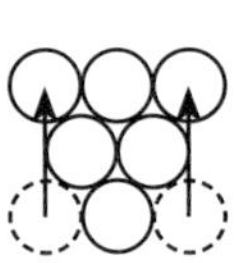
图3.24.9

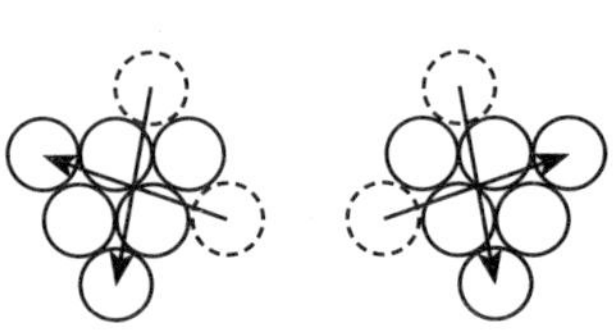
图3.24.10

师：请比较一下：哪种方法所移圆片最少？能否再少移动1个呢？

生1：第1种方法虽然也能使三角形尖角朝下，但移动个数最多。

生2：我们刚才已经试过了，不行，至少得移动2个圆片。

（通过比较发现至少需要移动2个圆片）

3．研究由10个圆片摆成的三角形（如图3.24.3）。

师：请同学们先猜想一下：至少移动几个圆片，才能让这个三角形上下颠倒呢？

生1：6个。

生2：4个。

生3：3个。

…………

（学生动手验证，教师巡视指导）

生1：最后一行不动，把上面三行的6个圆片都移到下面。

生2：先把最后一行两边的2个圆片分别移到第二行的两边，再把第一行的圆片移到最后一行的下面（如图3.24.11），只要移动3个就可以了。

生3：先把第一行的圆片移到第二行的左边，再把第四行左边的圆片移到第四行的下面，最后把第四行右边的圆片移到原来第二行的右边（如图3.24.12），也只要移动3个。

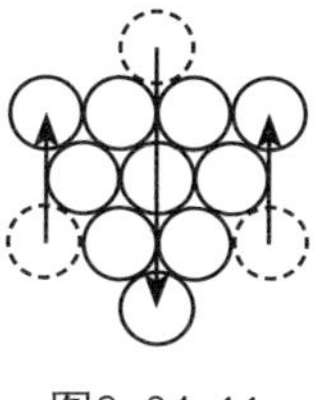

图3.24.11

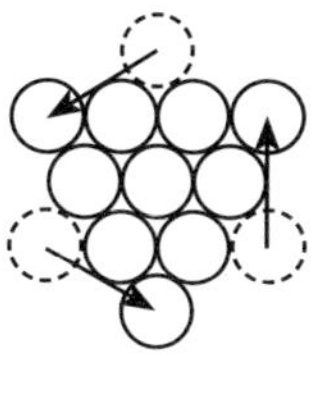

图3.24.12

4．自主研究由15个、21个圆片摆成的三角形（如图3.24.4、图3.24.5）。

（学生自主探索、研究，教师巡视指导，请移动个数最少的学生汇报）

生1：由15个圆片摆成的三角形，先把最后一行两边的2个圆片分别移到第三行的两边，再把最上面两行的圆片都移到最后一行的下面（如图3.24.13），一共需要移动5个圆片。

生2：由21个圆片摆成的三角形，先把第一行的圆片移到最后一行的下面，再把最后两行两边各3个圆片分别移到第二行、第三行（如图3.24.14），一共需要移动7个圆片。

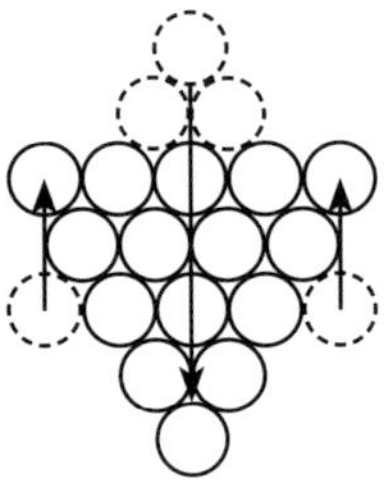
图3.24.13

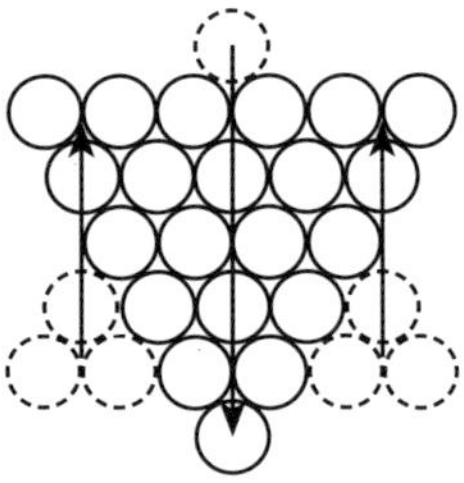
图3.24.14

5．猜想验证，发现规律。

（1）猜想验证。

师：整理刚才的研究成果，我们能否猜测一下：由28个圆片摆成的三角形（如图3.24.15），要使它上下颠倒，至少需要移动几个圆片呢？

生：前面每增加一行圆片，圆片移动的个数分别增加了1个或2个，因此，我们认为至少需要移动8个圆片。

（师生共同验证，发现猜测的结果是错误的，至少需要移动9个圆片。方法如下：把最后两行两边的3个圆片，分别移到第三、第四行，再把第一行和第二行的3个圆片移到最后一行的下面，如图3.24.16。）

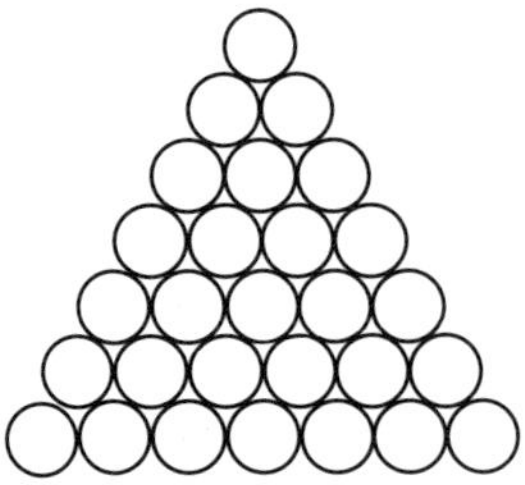
图3.24.15

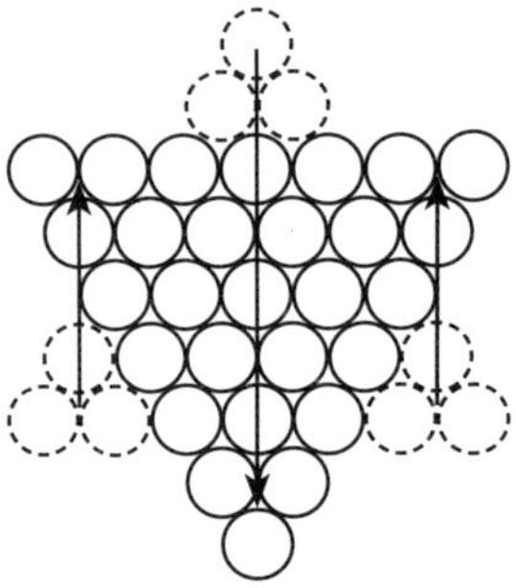
图3.24.16

（2）继续猜想验证。

师：由36个圆片摆成的三角形（如图3.24.17），要使它上下颠倒，至少需要移动几个圆片呢？

生1：11个。

生2：12个。

生3：13个。

（师生共同验证，发现12个是正确答案，方法如下：先把最上面三行的6个圆片移到最后一行的下面，再把原来最后两行两边的3个圆片分别移到原来第四、第五行的两边，如图3.24.18）

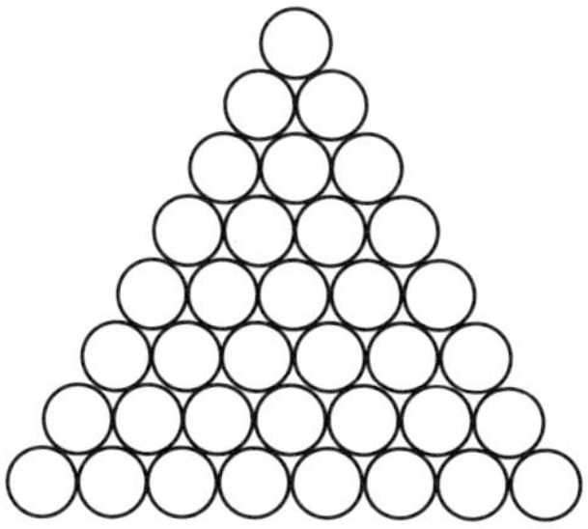

图3.24.17

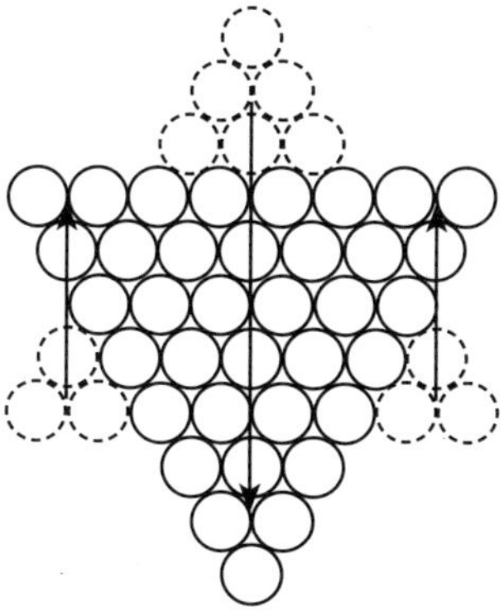

图3.24.18

（3）发现规律。

师：分别由45个、55个圆片摆成的三角形，要使它们上下颠倒，至少需要移动几个圆片呢？我们不急于动手移圆片，先把刚才的研究过程与结果列表分析一下（如表3.24.1）。

表3.24.1

圆片个数	3	6	10	15	21	28	36
行数	2	3	4	5	6	7	8
移动个数（至少）	1	2	3	5	7	9	12

师：从左往右逐项观察，似乎发现不了规律。若把三角形行数按顺序

变成四个四个一组（头尾一个数重合），我们很快就会找到规律。为了更好地表达，我们用图（图3.24.19）表示。第一组移动的个数分别为0、1、2、3，依次增加了1个；第二组移动的个数分别为3、5、7、9，依次增加了2个；第三组移动的个数可能依次增加了3个。

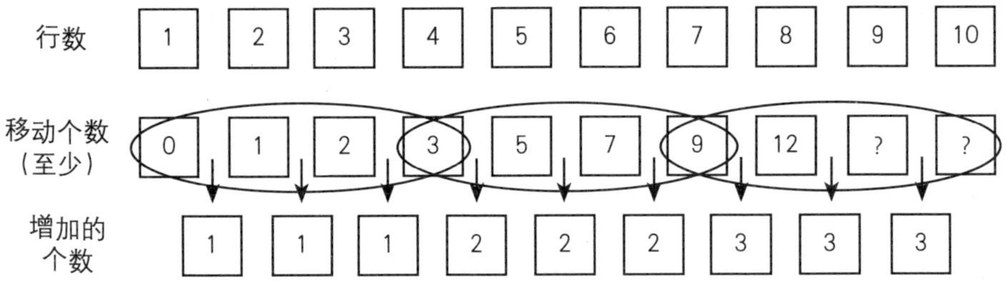

图3.24.19

师：由此得到，用45个、55个圆片摆成的9行、10行三角形，分别至少移动15个、18个圆片，才能使三角形上下颠倒，具体移动方法如下（如图3.24.20、图3.24.21）。

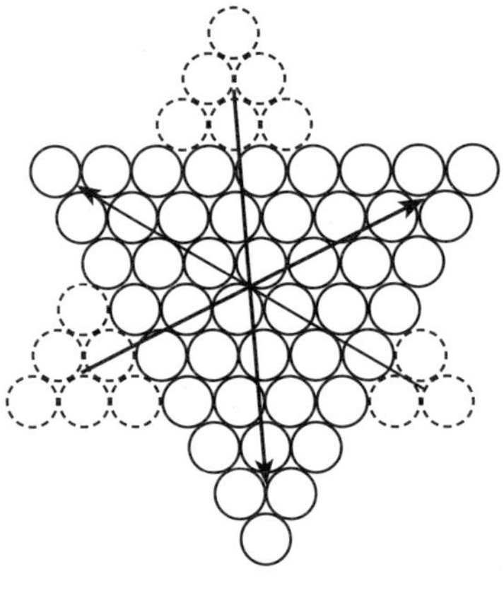

图3.24.20

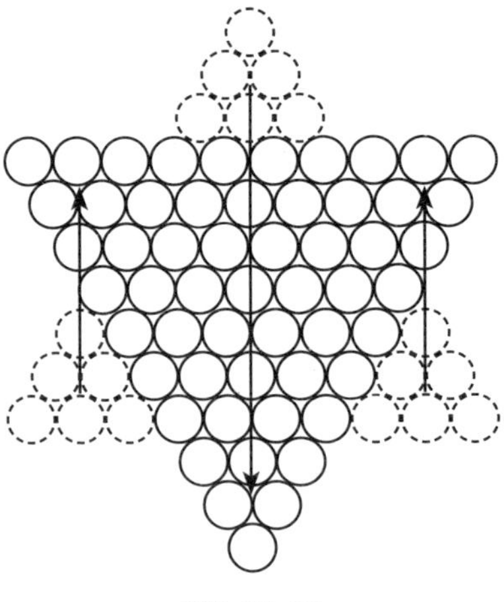

图3.24.21

三、总结内化，课外探索

1．课堂总结：这节课你们有什么收获或启发？

2．课外探索：用圆片摆成空心的三角形（如图3.24.22），至少移动几个圆片，才能使三角形的尖角朝下？

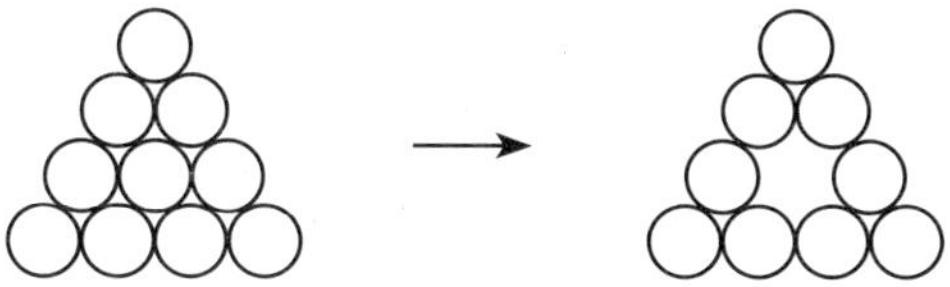

图3.24.22

【课后体会】

本节课紧紧抓住至少移动几个圆片，才能让三角形的尖角朝下（或上下颠倒），让学生在空间想象、动手操作、比较分析等数学活动中发现规律，解决问题。

1．重视空间想象。

本节课不仅引导学生在动手操作中发现“至少移动几个圆片”的规律，还根据学习内容的特点，培养学生的空间想象能力。因此，要求学生在移动圆片之前先进行空间想象，猜想圆片移动的个数，然后动手操作验证。在操作之前，做足“想象”的文章。

2．重视动手操作。

随着圆片个数的增加，动手操作的难度越来越大。教学时仅仅靠学生猜想、教师验证或演示是完全不够的，势必会造成学生的理解不深刻。因此，引导学生想象、猜想后，务必要求学生动手操作验证。在动手操作的过程中，学生还会发现有不同的方法或策略。这可以培养学生的动手操作能力及发散思维能力。

3．重视比较分析。

只让三角形的尖角朝下，方法与答案是多样的，而要求做到“至少”，则答案是唯一的。然而，学生在动手操作的过程中不可能一下子就找到最小值，因此还要组织全班学生进行比较分析，甚至要有针对性地进行指导与点拨，从而让学生的理解更加深刻，让研究持续深入。

案例25：对比分析，解开数学思考的“结”
——“绳子中的数学问题”实践与反思

【适合年级】

四年级、五年级

【课前思考】

为了存储、携带方便，我们常常需要将一些较长的物体对折。小学生都有将跳绳对折携带的生活经验，但他们很少从数学的角度去分析其中蕴含的数学问题。例如，将一根绳子对折1次平均分成了2段，对折2次平均分成了4段，对折3次平均分成了8段，对折4次平均分成了16段，以此类推，可以得到对折n次绳子的段数（假设绳子足够长）。教学时仅仅靠课件演示是完全不够的，需要学生在动手操作中感悟绳子的段数在成倍地增加。但是仅仅靠动手操作也是没有办法做到的，需要引导学生在动手操作几次后，对得到的绳子的段数进行分析、比较、归纳、概括，找到规律。为了增加探索、研究的味道，培养学生的空间想象能力，教学时可以适当地提高一点儿难度，要求学生沿着对折后绳子的中间剪一刀，研究剪开后的段数。它还蕴含着植树问题。因此，本课还要引导学生通过操作、观察，找到孤立的两者之间的内在联系。

【教学目标】

1．在操作、观察、分析、比较等活动中，发现绳子对折次数与剪开的段数之间的关系。

2．在数学活动中渗透化难为易、化繁为简的数学思想，培养探求数学奥秘的精神。

3．感悟数学知识之间的内在联系，体验数学与生活之间的联系。

【教学实录】

一、学生提问，揭示课题

1．师：（出示绳子）我们怎样研究绳子中的数学问题呢？

生1：可以将绳子对折几次，看一看分成了多少份。

生2：也可以将绳子剪几次，看一看剪成了多少段。

生3：也可以量一量绳子的长度。

…………

2．揭示课题：这节课我们先将绳子对折几次，看一看可以将绳子分成多少份。然后沿着对折后绳子的中间剪一刀，看一看又可以将绳子分成多少段。

二、探索研究，发现规律

1．出示问题：把一根绳子连续对折10次，可以将它分成多少份？

师：请同学们猜想一下。

生1：100份。

生2：20份。

生3：500份。

生4：1024份。

…………

师：到底分成了多少份呢？你们打算怎样研究这个问题呢？

生：让我们动手折一折。

（请学生演示，他们发现对折5次后就折不了了）

师：对折5次后就折不了了，找不到答案了，怎么办？

生：可以先把对折1次、对折2次、对折3次、对折4次分成的份数记录下来，找到规律后再求对折10次的结果。

（学生动手研究，将结果记录在表3.25.1中）

表3.25.1

对折次数	1	2	3	4	5	6	…	10
分成份数	2	4	8	16	32	64	…	1024

生：对折1次，分成了2份；对折2次，分成了4份；对折3次，分成了8份；对折4次，分成了16份；对折5次，分成了32份；最后得到对折10次，分成了1024份。

师：后面几次没有操作，你们是怎么得到1024份的呢？

生1：因为分成的份数都是翻倍的，所以接下去都乘2就行了。比如对折6次分成的份数就是32乘2，等于64；对折7次分成的份数就是64乘2，等于128；对折8次分成了256份；对折9次分成了512份；对折10次分成了1024份。

生2：原来一根对折1次，就是1×2=2（份），再对折1次就是2×2=4（份），对折3次就是2×2×2=8（份），对折4次就是2×2×2×2=16（份），对折5次就是5个2相乘，对折10次就是10个2相乘，为1024份。

师：好办法，在对折中找到规律，然后算出对折10次分成的份数。

2．出示问题：把一根绳子连续对折10次，然后沿着中间剪开，一共有多少段？

师：读懂题目了吗？我们要干什么？

生1：先对折，再剪下来，数一数段数。

生2：先对折10次，再沿着中间剪下来，数出段数。

（出示图3.25.1）

图3.25.1

师：是的，必须先对折，再剪下，记录每一次剪后的段数，看谁先发现规律。

（学生研究，教师指导）

师：对折1次，剪开是几段？

生：3段。

师：（拿出一根绳子，对折1次，用手比画着从中间剪下去）对折1次，分成2份，剪下去，不是应该有4段吗？

生：1份是连着的。

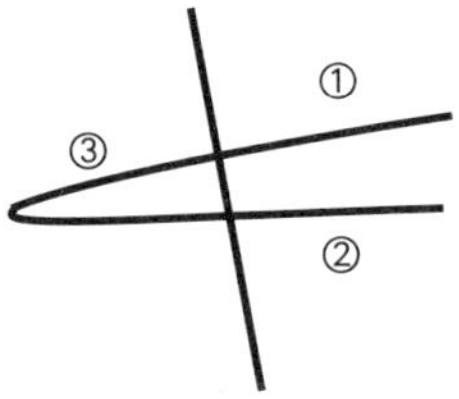

图3.25.2

（用课件演示对折1次的剪法，如图3.25.2）

师：确实是3段，有1段是连着的。那么对折2

次呢？分成4份，剪出来是几段呢？

生：5段。

师：怎么得到5段呢？

生：对折后还有3个头是连着的，所以是5段。

师：是不是这样？我们来剪剪看（教师剪绳子，并跟学生一起数出段数）。

（出示图3.25.3）

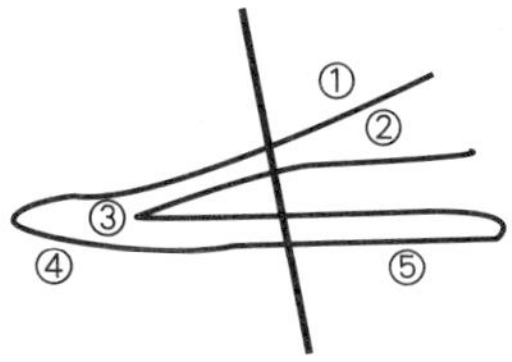

图3.25.3

师：对折3次，可以剪成几段呢？

生：对折3次，剪成了9段。

（学生回答，师生一起验证）

师：对折6次，可以剪成几段呢？

生：65段。

师：对折10次，可以剪成几段呢？

生：1025段。

（将结果记录在表3.25.2中）

表3.25.2

对折次数	1	2	3	4	5	6	…	10
剪出段数	3	5	9	17	33	65	…	1025

3．师：仔细观察这个表格，你们又有什么发现？

生1：剪出来的段数都比对折分成的份数多1。

生2：每一次剪出来的段数都比对折分成的份数多1（如表3.25.3）。

表3.25.3

对折次数	1	2	3	4	5	6	…	10
分成份数	2	4	8	16	32	64	…	1024
剪出段数	3	5	9	17	33	65	…	1025

三、深入探究，追根问源

师：通过刚才的研究，我们发现了剪出的段数比对折分成的份数都多1，那么为什么都多1呢？

生：因为有 1 份是连着的。

师：是啊，为什么这么巧，都是多1呢？想知道原因吗？

师：（拿出一根绳子，对折1次）分成了几份？

生：2份。

师：现在如果我拿剪刀从中间剪下去，这刀会经过几份？

生：2份。

师：如果我们把绳子重新打开，就相当于我在这根绳子上剪了 2 次。

（出示对折绳子剪1刀打开后的情况，如图3.25.4）

师：你们有什么发现？

生1：相当于剪了2刀。

生2：剪成了3段。

图3.25.4

师：好，我们再来看对折2次的情况，我们把它分成了4份。如果此时我们拿剪刀把它剪开，剪刀经过了几份？

生：4份。

师：请一位同学来帮忙示范一下，（请学生帮忙记住剪过的地方）你们看一看，这一刀下去相当于剪了几刀？

生：4刀

师：几段？

生1：5段。

生2：最后1刀2段，所以比4段多1段（如图3.25.5）。

图3.25.5

师：以此类推，对折3次，绳子被分成了8份，剪刀经过了8份，打开相当于剪了8次，所以剪出来了9段。

师：你们明白了吗？

（学生点头）

师：有意思，所以对折10次，分成了1024份，那么刀就经过了这1024

份，相当于剪了1024次，剪出来了1025段。

四、知识运用，拓展延伸

1．出示探究题1：（拉面问题）拉面馆的师傅，把一根很粗的面条两头捏合在一起拉伸，再捏合，再拉伸，反复几次，就把这根很粗的面条拉成了许多根细面条，这样捏合到第____次后拉出了128根面条。

（教师先示范面条的做法：对折，拉长，再对折……）

师：捏合多少次后是128根面条呢？

生：7次。

师：为什么？

生1：对折1次2根，对折2次4根，每次都是2的倍数，跟刚才对折绳子是一样的。

生2：$2\times2\times2\times2\times2\times2\times2=128$，所以是7次。

师：你们很棒，找到了问题的本质所在，这其实就是对折几次的问题，也就是几个2相乘等于128的问题（2的几次方等于128）。

2．出示探究题2：一根拉直的绳子从中间剪1刀被分成了2段；如果将一根绳子对折1次后再从中间剪1刀，绳子就变成了3段；将一根绳子对折2次后再从中间剪1刀，绳子就变成了5段；将一根绳子对折6次后再从中间剪1刀，绳子就变成了（　）段。

A．17段　　B．33段　　C．54段　　D．65段

师：你觉得应该选哪个？为什么？

生：65，因为对折6次分成了64份，加1就是65段。

师：这是一道中考题，同学们真了不起，解决了它。其实，还有一种折绳的方法，想不想看看这种折法有什么秘密？

生：想。

3．出示探究题3：如下图（图3.25.6），一根绳子折了10次，从中间剪开，可以得到多少段？

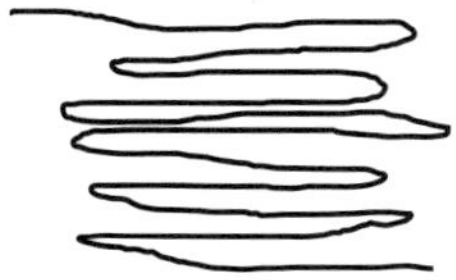
图3.25.6

师：这个折法与刚才的对折有什么不同？

生：这就是折，不是对折。

师：如果这样折10次会剪出多少段？可以怎么研究？

生：先从简单的情况开始研究，再找一找规律。

（学生操作，教师巡视）

（学生活动后反馈，如表3.25.4）

表3.25.4

折的次数	1	2	3	4
分成份数	2	3	4	5
剪出段数	3	4	5	6

生：折10次就分成11份，剪出来就是12段。

师：通过折、剪，你们又发现了什么规律？

生：剪出来的段数比分成的份数多1，跟刚才一样。

师：怎么只有12段？刚才可是1025段，数据为什么相差这么大？

生1：因为刚才是对折，这个只是折，多折1次，就多1份。

生2：剪出来也就只多了1段。

师：哦，原来如此，看来我们不能被表面现象给骗了，关键时候要动动手，这样，我们就能找到方法。

五、总结内化，课外探索

1．课堂总结：这节课你们有什么收获？

2．课外探索：一张纸条，连续对折10次后，沿着中间剪2次，一共剪成了多少块？

【课后体会】

本节课学生在动手操作、多次比较分析、沟通联系中，积极参与探索、研究绳子中的数学问题，充分感受到了数学知识之间的内在联系，充分体验到了数学与生活之间的密切联系。

1．注重操作，打破定式。

正如学生所想的，对折5次的答案知道了，对折10次，只要用10个2相乘就可以了。这就是学生的思维定式。如何破除这种思维定式？最好的办法就是用事实来证明。因此，在教学中要注重让学生动手操作，并记录每次得到的数据，通过数据分析发现对折后的份数与剪出段数之间的关系。同样，对折1次，分成2份，剪一下，应该是4段，为什么只有3段呢？这也是一种思维定式。让学生充分地剪、观察、思考，学生就会发现其中1段是连着的，所以只有3段。因此，动手验证在孩子们知识形成的过程中必不可少。

2．类比教学，求同存异。

设计了对折10次和折10次的比较，让学生发现最后剪出的段数＝分成的份数＋1。对折10次和折10次是有明显区别的，这加深了孩子们对“对折”概念，以及加1的特殊性的理解。再者，对折后的份数与剪出的段数的多次比较，让学生感受到了剪这个方法的特殊性。

3．追求本质，打通联系。

学习数学知识不仅要让学生知其然，还要让学生知其所以然。经过大量折、剪的操作后，我们就要引导学生思考：为什么剪出的段数刚好比分成的份数多1。通过课件演示、实物操作，让学生感受剪1刀经过了2份，打开对折的绳子，其实就相当于剪了2刀。这样就转化成植树问题了，巧妙地与植树问题联系起来。

4．化繁为简，渗透思想。

数学学习不仅是学知识，更应该学思想。课一开始，我让学生先猜想，然后动手折一折。学生折着折着，折不了了，怎么办？这迫使他们思考：有没有什么好办法来解决这个问题？于是学生自然而然地想到可以从简单的情况入手，找到规律，然后再解决问题。这样做可以让学生深刻感悟化繁为简的重要性。

案例26：边玩边记，在游戏中“跳”出智慧

——“‘兔子跳跳’游戏”实践与反思

【适合年级】

五年级、六年级

【课前思考】

兔子是学生非常喜爱的动物之一。因此，我设计了“兔子跳跳”游戏，旨在引导学生在游戏中掌握规律，培养能力，建立数学模型，体验成功的乐趣。随着游戏活动的推进，学生会发现“兔子跳跳”游戏有点儿难，兔子跳着跳着，忽然就被“卡”住了。这正是这节课的思维展开点。教师要有效地帮助学生在比较分析中找到“失败”的原因，让他们体验到游戏成功的乐趣。然而，数学课不能为了游戏而游戏，还要引导学生用数学的眼光与数学的方法来分析游戏，寻找游戏中蕴含的规律和数学思想与方法，如化繁为简、建模思想等。

【教学目标】

1．在动手操作过程中克服思维定式，逐步发现规律，运用规律，建立数学模型。

2．在分析、比较、归纳、概括等活动中，培养学生的归纳推理能力。

3．渗透化繁为简的数学思想与方法，体验游戏成功的快乐。

【教学实录】

一、揭示课题，明确任务

1．师：同学们，你们喜欢玩数学游戏吗？我想，答案是肯定的。接下去，老师带领大家一起来玩一玩“兔子跳跳”游戏。

2．出示问题：下图（图3.26.1）中“空位置”的两边各有100只兔子，左边的兔子想往右边跳，右边的兔子想往左边跳，如果让它们互换位

置，一共需要跳多少次呢？

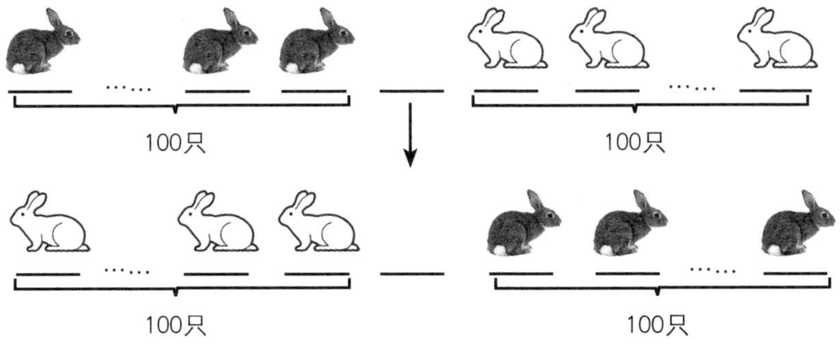

图3.26.1

生：这道题还没有告诉我们兔子是怎么跳的。

师：说得非常好，我们在做游戏之前一定得制定好游戏规则。

[出示规则：（1）每个位置只能站1只兔子，每次只能有1只兔子往前跳；（2）每次只能向前跳1格或2格，不能后退]

师：请同学们猜想一下：按这样的游戏规则，让兔子互换位置，它们一共需要跳多少次呢？

生1：100次。

生2：200次。

生3：201次。

生4：大约1000次。

…………

师：同学们的猜想都不同，到底谁的猜想更合理一些呢？

生1：让我们动手研究一下。

生2：（反驳）兔子太多了，我们不可能买200只兔子来做实验哪！

生3：我们可以用其他东西代替灰兔、白兔来跳一跳。

生4：但是兔子跳的次数很多，不好统计。

生5：我们可以从简单的情况开始研究。

师：说得非常好，我们在遇到这样的难题时，不妨化难为易、化多为少进行研究，发现规律后，问题就会迎刃而解。

二、探索研究，发现规律

1．研究每边各有1只兔子的情况。

师：为了更好地发现规律，我们有必要对研究的过程做简要记录。灰兔用字母“H”表示，白兔用字母“B”表示。

（学生探索后汇报）

生1：灰兔先跳，共跳了3次（如图3.26.2）；记作：H、B、H；算式：1+1+1=3（次）。

图3.26.2

生2：白兔先跳，共跳了3次（如图3.26.3）；记作：B、H、B；算式：1+1+1=3（次）。

图3.26.3

师：不管是灰兔先跳还是白兔先跳，都只需要3次就可以了。这两种方法其实是一样的，只是方向不同，为了研究的方便，下面我们只需要研究从灰兔开始跳的情况。

2．研究每边各有2只兔子的情况。

师：同学们，请你们猜测一下：每边各有2只兔子，互换位置需要跳多少次呢？

生1：5次。

生2：6次。

生3：也有可能是7次。

师：到底谁的猜想正确呢？请同学们动手研究吧！

（学生活动，教师巡视指导。在游戏的过程中，我们发现游戏并不简单。活动结束后，教师先请没有完成互换位置的学生汇报。）

生1：前面4次分别是H、B、H、B，当兔子跳完第4次时，就“卡”住了。（学生利用教具在黑板上演示，如图3.26.4）

图3.26.4

生2：我让白兔先跳，也出现了类似的情况。（学生也利用教具在黑板上演示）

（这时，再请完成互换位置的学生上来汇报）

生：兔子一共需要跳8次，才能互换位置（如图3.26.5）；记作：H、B、B、H、H、B、B、H；算式：1+2+2+2+1=8（次）。

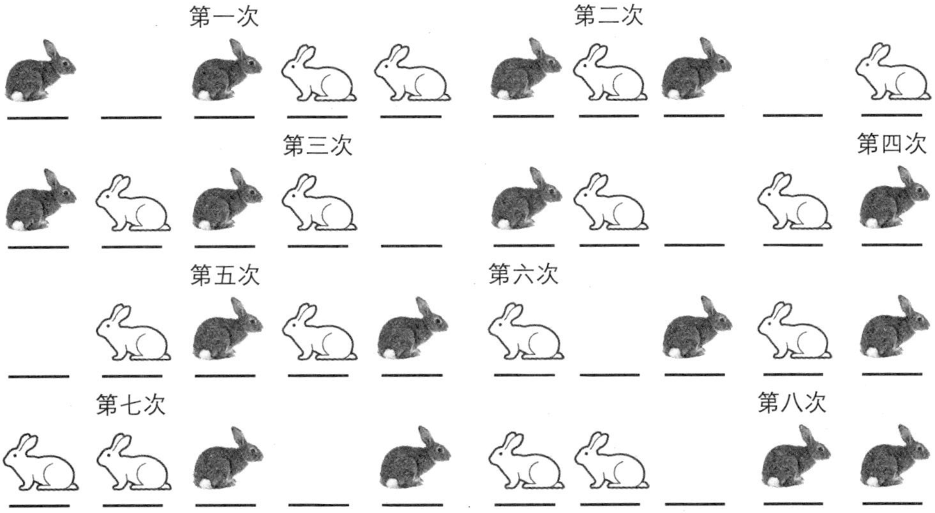

图3.26.5

师：请比较一下成功与不成功的情况，你们发现不成功的原因了吗？

生1：我原来认为灰兔先跳，接着白兔跳，再接着灰兔跳，然后又是白兔跳，一灰一白、一灰一白地跳。

生2：我们是从第3次开始错的，因此，第3次是最关键的。

师：跳不出来时，就需要我们分析、寻找原因，调整思路，只要多试几次，就能够顺利地找到答案。

3．研究每边各有3只兔子的情况。

师：到现在为止，我们还不能发现游戏的规律，因此，我们需要对每边各有3只兔子，让它们互换位置的情况进行研究。

（学生活动，教师指导）

生1：我们发现兔子一共跳了15次；记作：H、B、B、H、H、H、B、B、B、H、H、H、B、B、H；算式：1+2+3+3+3+2+1=15（次）；跳的过程如下所示：

第一次：H、H、_、H、B、B、B　　第二次：H、H、B、H、_、B、B

第三次：H、H、B、H、B、_、B　　第四次：H、H、B、_、B、H、B

第五次：H、_、B、H、B、H、B　　第六次：_、H、B、H、B、H、B

第七次：B、H、_、H、B、H、B　　第八次：B、H、B、H、_、H、B

第九次：B、H、B、H、B、H、_　　第十次：B、H、B、H、B、_、H

第十一次：B、H、B、_、B、H、H

第十二次：B、_、B、H、B、H、H

第十三次：B、B、_、H、B、H、H

第十四次：B、B、B、H、_、H、H

第十五次：B、B、B、_、H、H、H

生2：我们也发现兔子一共跳了15次；记作：B、H、H、B、B、B、H、H、H、B、B、B、H、H、B；算式：1+2+3+3+3+2+1=15（次）。

师：接下去，我们先罗列一下刚才研究的结果，试着寻找一下规律。

每边各有1只（HB）：　　H　B　H

1+1+1=3（次）

每边各有2只（HHBB）：　　H　BB　HH　BB　H

1+2+2+2+1=8（次）

每边各有3只（HHHBBB）：H　BB　HHH　BBB　HHH　BB　H

1+2+3+3+3+2+1=15（次）

4．研究每边各有4只、5只兔子的情况。

师：按上述规律，如果每边各有4只兔子，请你们先直接写出兔子跳的过程，然后再验证。

生：当每边各有4只兔子时，兔子跳的过程如下：H、B、B、H、H、H、B、B、B、B、H、H、H、H、B、B、B、B、H、H、H、B、B、H；兔子跳的次数：1+2+3+4+4+4+3+2+1=24（次）。

（师生共同验证，发现研究的结果与猜想的结果相同）

师：如果每边各有5只兔子，那么兔子可能需要跳多少次呢？

生：1+2+3+4+5+5+5+4+3+2+1=35（次）。

师：这样的猜测结果正确吗？

（师生共同验证，发现兔子跳的次数与猜测是一样的。过程如下：H、B、B、H、H、H、B、B、B、B、H、H、H、H、H、B、B、B、B、B、H、H、H、H、H、B、B、B、B、H、H、H、B、B、H。）

师：接着我们继续观察、思考兔子跳的次数还存在什么规律。

生：每边各有1只兔子：1+1+1=1×3=3（次）。

每边各有2只兔子：1+2+2+2+1=2×4=8（次）。

每边各有3只兔子：1+2+3+3+3+2+1=3×5=15（次）。

每边各有4只兔子：1+2+3+4+4+4+3+2+1=4×6=24（次）。

每边各有5只兔子：1+2+3+4+5+5+5+4+3+2+1=5×7=35（次）。

师：以此类推，每边各有6只、7只兔子会怎样呢？

（学生回答，结果如表3.26.1）

表3.26.1

每边只数	1	2	3	4	5	6	7	…
跳的次数	3	8	15	24	35	48	63	…

师：最后，我们再来看之前的问题：两边各有100只兔子……如果让它们互换位置，一共需要跳多少次呢？

生1：$1+2+3+\cdots+99+100+100+100+99+\cdots+3+2+1=10200$（次）。

生2：$100\times(100+2)=100\times102=10200$（次）。

师：你们认为哪种方法更简便一些？

生：第2种方法更简便一些。

师：这两种方法看似不同，但实质上是一样的。

师：如果每边有n只兔子，互换位置需要跳多少次呢？

生：$n(n+2)$。

师：真棒！

三、总结内化，沟通联系

1．课堂总结：通过这节课的学习，你们有什么收获？生活中哪些现象与“兔子跳跳”原理有关？

（例如车辆增多，停车困难，人们建立立体车库来增加停车位，它的原理与“兔子跳跳”的原理类似）

2．课外探索：改变“兔子跳跳”游戏的规则继续玩一玩，分析、研究一下其中蕴含的秘密。

【课后体会】

本节课学生在动手操作的过程中，积极、主动地参与探索、研究“兔子跳跳”游戏的全过程，既体验到了失败的滋味，也尝到了成功的乐趣。

1．记录探索过程，让研究更加深入。

关于“兔子跳跳”游戏的教学，我经历过一次失败的“磨课”，由于学生在研究时没有记录，所以在游戏失败后他们找不到原因，这也导致教师不知怎样去帮助他们寻找失败的原因，更谈不上引导他们去发现其中蕴含的规律。因此，学生的探索、研究只能停留在每边各有2只、3只兔子环节。于是，我吸取经验教训，让学生记录研究的过程，而且用字母表示灰兔和白兔，让记录更简洁、更快。有了记录，教师再引导学生对失败与成功两种情况进行对比分析，就很容易找到游戏失败的原因，从而突破了学生的思维定式，突破了研究的瓶颈，让学生的研究得以不断地深入。

2．整理研究数据，让规律更加明了。

著名教育家加里宁说："教育事业不仅是科学事业，而且是艺术事业。"成功的教学是高度的科学性和精湛的艺术性有机结合的结果。因此在研究过程中，要注意板书等细节问题，有意识地帮助学生整理研究数据，让字母记录的过程与算式表示的次数一一对应起来，有利于学生发现规律、有序思考，而且这是一种很好的示范。因此，学生在不动手操作的情况下很容易就写出了每边各有4只兔子跳的过程与次数，很容易就发现了每边各有5只、6只、7只、100只兔子跳的次数，而且写出了算式。学生在仔细观察的过程中，还发现了兔子跳的次数分别是$1\times3=3$（次）、$2\times4=8$（次）、$3\times5=15$（次）、$5\times7=35$（次）……整个研究过程，让复杂的问题变得简单，让规律变得明了。

3．适度沟通、联系，让理解更加深刻。

当学生列出每边各有100只兔子跳的次数的算式时，引导他们将之与高斯加法（等差数列求和）联系起来：$1+2+3+\cdots+99+100+100+100+99+\cdots+3+2+1=(1+100)\times100\div2+100+(1+100)\times100\div2=5050+100+5050=10200$（次）；$1+2+3+\cdots+99+100+100+100+99+\cdots+3+2+1=(1+100)\times100\div2\times2+100=(1+100)\times100+100=(2+100)\times100=10200$（次），从而找到了一般性的规律：$1+2+3+\cdots+n+n+n+\cdots+3+2+1=n(n+1)+n=n(n+2)$。课的最后让学生寻找生活中与"兔子跳跳"原理有关的现象，让他们逐步学会用数学的眼光看待生活世界。

案例27：借绘本之幽默，渗透守恒思想
——“谁是最帅的猪”实践与反思

【适合年级】

一年级

【课前思考】

逻辑推理能力是小学数学重点培养的核心素养之一。为了避免枯燥地推理，本课结合学生感兴趣的绘本展开教学，让他们在有趣的绘本故事情境中展开学习，帮助主人公解决遇到的问题，从而培养逻辑推理能力。这样的过程既是玩的过程，也是学习的过程。尤其是3+（　）=5+（　）这类题目，是一年级学生，甚至二年级学生都比较头疼的问题。因此，我们可以借助绘本，通过数与形的结合，让学生在推理中建立起在整体不变（和不变）的情况下，一个加数越小，另一个加数越大的数学模型。

【教学目标】

1. 利用绘本故事导入，激发学习的兴趣，同时感受数学来源于生活。
2. 通过直观感知，感受部分与整体之间的关系，培养逻辑推理能力。
3. 从形到数，培养数感，并建立起数学模型。

【教学实录】

一、运用绘本，引入情境

师：猪的王国里有个美丽的公主渐渐地长大了。国王决定要给公主选驸马。用什么方式选驸马好呢？国王犯难了，你们能给国王出出主意吗？

生1：最帅的。

生2：最高的。

生3：最能吃的。

师：国王也认为最能吃的猪才是最帅的猪。于是猪猪们开始训练怎么才能吃得更多。终于，大选的日子到了，大家来到了皇宫。猪大、猪二、猪三三兄弟也来参加比赛。

二、尝试探索，感悟知识

1．第一关：谁是最能喝的猪？

（出示图3.27.1）

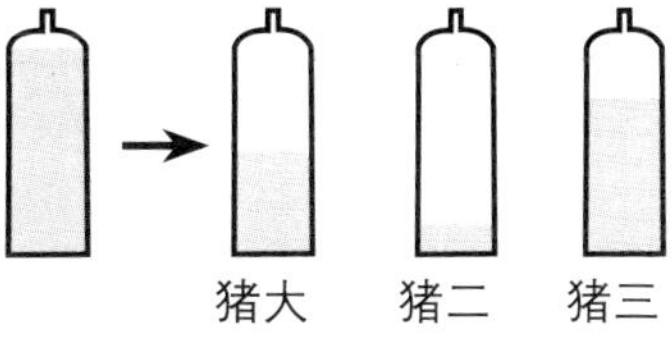

图3.27.1

师：请你仔细观察，哪头猪喝的最多？

生：猪二。

师：你是怎么判断的？

生：猪二的瓶中剩下的饮料最少，所以它喝的最多。

师：看剩下的饮料，剩下的越少，喝的越多。除了这种办法，还有其他办法吗？

生：也可以看空的部分，空的越多，谁喝的就越多。

（出示图3.27.2）

师：剩下的越少，也就是喝的越多。因此数数老师不愿意了，它说：“国王，国王，不公平，我喝的也剩下这么点儿（如图3.27.3），你怎么不判我赢呢？

图3.27.2

图3.27.3

生：它们喝之前的饮料不一样多，数数老师的只有它们的一半，所以数数老师不能算赢。

师：在同样多的情况下才能根据剩下的情况来判断谁喝掉的多。

2．第二关：谁是最能吃的猪？

师：比完喝的，接下来就要比吃的，国王给猪猪们每人分了一个大饼，比比谁最能吃。你们觉得谁最有可能会赢，如果它赢了，剩下的饼会是多少？请你们动手画下来。

（学生画饼，然后反馈画的情况）

（1）情况一（如图3.27.4）

图3.27.4

师：从他的作品中，你们能看出谁吃的最多吗？（学生齐答“猪大”）为什么呢？

生1：猪大剩下的最少，说明它吃的最多。

生2：因为涂的最少的，就是剩下最少的，所以说明它吃的最多。

师：这位同学用了“因为……所以……”进行推断，非常有逻辑，值得我们学习。

（2）情况二（如图3.27.5）

图3.27.5

师：有同学画的不同，从他的作品中，你们能看出谁可能是最能吃的吗？

生：猪二。因为它剩下的最少，所以吃的最多。

（3）情况三（如图3.27.6）

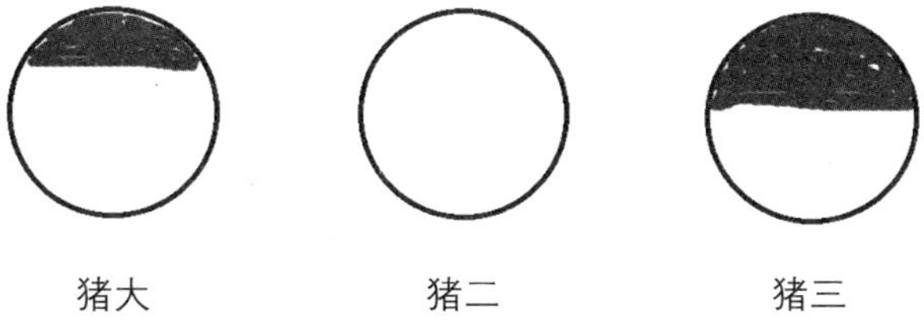

图3.27.6

师：我这儿有幅作品，猪二吃的最多，你猜：他是怎么画猪二的饼的？

生1：他什么都不画。

生2：什么都不画，那说明猪二吃完了，吃的最多。

师：你们竟然想到一块儿去了，真好。接着我们来看一下故事中的结果是怎样的（如图3.27.7）。从剩下的情况来看，你们知道谁将获胜吗？

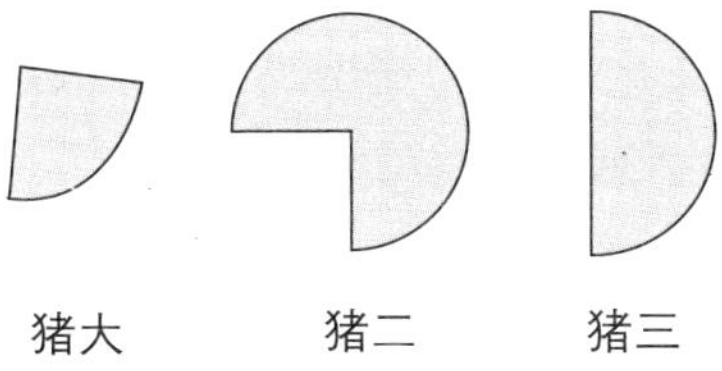

图3.27.7

生：猪大，因为猪大剩下的最少，吃的最多。

（出示图3.27.8）

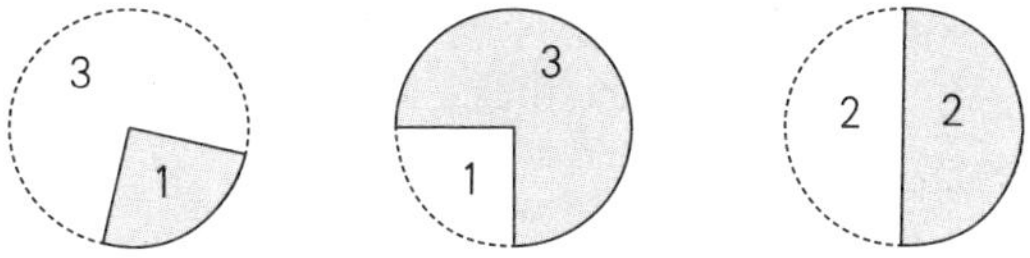

图3.27.8

师：如果我们把猪大吃剩下的看成1份，把猪二吃剩下的看成3份，把猪三吃剩下的看成2份，那么它们分别吃了几份？

生：猪大吃了3份，猪二吃了1份，猪三吃了2份。

师：我们把这个饼看成了几份？

生：4份。

师：1+3=2+2=4。

（出示研究的两个问题，如图3.27.9）

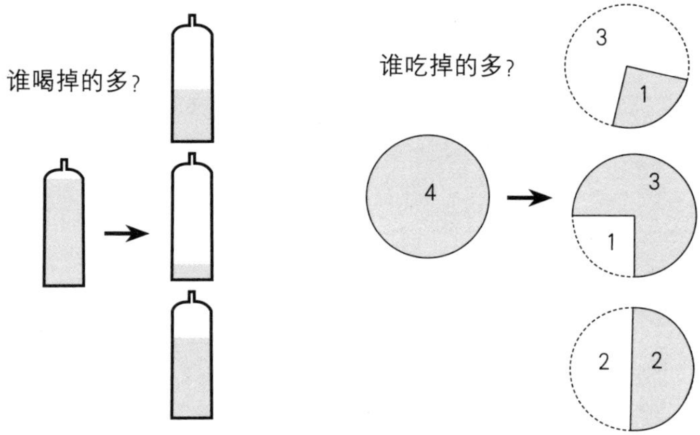

图3.27.9

师：在吃的、喝的总数相等的情况下，剩的越少，吃的越多。如果把猪二喝剩下的看成1份，它喝掉的有几份？

生：6份？

（出示分的过程，如图3.27.10）

图3.27.10

师：这瓶饮料可以看成几份？

生：8份。

师：猪大剩下的是4份，喝掉的是几份？猪三剩下的是6份，喝掉的是几份？

师：看来它们喝之前的总数都相等：4+4=1+7=6+2=8。在总数相等的情况下，剩下的越多，喝（吃）掉的越少。

3．第三关：谁是跑得最快的猪？

师：吃、喝比赛没能比出谁最帅，那么再来一场跑步比赛吧。在起点，猪二和猪大一起出发，猪二和猪大距离终点分别是7格、5格（如图3.27.11）。你们觉得到目前为止谁跑得更快？为什么？

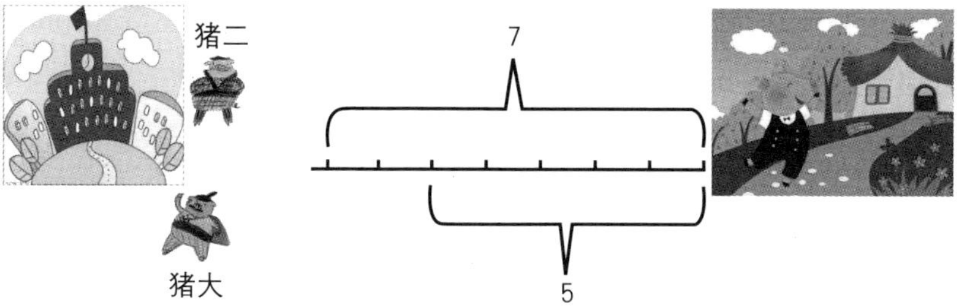

图3.27.11

生：猪大跑得更快，它只剩下5格了，剩下的越少，跑的越多。

师：我们来看看同学们判断得对不对。

（出示跑的情况，如图3.27.12）

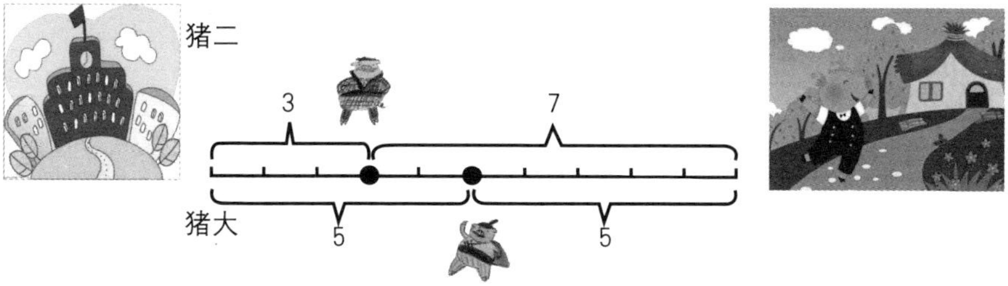

图3.27.12

师：它们一共要跑几格？你们是怎么看出来的？

生1：3+7=10。

生2：5+5=10。

师：在总数相等的情况下，剩下的越多，跑的就越少。到目前为止，猪大应该是最帅的猪。

三、拓展延伸，突出本质

（出示：比比谁更大）

师：国王给猪大出了一道数学题，我们一起来帮帮它吧。

图3.27.13

师：（出示图3.27.13）你们看懂了什么？

生：左边和右边一样重。

师：像这样左边和右边一样重的，我们可以用算式来表示：3+6=5+（ ），请你们思考：右边的小括号里填几？这个数比6大，还是比6小？

生1：填4，因为左右两边是相等的，左边等于9，右边两个数加起来也是9，9−5=4，所以填4。

生2：3比5小，所以6比（ ）里的数大。

师：如果把这个等式改一改，改成3+（ ）=5+（ ），两个括号里的数谁更大？可能是几？

生 1 ：左边括号里的数更大，如果左边括号里填4，右边括号里就填2。

生 2 ：如果左边填5，右边就填3，所以左边大。

生 3 ：3<5，所以左边括号里的数比右边括号里的数大2。

师：你太厉害了，根据左右相等这个性质就能判断出左右两个括号里数的大小。

四、整理总结，反思内化

课堂总结：这节课我们学了什么？你们有什么收获？

【课后体会】

这是一节非常有趣的课，而且不失数学味儿。一年级学生在绘本情境中积极、主动地投入探索、研究，学习效果很好。以下几点让我感触颇深。

1．选取绘本情境，激发学习兴趣。

《世界上最帅的猪》这个绘本故事情节有趣，选世界上最帅的猪——最能吃的猪，跟本课要体现的主题——总数一定，吃剩下的越少吃的越多刚好吻合。因此我选择三个主人公，并给它们起了学生喜欢的名字——猪大、猪二、猪三。学生不知不觉地进入情境，一起帮助猪猪们解决它们遇到的问题，课堂成为学生真正的学习乐园，他们在玩中学，在故事中学，学习积极性高涨。

2．改编绘本内容，突出数学元素。

《世界上最帅的猪》故事情节过于冗长，后面的情节与本节课的主题无关，因此我改编了绘本后面的内容，紧紧围绕一个主题——总数一定，吃

（喝、跑）剩下的越少，吃（喝、跑）的越多——去设计各个教学环节。即在总量相同的情况下，一个加数越大，另一个加数就越小。在学生观察、操作、想象、思考中渗透守恒思想，并让学生感悟数学的本质。在教学过程中要求学生用规范的语言进行推理，从而培养学生的逻辑推理能力。

3．数形结合，凸显数学知识本质。

本课借助观察喝剩下的饮料、画一画吃剩下的饼等操作内容，让学生深刻体会在总数一定的情况下，吃了的部分和剩下的部分之间的关系，直观、形象，易于理解，让学生印象深刻。同时还在每一环节为3+（ ）＝5＋（ ）这类难题的解决埋下伏笔，即先借助情境与图让学生理解同样多的情况下，剩下的越少，吃（喝、跑）的越多；再借助天平让学生理解等式的意义以及等式中数的关系。先让学生判断分别可以填几，再利用等式的特点让学生掌握剩下两个数的大小比较的方法。环环相扣，数形结合，有效地突破了3+（ ）＝5＋（ ）的教学难点，让学生理解了等式的本质。

案例28：唤醒生活经验，渗透对应思想
——“奇数和偶数”实践与反思

【适合年级】

一年级、二年级

【课前思考】

几种不同版本的小学数学教材都把“奇数和偶数”安排在小学中、高年级“因数和倍数”这一单元，把是2的倍数的数叫作偶数，把不是2的倍数的数叫作奇数，自然数按照是不是2的倍数，可以分为奇数和偶数。低年级学生在学习该内容之前在生活中并非没有接触过它，只是停留在单数和双数上，所以教学时应加强与生活的联系，充分利用学生已有的生活经验。还需要符合学生好奇、好动、好玩等特点。因此，借助数学绘本进行教学是一条非常好的途径，既可以让学生在听故事、玩游戏等活动中学

习，又可以让他们体验、悟理、拓展思维能力。

【教学目标】

1．在具体的生活情境中，认识奇数和偶数，了解奇数和偶数之间的关系。

2．在想一想、做一做和说一说等活动中，经历解决简单实际问题的过程，培养独立思考、探索新知等能力。

3．渗透一一对应等数学思想和方法，感受数学世界独特的魅力。

【教学实录】

一、谈话引入，提出要求

1．揭示课题，认读奇数和偶数。

2．提出问题：什么是奇数和偶数？怎样辨别奇数和偶数呢？

二、活动体验，掌握方法

1．找同伴活动。

(1) 师：（出示图3.28.1）一共有几只鞋？哪2只鞋子可以凑成一对？

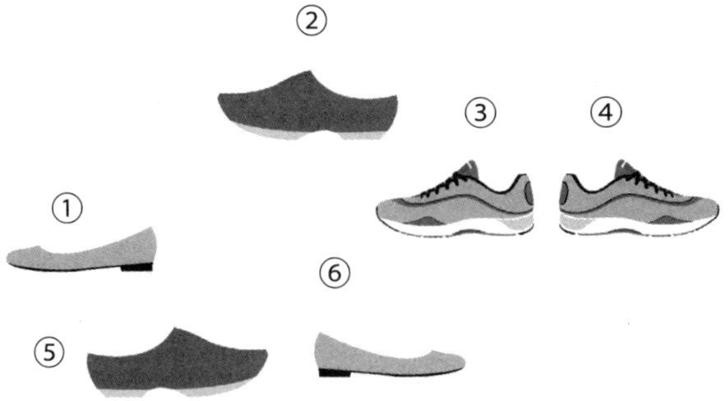

图3.28.1

生：这里一共有6只鞋，①与⑥一对，②与⑤一对，③与④一对（如图3.28.2）。

图3.28.2

（2）师：（出示图3.28.3）一共有几只鞋？哪2只鞋子可以凑成一对？

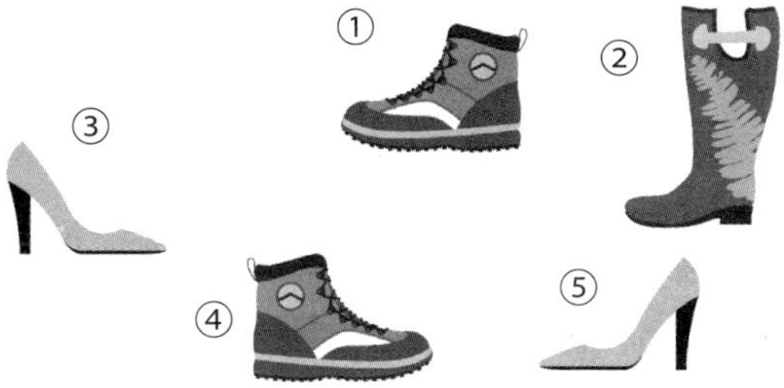

图3.28.3

生：①与④一对，③与⑤一对，②号鞋子没有朋友（如图3.28.4）。

图3.28.4

师：6只鞋子，每1只鞋子都可以找到一个同伴凑成一对，所以6是一个双数，又叫偶数；5只鞋子，其中 有1只鞋子找不到同伴，非常孤单，所以5是一个单数，又叫奇数。

2．找奇数和偶数。

师：身体各器官的数目，哪些是奇数，哪些是偶数？

生1：我有2只手，它是偶数。

生2：1只手有5根手指头，它是奇数。

生3：2只手一共有10根手指头，它是偶数。

生4：我有1个鼻子，它是奇数。

生5：我有2只耳朵，它是偶数。

生6：我有10个脚趾头，它是偶数。

师：你们全家人的手、手指头、鼻子、耳朵和脚趾，每样都加起来，是奇数还是偶数呢？你们是怎么知道的？

生1：我和爸爸、妈妈一共有6只手，它是偶数。

生2：我家有3个人，一共有30个手指头、30个脚趾头，它们都是偶数。

生3：我家也有3个人，有3个鼻子，它是奇数；有6只耳朵，它是偶数。

师：日常生活中到处都有奇数和偶数，你们找得到吗？

生1：1条红领巾是奇数。

生2：3张桌子是奇数。

生3：我们班有35个人，也是奇数。

生4：8个小朋友是偶数。

生5：100元人民币也是偶数。

…………

3．游戏。

师：现在让我们一起来做个游戏，张开左右2只手，让大拇指碰到大拇指（如图3.28.5）。一共有几根大拇指相碰？

生：一共有2根大拇指相碰。

师：再让食指跟食指相碰。现在有几根手指头相碰？

生：一共有4根手指头相碰（如图3.28.6）。

图3.28.5

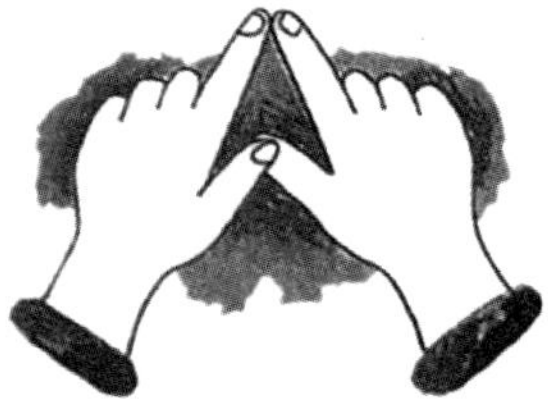

图3.28.6

师：再继续让2根中指相碰，然后是2根无名指相碰，最后是2根小指相碰。数一数，每次共有几根手指相碰呢？

生：先是6根，然后是8根，最后是10根（如图3.28.7、图3.28.8）。

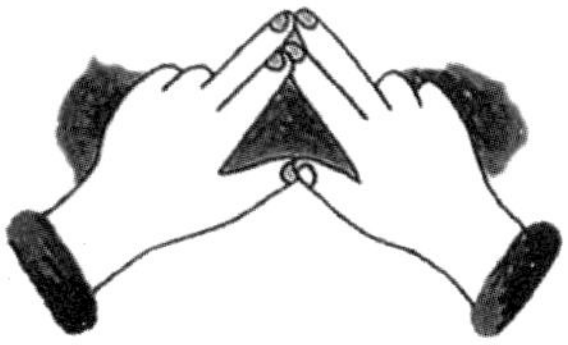
图3.28.7

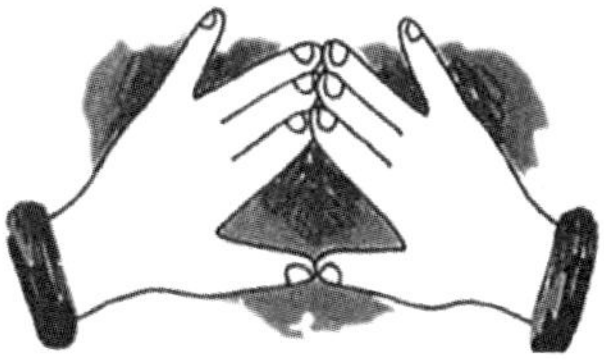
图3.28.8

师：假如每1只手的手指头比5根要多，我们再像前面一样，让2只手的手指头继续一一相碰下去，每次一共有几根手指头相碰呢？

生：12根、14根、16根……

师：这些相碰的手指头数是奇数还是偶数？

生：它们都是偶数。

师：为什么都是偶数呢？

生1：它们都是一对一对的，所以都是偶数。

生2：单数加上单数就变成了双数，所以它们都是偶数。

生3：双数加上双数还是双数，所以它们也都是偶数。

4．判断。

（1）拔河比赛时，我们把两边的人数加起来，通常是偶数还是奇数（如图3.28.9）？

（2）篮球比赛时，两队人数加在一起是偶数还是奇数（如图3.28.10）？

图3.28.9

图3.28.10

(3) 上面有一群鸟，是偶数；下面也有一群鸟，也是偶数（如图3.28.11）。把它们加在一起，是奇数还是偶数?

(4) 有两群鸟，它们都是奇数（如图3.28.12），把它们加在一起，是奇数还是偶数?

图3.28.11

图3.28.12

(5) 笼子里有4只鸟，树枝上有5只鸟（如图3.28.13），把它们加在一起，是奇数还是偶数？为什么?

图3.28.13

师：(小结）奇数加奇数得到偶数，偶数加偶数还是偶数，奇数加偶数还是奇数。

三、继续探索，加深认识

1. 现在有一家四口，他们要去度假，有的想去海滩游泳，有的想去湖边露营。怎么办?

生：可以举手表决呀!

师：表决的结果可能会出现哪几种情况？

生：赞成4人，反对0人；赞成3人，反对1人；赞成2人，反对2人；赞成1人，反对3人；赞成0人，反对4人。

（根据学生的回答，列出表3.28.1）

表3.28.1

赞成	反对
4	0
3	1
2	2
1	3
0	4

师：请看表分析一下：哪些是可以做决定的？哪些是不能做决定的？

生："赞成2人，反对2人"不好做决定，其他都可以。

2．现在有一家五口，他们要去度假，有的想去海滩游泳，有的想去湖边露营。举手表决又会有哪几种情况呢？

生：赞成5人，反对0人；赞成4人，反对1人；赞成3人，反对2人；赞成2人，反对3人；赞成1人，反对4人；赞成0人，反对5人。

（根据的学生回答，列出表3.28.2）

表3.28.2

赞成	反对
5	0
4	1
3	2
2	3
1	4
0	5

师：哪些是可以做决定的？哪些是不能做决定的？

生：这里都可以做决定。

师：为什么？

生：因为它们没有出现相等的情况，我们就好做决定。

师：（小结）如果投票人数是偶数的话，就可能会出现同样的票数而做不了决定。因此，投票的人数必须是奇数。

3．现在，把两张白纸重叠在一起，拿一支尖的铅笔在纸上戳洞，每次都要戳透两张纸（如图3.28.14）。

图3.28.14

（1）连戳三次以后，把两张纸分开。数数看，两张纸上共有几个洞？是奇数还是偶数？

（2）连戳四次。数数看，两张纸上共有几个洞？是奇数还是偶数？

（3）要是连戳五次呢？洞的个数是奇数还是偶数？

四、总结内化，课外探索

1．课堂总结：这节课你们有什么收获？

2．课外探索：将几张白纸重叠在一起，拿一支尖的铅笔在纸上戳洞，每次都要戳透这几张纸，如果要戳出奇数或偶数个洞，应该怎么做才能办到？

【课后体会】

数学绘本进课堂，让数学变得更好玩。整节课学生积极、主动地投入，认真地思考、分析，认识了奇数和偶数以及它们之间的关系。

1．让学生在游戏中学习。

根据低年级学生的年龄特征，让他们在游戏中学习。首先让学生在找同伴的过程中认识到能找到同伴组成一对的数就是偶数，而找不到同伴的数就是奇数。然后引导学生把2只手的各个指头一一对应，发现结果都是偶数，初步认识到了奇数加奇数得偶数，偶数加偶数也得偶数。最后再让学生在戳纸的游戏中加深对奇数和偶数的认识。

2．充分利用学生已有的生活经验。

奇数和偶数的概念对低年级学生来说是非常抽象的。但他们对单数和双数并不陌生，因此，我充分利用学生已有的生活经验，为他们提供熟悉的生活情境，如找同伴、找身体各器官的数目、手指相碰游戏、拔河比赛、篮球比赛、鸟的只数、投票表决、白纸戳洞游戏等。这些生活情境具有童真、童趣，学生喜欢，便于学生认识奇数和偶数以及它们之间的关系。

3．在教学中渗透数学思想与方法。

判断一些物体的数量是奇数还是偶数，最好的办法就是一一对应。也就是让这些物体一一对应，如果每一个物体都能找到同伴，它们的数量就是偶数；如果还有一个，没有相对应的物体，它们的数量就是奇数。再通过手指相碰游戏、拔河比赛等，渗透一一对应的数学思想，让学生知道了奇数加奇数的和是偶数、偶数加偶数的和是偶数、奇数加偶数的和是奇数。

案例29：赋予课堂神秘色彩，体验对称之美
——“咔嚓咔嚓，爸爸是魔法师”实践与反思

【适合年级】

二年级

【课前思考】

人教版小学数学二年级下册安排了轴对称知识的教学。但到了六年级，部分学生对个别图形的对称性仍搞不清楚。比如平行四边形，很多学生都认为它是轴对称图形。究其原因，主要是学生的相关活动经验太少，

他们对轴对称图形的本质特征没有掌握。这节课我安排在二年级上学期，学生虽没学过轴对称知识，但对它的认识并不是空白的，因为生活中有很多对称图形。如何将学生头脑中对对称图形的直觉的感性认识转变成数学的有判断依据的理性认识呢？如何拓宽他们对对称知识的理解呢？这节课我准备给孩子们充分的时间去操作、讨论、合作解决问题，让他们通过多次操作，了解什么是轴对称图形、什么是中心对称图形。在对比中，让他们的体验深刻、到位，并拓宽他们对对称知识的认识。绘本教学不能仅仅停留在趣味性、活动性上，更要拓宽知识内容。

【教学目标】

1．在观察、操作等活动中，初步认识轴对称图形，并进行轴对称图形的判断。

2．在操作、比较、观察中了解中心对称图形，并进行中心对称图形的判断，初步体会两种对称的共同点是通过一定的方式和原图形完全重合。

3．运用对称的知识剪纸，体验对称的美感，感受数学学习的乐趣。

【教学实录】

一、导读引入，提出操作要求

师：同学们，你们喜欢读绘本吗？读过数学绘本吗？

师：今天老师给大家上一节数学绘本课——“咔嚓咔嚓，爸爸是魔法师”。（读绘本）爸爸和我每个月都会去附近的儿童活动中心参加志愿者活动。在儿童活动中心，爸爸的外号叫“修理修理魔术师”。今天，爸爸和我打算先陪小朋友们玩一会儿，然后再装饰墙壁。

师：（读绘本）“小朋友们，今天我带来了一大沓花花绿绿的纸，我们就学着用这些彩纸变出一个‘魔术世界’吧！”爸爸让我们选择自己喜欢的彩纸来折叠一次看看。

二、动手操作，体验轴对称

师：我把这些彩纸都放进了信封，这些彩纸的形状你们认识吗？（出示信封里的正方形、长方形、圆形、平行四边形）看看小朋友们都选择了哪些彩纸。

1. 对折正方形。

（1）提出疑问。

师：民秀选择了最喜欢的正方形彩纸，把它对折。

师：爸爸问："把正方形对折，能完全重合吗？"你们觉得呢？

（学生很想说）

师：不着急，请你们从信封里先拿出正方形，其他图形先不拿出来，对折看看。

（2）学生操作。

（3）反馈。

师：能完全重合吗？（学生回答"能"）

师：请你们把折好的图形举起来。

①沿着纵向折成长方形，（边说边把折痕画出来）还可以怎么折，也能重合为长方形？（横向折）

②沿着对角线能折成三角形，还能怎么折呢？

③他这样折对吗？（指着折错的）

生：不对，因为对折后的图形没有完全重合。

师：那怎样才能保证完全重合呢？

生：边对着边，角对着角。

师：（读绘本）可以横着对折、竖着对折、沿着对角线对折，正方形有四次完全重合的机会。（如图3.29.1）

2. 对折其他图形。

（1）提出操作要求。

师：剩下的这些图形也都只折叠一次，哪些能完全重合？哪些不能完全重合？打开信封，把剩下的图形折一折。

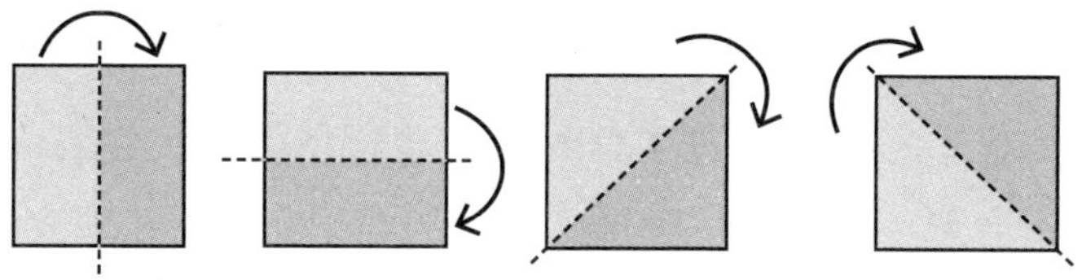

图3.29.1

（2）学生操作。

（3）反馈。

师：哪些能重合？哪些不能重合？

生1：对折正方形、圆形、长方形、梯形都能完全重合，对折平行四边形不能。

生2：对折平行四边形能完全重合。

师：有些同学觉得对折平行四边形能完全重合，有些同学觉得不能。谁来对折给大家看看？

师：（读绘本）横向、纵向，沿任何方向折叠都不会重合。

3．有几次完全重合的机会？

（1）提出操作要求。

师：正方形有四次完全重合的机会，这些图形你能找到几次完全重合的机会呢？折一折，画一画。

（2）反馈。

①长方形。

师：长方形有几次完全重合的机会？

生：两次。

师：你是怎么折的？

生：可以横着折，也可以竖着折。

师：（读绘本）长方形沿纵向或横向对折，两边都能完全重合。

（用PPT演示）

师：沿长方形对角线折能完全重合吗？试试看。

（这次两边没有重合）

师：（读绘本）爸爸在旁边提醒说："长方形不会每次折叠后都能完全

重合，它只有两次完全重合的机会。”（如图3.29.2）

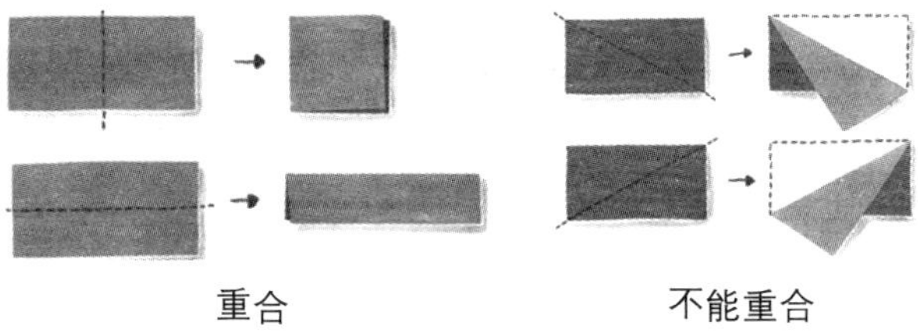

图3.29.2

②圆形。

师：圆形，你们能找到多少种对折完全重合的方法呢？

生1：2种。

生2：4种。

生3：10种。

生4：很多很多种，怎么对折都可以。

师：（读绘本）往左对折，往右对折，无论把圆往哪个方向对折，两边都能完全重合。（如图3.29.3）那到底有多少种折法呢？

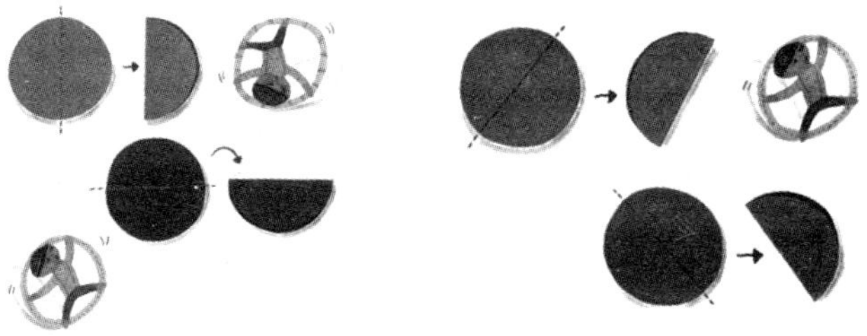

图3.29.3

生：无数种。

③梯形。

师：梯形呢？怎么折？

生：左右两边对折，只有这一种折法。

师：（总结）像这样对折后完全重合的图形叫轴对称图形，我们沿着折痕画虚线，这些虚线就叫对称轴。把图形沿着对称轴折叠，图形的两边能完全重合（如图3.29.4）。

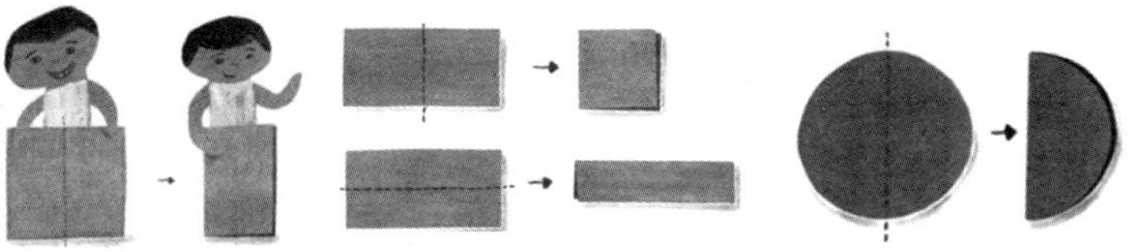

图3.29.4

4．有几条对称轴？

师：这些图形都有几条对称轴呢？

生：正方形有四条对称轴，圆形有无数条，长方形有两条。

师：那平行四边形呢？

生：一条都没有。

三、动手操作，体验中心点对称

师：（读绘本）爸爸又想到了一个好主意："往这张平行四边形彩纸中间插根杆子转转看吧 。"（如图3.29.5）

图3.29.5

师：可是这个中心点要怎么找呢？

生：把正方形横着对折、竖着对折相交的点就是。

师：然后在那个点上插根杆子。呼呼呼……彩纸乘着风轻松地转起来了。

1．平行四边形。

师：谁愿意上来和我合作演示一下？你一个，我一个。我这个平行四边形放在下面不动，你这个找到中心点，把两个平行四边形重合，把铅笔放到中心点位置固定住。好，开始转。看仔细，多久之后重合？（师生一起用道具在黑板上演示）

师：（读绘本）咦？慢慢地转半圈后，我们发现彩纸与原位置正好重合了。这种图形就叫中心对称图形，这个旋转点，就叫作它的对称中心。

师：这个平行四边形虽然不是轴对称图形，但它是中心对称图形。

2．其他图形。

（1）想象。

师：这些轴对称图形（一个个指过来）会是中心对称图形吗？先在脑子里想象一下。

师：同桌两人也像我们一样合作试试看。

（2）学生操作。

（3）反馈：谁上来演示一下？（在黑板上演示）

①长方形。

师：多久和原来的图形重合？

生：转半圈。长方形是中心对称图形。

②正方形。

师：正方形呢？

生：正方形转半圈的半圈就和原来的图形重合，转半圈的话肯定能和原来的图形重合。

师：正方形是中心对称图形。

③圆形。

生：不管怎么转都重合。

师：那圆肯定是中心对称图形了。

④梯形。

师：梯形是中心对称图形吗？

生：不是，梯形要转一圈才能和原来的图形重合。

师：（总结）有些轴对称图形不是中心对称图形，而有些中心对称图形不是轴对称图形，但它们都是通过一定的方法让图形完全重合（如图3.29.6）。

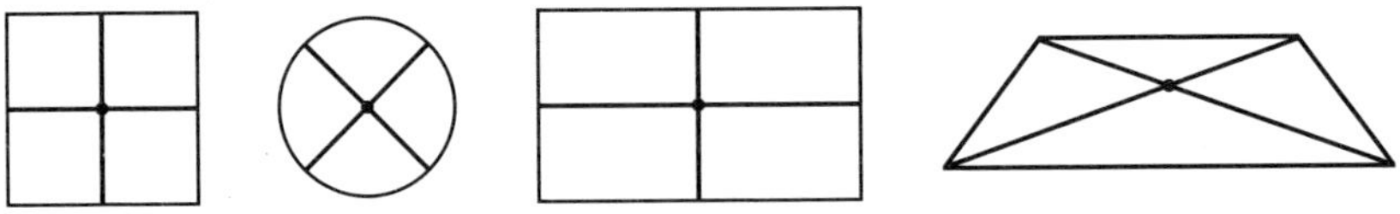

图3.29.6

3．欣赏大自然中的轴对称图形。

师：生活中有很多建筑、标志都运用了轴对称进行设计，漂亮吗？

四、剪出对称图形

师：（读绘本）到了装饰儿童活动中心墙壁的时候啦。爸爸带着我和小朋友们变出了一个缤纷多彩的大世界：草绿色的饥饿的毛毛虫，在水里摇着尾巴的热带鱼，飞向外太空的飞艇……“修理修理魔术师”，只要有爸爸在，什么都可以造出来！

师：观察这些图形（如图3.29.7），你们有什么发现？

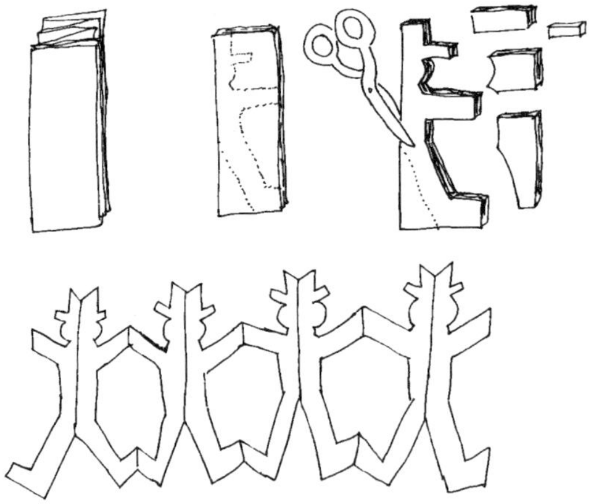

图3.29.7

生：它们都是轴对称图形。

师：知道它们是怎么剪出来的吗？

生：先折一折，再靠近折痕画一画，最后剪下。

师：同学们也来试试看。

五、结束语

师：爸爸还会用他的魔法棒变出风车呢。如果想要继续了解，可以去看《咔嚓咔嚓，爸爸是魔法师》这个绘本。

【课后体会】

本节课让学生在游戏、操作等活动中体验，在体验中悟理，学习效果很好。

1．让学生在游戏中操作、体验。

绘本课开始就以有趣的情境引入：在儿童活动中心，爸爸的外号叫“修理修理魔术师”。今天，爸爸和我打算先陪小朋友们玩一会儿，然后再装饰墙壁。爸爸说：“我们就学着用这些彩纸变出一个‘魔术世界’吧！”爸爸让我们选择自己喜欢的彩纸来折叠一次看看。折纸就像是在玩游戏，充满着神奇的色彩，让学生跟着这个“魔术师”爸爸去折纸，走进爸爸的“魔术世界”。各种形状的彩纸怎么对折可以完全重合？有几次完全重合的机会？学生们在游戏中操作，并快乐地体验着。

2．让学生在合作中探索对称的奥秘。

这节绘本课非常注重学生们的合作探究，同桌一起讨论哪些图形对折后可以完全重合、哪些不能完全重合，讨论轴对称有几种不同的折法，讨论哪些图形不是中心对称图形，讨论轴对称和中心对称有哪些相同点和不同点。课堂上学生在同桌合作中一起探索对称图形的特点，在合作中学习，在学习中变成更好的合作者。

3．让学生在对比中感悟数学思想。

数学概念必须在不断的探索、对比、思考中逐渐建构，这节绘本课也是这样。先对不同的四边形的轴对称情况进行对比，正方形有四次完全重合的机会，长方形有两次，梯形有一次，平行四边形一次都没有；再对轴对称图形和中心对称图形进行对比，轴对称图形是通过对折完全重合，中心对称图形则是绕中心点旋转半圈和原来的图形重合。学生在对比中不断感悟数学思想。

案例30：体验符号化思想，培养数感
——“二进制数”实践与反思

【适合年级】

四年级、五年级

【课前思考】

二进制是计算机技术中广泛采用的一种数制。二进制数是用0和1两个数码来表示的数。它的进位规则是“逢二进一”，借位规则是“借一当二”。早期设计的进制有很多，在长期的实践应用中，十进制的优势逐渐体现出来，被人所接受。其计数的十个基本数字是0、1、2、3、4、5、6、7、8、9。电子计算机出现以后，使用电子管来表示十种状态过于复杂，所以所有的电子计算机中只有两种基本状态——开和关。

由此可知，二进制数并非常用的进制，对小学生来说，它有些抽象、陌生。但在计算机普及的时代，让学生了解一些相关知识也是有必要的。学生对认识二进位数列“1，2，4，8，16，32，64，…”并不会感到困难，只要具备相应的乘法与加法知识即可。本课选取了学生熟悉的生活情境和有趣的故事，让他们在活动中体验、操作、比较、交流，从而认识二进制数，并了解十进制数与二进制数之间的联系等。

【教学目标】

1．在观察、操作等活动中，初步认识二进制数，并进行简单的十进制数与二进制数之间的转化。

2．在操作、比较、观察中了解二进制数的表示方法，渗透符号思想，培养数感。

3．了解二进制数的历史，体验数学中不同的计数方法，感受数学学习的乐趣。

【教学实录】

一、创设情境，故事引入

师：有一位印度国王，学会了下西洋棋。他很高兴，就把发明西洋棋的人叫到跟前，说："为了嘉奖你了不起的发明，我要赏给你任何你想要的东西。"

发明西洋棋的人想了一会儿，对国王说："我只要一些麦子。在棋盘第一格放一粒麦子，在第二格放两粒麦子，在第三格放四粒麦子，在第四格放八粒麦子，以此类推，直到第六十四格为止。每一格麦子的数量必须是前一格的两倍。"

国王感到非常惊讶，几乎不敢相信，就问："你真的只要这么点儿东西吗？唉！真傻！"于是国王叫人把麦子放在棋盘里。你们猜：结果怎么样？

（出示图3.30.1）

图3.30.1

生：棋盘格子里的麦子迅速增加，放不下去了。

师：你们猜：发明西洋棋的人最后有没有得到他要的东西？

生：没有。

师：第六十四格里得放900000000000000000（读作九百京）粒以上的麦子。棋盘上所有的麦子多得可以做一条覆盖地球表面的麦毯呢！

师：1，2，4，8，16，32，64，…这一组数有个特别的名称——二进位数列。这就是我们今天要学习的内容，请仔细观察这些数，它们有什么特点？

生1：每一个数都是前一个数的2倍。

生2：64后面的点点，表示这个数列还有很多数。

师：你能说说后面还有哪些数吗？

生：128、256、512、1024，等等。

二、探索研究，了解方法

1．借助计数器，了解十进制的特点。

师：个位满十向十位进一，十位满十向百位进一，百位满十向千位进一，千位满十向万位进一……（如表3.30.1）

表3.30.1

……	万位	千位	百位	十位	个位

2．借助二进制计数器，了解二进制的特点。

师：根据你们对十进制的学习，你们能说一说二进制有什么特点吗？

生1：满二进一。

生2：二进制的计数单位从右边起第一位表示1，第二位表示2，第三位表示4。

师：第一位拨一颗珠子表示1，第二位拨一颗珠子为什么要表示2呢？

生：第一位拨两颗珠子，就要向第二位进一，因此，第二位一颗珠子表示2。

师：第三位一颗珠子表示几呢？

生：第二位一颗珠子表示2，两颗表示4，满二要向第三位进一，因此，第三位一颗珠子表示4。

师：以此类推，第四位、第五位、第六位……上的一颗珠子又分别表示几呢？

生1：第四位上的一颗珠子表示8，第五位上的一颗珠子表示16，第六位上的一颗珠子表示32，第七位上的一颗珠子表示64。

生2：第一位上的一颗珠子表示1，以后每一位上的一颗珠子表示的数都是前一位上一颗珠子表示的数的2倍。

师：因此，二进制数只由1和0两个数字组成，满足满二进一。

3．表示二进制数。

师：十进制数2，怎样改写成二进制数呢？

生：从右边起第一位写0，第二位写1，这个数就是10_2。

师：十进制数3，怎样改写成二进制数呢？

生：从右边起第一位写1，第二位写1，这个数就是11_2。

师：十进制数4，怎样改写成二进制数呢？

生：从右边起第一位、第二位都写0，第三位写1，这个数就是100_2。

师：十进制数5—15，怎样改写成二进制数呢？请同学们利用二进制计数器拨一拨，写一写。

（学生汇报，形成表3.30.2）

表3.30.2

…	8	4	2	1	二进制数	十进制数
				1	1	1
			1	0	10	2
			1	1	11	3
		1	0	0	100	4
		1	0	1	101	5
		1	1	0	110	6
		1	1	1	111	7
	1	0	0	0	1000	8
	1	0	0	1	1001	9
	1	0	1	0	1010	10
	1	0	1	1	1011	11
	1	1	0	0	1100	12
	1	1	0	1	1101	13
	1	1	1	0	1110	14

（续表）

…	8	4	2	1	二进制数	十进制数
	1	1	1	1	1111	15

师：十进制数16怎样用二进制数表示呢？

生：从右边起第五位写1，其他几位写0，写作10000_2。

4．沟通二进制数与十进制数的关系。

（1）将二进制数转化成十进制数。

师：11011_2，你知道这个二进制数表示的十进制数是多少吗？

生：从右边起第一位数表示1个1，第二位数表示1个2，第三位数表示0个4，第四位数表示1个8，第五位数表示1个16，合起来是27（如表3.30.3）。

表3.30.3

…	16	8	4	2	1	二进制数	十进制数
	1	1	0	1	1	11011	27

师：这里有这么多1，每个1表示的意思都一样吗？

（2）将十进制数转化成二进制数。

师：全班35人，怎样写成二进制数呢？

生1：从右边起第六位上写1表示32，35−32=3，所以在第二位上写1，在第一位上写1，在其他位上都写0，这个数写作100011_2。

生2：我用短除法计算，把每次除得的余数从下往上写下来就可以了，因此，35可以写作100011_2。

2 | 35
2 | 17 ……1
2 | 8 ……1
2 | 4 ……0
2 | 2 ……0
2 | 1 ……0
0 ……1

师：为什么可以这样算呢？

生：把35颗珠子放在第一位，向前进17颗，留下1颗珠子；第二位向前进8颗珠子，留下1颗珠子；第三位向第四位进4颗珠子，第四位向第五位进2颗珠子，第五位向第六位进1颗珠子，因此，写作100011_2。

（用课件演示移动过程）

（3）任意选一个二进制数，将之转化成十进制数，或者把一个十进制数转化成二进制数，找一找二进制数和十进制数有什么相同点和不同点。

三、知识运用，阅读拓展

1．活动：用1cm、2cm、4cm、8cm长的长方形纸条分别拼出1cm—15cm的长度。

师：（小结）当你用这四张纸条拼数时，你会发现二进制数非常特别。你可以用数列上的数目拼出你要的任何数目。你信不信？只要用二进位数列的前十个数，就可以拼出1—1023中的任何一个数目（比2^n少1）。

2．写数。

师：二进制是世界上第一台计算机上用的算法，最古老的计算机里有一个个灯泡，这些灯泡从右边开始，依次表示1，2，4，8，…运算的时候，要表达1，第一个灯泡就会被点亮；要表达2，就熄灭第一个灯泡，点亮第二个灯泡。因此，数学家用1表示开，用0表示关。请找出灯泡（如图3.30.2）传递的信息。

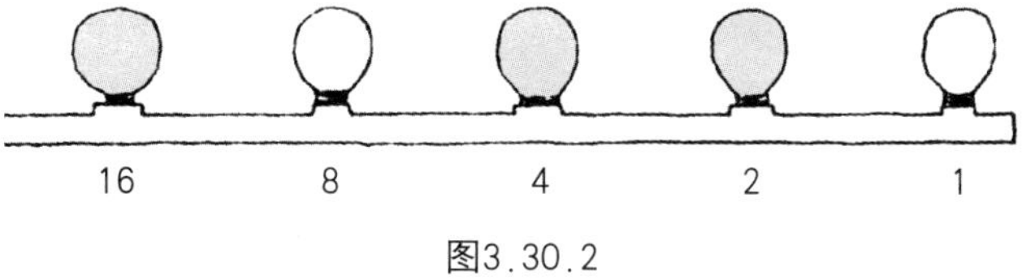

图3.30.2

（1）二进制数____________，十进制数____________。

（2）用这组灯泡能表示的最大数是____________。

（3）要表示28，灯泡应该怎样表示？请在图（图3.30.3）上画出来，并写出二进制数的表示方法。

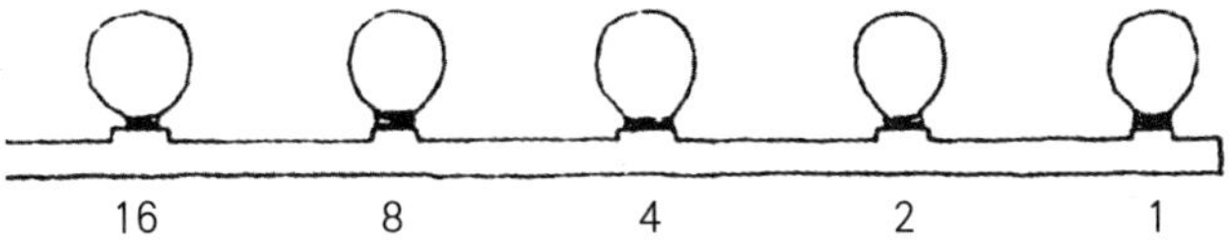

图3.30.3

四、阅读总结，课外探索

1．阅读汉声数学《二进位数》，总结：这节课我们学了什么？你们有什么启发？

2．课外探索：二进制的四则运算法则与十进制的四则运算法则基本相同，只是用“满二进一”来代替“满十进一”。请分别把两个二进制数相加、相减、相乘、相除。

（1）101101_2+1111_2 （2）$100101_2\times101_2$

（3）101101_2-1111_2 （4）$101010_2\div110_2$

【课后体会】

本节课学生在听故事和动手操作中，认识了二进制数，了解了二进制数与十进制数之间的关系。通过绘本阅读，拓宽了学生的知识面，渗透了数学的符号化思想，培养了学生的数感。

1．在有趣的故事中初步认识二进位数列。

课的开始，利用“在棋盘上放麦子”这一有趣的故事创设情境，激发学生的学习兴趣和欲望。学生很清楚地知道后一格里的麦子数是前一格里麦子数的2倍，而且麦子数将快速地增长。小小的棋盘中蕴含着丰富的数学问题，由此，学生初步了解了二进位数列（1，2，4，8，16，32，64，…），也初步了解了二进制的特点。

2．在动手操作中进一步认识二进制数。

学生初步认识了二进位数列后，还不知道二进制数的由来以及如何写数。因此，教师让学生在认识二进制计数器的基础上动手拨一拨，在动手拨的过程中理解了“满二进一”的道理，也知道了第一位上一颗珠子表示

1，第二位上一颗珠子表示2，第三位上一颗珠子表示4，第四位上一颗珠子表示8……还知道了每一个数位上最多只能有一颗珠子，因此，也就明白了二进制数只由1和0两个数码组成，不可能出现数字2。

3．在二进制数与十进制数的互相转化中加深对二进制数的认识。

了解了二进制的特点，再用二进制数表示十进制数，然后将十进制数转化成二进制数。尤其是用短除法将十进制数转化成二进制数，个别学生通过阅读课外书已经知道了这一方法，但是还不知道其中的道理，因此教学时需要用课件演示帮助学生理解。将35转化成二进制数，首先在右边第一位上摆35颗珠子，根据满二进一的原则，只能留下1颗珠子，向第二位进17颗，同理得到这个二进制数100011_2。

后　记

一名数学教师，不能把自己和学生都死死地捆绑在数学教材上，而应该勇敢地从数学教材中跳出来，让学生在更广阔的空间里开展数学学习活动。不仅要让学生学习教材上的数学，还要让学生学习教材之外的数学；不仅要让学生学习冷冰冰的数学，还要让学生学习好玩、有趣、有魔力的数学。让学生在五彩缤纷的数学学习中，学会独立思考、自由探索，行走在智慧数学的道路上，最终喜欢上数学，进而喜欢上数学课。

小学数学拓展课教学无疑为我们打开了一扇窗，让我们明白了在常规的课堂教学之外还应带给孩子一些什么。宋乃庆教授对我们给予了充分的肯定，让我们进一步认识到拓展课的价值与意义，这更加坚定了我们研究的信心。我们将持续不断地研究下去。

因为研究人数、时间有限，我们对小学数学拓展课的研究还是很有限的，希望全国热爱数学教育、致力于教学研究的老师加入我们的研究队伍之中。以后我们还可以从以下几个角度来研究小学数学拓展课。

1．从培养学生能力的角度来研究，比如，培养学生数感的拓展课，如“神奇的数阵”“骰子游戏”等；培养学生空间想象力的拓展课，如“涂色问题”“怎样围面积最大”等；让学生欣赏数学美的拓展课，如“神奇的缺八数”“有趣的轴对称图形”等；培养学生建模能力的拓展课，如“绳子中的数学问题”等。

2．从学生发展的阶段性的角度来研究，比如，低段以游戏活动为主，如“猫抓老鼠游戏”“火柴棒游戏”等；中段以思维拓展为主，如“周长与面积的关系”“二进制数”等；高段以探究、推理为主，如“怎样做最大”“怎样围，圆柱形粮仓的容积更大”等。

3．从学科交叉性的角度来研究，比如，诗歌中的数学问题、邮票中的数学问题、音乐中的数学问题、魔术中的数学问题等。

此书之后，我与工作室学员将开始整理所有的拓展课教学案例，分年级成本，形成《小学数学拓展课教学案例》丛书。

图书在版编目（CIP）数据

小学数学拓展课：教什么，怎么教 / 陈加仓著. —北京：中国人民大学出版社，2017.9
ISBN 978 - 7 - 300 - 24930 - 8

Ⅰ. ①小… Ⅱ. ①陈… Ⅲ. ①小学数学课—教学研究 Ⅳ. ①G623.502

中国版本图书馆CIP数据核字（2017）第209798号

小学数学拓展课：教什么，怎么教
陈加仓 著
Xiaoxue Shuxue Tuozhan Ke : Jiao Shenme, Zenme Jiao

出版发行	中国人民大学出版社		
社　　址	北京中关村大街31号	**邮政编码**	100080
电　　话	010－62511242（总编室）		010－62511770（质管部）
	010－82501766（邮购部）		010－62514148（门市部）
	010－62515195（发行公司）		010－62515275（盗版举报）
网　　址	http://www.crup.com.cn		
经　　销	新华书店		
印　　刷	北京华宇信诺印刷有限公司		
开　　本	168 mm × 239 mm　16 开本	**版　　次**	2017 年 11 月第 1 版
印　　张	16.5　插页 1	**印　　次**	2020年 11 月第 4 次印刷
字　　数	240 000	**定　　价**	49.80 元